拯救意大利

Robert M. Edsel

〔美〕罗伯特·M·埃德塞 / 著

鄢宏福 刘晓燕 / 译

陕西出版传媒集团
陕西人民出版社

图书在版编目（CIP）数据

拯救意大利 /（美）埃德塞（Edsel, R. M.）著；鄢宏福，刘晓燕译.
—西安：陕西人民出版社，2014

ISBN 978-7-224-11151-4

Ⅰ.①拯… Ⅱ.①埃… ②鄢… ③刘… Ⅲ.①第二次世界大战—战争史
Ⅳ.① E195

中国版本图书馆 CIP 数据核字（2014）第 117759 号

著作权合同登记号：图字 25-2013-236 号

拯救意大利

〔美〕罗伯特 · M · 埃德塞（Robert M. Edsel）/ 著

鄢宏福　刘晓燕　译

出 品 人： 惠西平
总 策 划： 宋亚萍
策划编辑： 陈　晶　李向晨
责任编辑： 张璐路　李向晨
装帧设计： 高洪亮　姚立华

出版发行： 陕西出版传媒集团　陕西人民出版社
（西安市北大街 147 号　邮编：710003）
印　　刷： 北京力信诚印刷有限公司
开　　本： 710mm×1000mm　1/16
印　　张： 21
字　　数： 247 千字
版 印 次： 2014 年 11 月第 1 版　2014 年 11 月第 1 次印刷
书　　号： ISBN 978-7-224-11151-4
定　　价： 38.00 元

投稿邮箱 bwcq@163.com
发货电话 010-88203378

献给那些敢于怀抱伟大梦想并
义无反顾躬身践行的人

批评家无关紧要，那些数落强者如何犯错或者对实干家指东道西的人也不值得考虑。光荣属于屹立在竞技场上的人。虽然尘土、汗水，还有鲜血模糊了他的脸庞，他却勇敢地进行斗争；他屡犯错误，而且常常不尽如人意，因为任何努力都会伴有错误和缺点，但他真正全力以赴；他懂得巨大的热情，懂得伟大的献身精神，他为正义的事业贡献自己的一切；他在顺利的时候知道最终的胜利才是最大的成功；他在最糟糕的情况下，如果失败，至少也是勇敢面对后的失败。因此，决不能将他与那些既不懂得胜利也不懂得失败的冷漠懦弱之徒相提并论。

——美国总统西奥多·罗斯福

拯救意大利

目录 CONTENTS

第二部 斗争

第三部 胜利

第四部
结 局

作者手记

1996年，我到了佛罗伦萨，在那里住了将近五年的时间。当时，我对艺术和艺术史几乎一无所知。我对“二战”的了解主要来自电影、有限的几本书，以及父亲——他是美国太平洋战区海军陆战队退伍军人——在生前最后岁月里向我们一家人讲述的故事。但是，我对学习的热忱，对这类问题的兴趣，弥补了我浪费的时间。佛罗伦萨成了我的教室，欧洲成了我的学校。最近几年，返回美国之后，我竭力与人分享古迹卫士的故事，他们在这场夺去六千五百万条生命的战争中挽救了如此众多的世界艺术遗产。美国在其中扮演了主导角色，这应当成为全体美国人民的骄傲。

离开那座城市近十年之久，只有在为本书做相关调查的过程之中，我才发现自己距离这些古迹卫士的故事有多么近。我们家位于贝洛斯瓜多山中，从这里可以俯瞰佛罗伦萨。它曾经是附近盎布瑞利诺别墅的一部分，别墅在解放这座城市的炮火中受损。其意大利风格的花园是由一位著名的景观建筑师和英国文物官员塞西尔·平森特设计的。

紧邻我们住处背后的托雷·迪·贝洛斯瓜多酒店，曾被负责破坏佛罗伦萨宏伟桥梁的德国部队征用。盟国部队解放后也住在这家酒店。实际上，本书中提及的诸多地点，我在佛罗伦萨居住期间经常造访，但是浑然不知它们将在我的书中扮演角色。在调查过程中，我发现托斯卡纳的珍宝一度准备运抵瑞士的圣莫里茨——我生命中的一处特别之地，正是在那里我完成了本书的大部分内容。这让我想起了古迹保护官迪恩·凯勒的一位挚友说过的话："生活充满谜题，神秘莫测的力量造就神秘的结果。"

我的旅程始于佛罗伦萨的维奇奥桥——在那里，我开始思考如此众多而伟大的欧洲艺术品何以躲过"二战"的浩劫，是谁拯救了它们；止于华盛顿，在那里，2007年6月6日，国会议员通过了一项两院共同决议，第一次褒奖古迹卫士们的工作。五个月后，我在白宫东翼与四位英雄一道，代表古迹卫士艺术品保护基金会接受美国总统颁发的"国家人道奖"。

共有四十八位成员服务于地中海战区（包括希腊和北非）"古迹、艺术品和文献"部门（MFAA）。（完整的名单请参看本书的结尾。）遗憾的是，只有一位在意大利工作过的古迹卫士、艺术家萨尔瓦托雷·斯卡尔皮塔，在我参与之后依然健在。我无法涵盖更多的英雄故事，无法穷尽他们的故事，断然不能全面反映他们在战争中的贡献和经历。

2006年10月31日，我第一次采访斯卡尔皮塔。尽管身罹重病，他还住在家中，周围摆放着他自己的艺术作品。我们回味了意大利，回顾了他作为较晚加入古迹保护部门的成员之一参与的工作。跟我采访过的很多人一样，他首先对自己日渐衰退的记忆力表示道歉，告诉我说："我很遗憾，我们没能更早相见。"他花了几分钟浏览我的第一本书《拯救达·芬奇》中的照片之后，深有感触地说：

> 我那时候是个吹毛求疵的年轻小伙儿，但是我们展现出来的态度却是对那些艺术家的历史以及尊重艺术作品的人民的历史充满了忠诚……对于这些文化遗产，我有种情感，这种情感叫作爱。我觉得它们是人类文化遗产的杰出代表，它们经历了巨大的磨难……所以你能从我们的研究和工作

之中发现那些努力保护这种心动的人们的态度。我认为我们做得很出色。

我们这次百感交集的会面几乎耗尽了他的精神。分别之际，我说，“我会回来看你的，请保重。”他笑了。“我会等你……谢谢你，兄弟。”不幸的是，后来的见面未能实现。萨尔瓦托雷·斯卡尔皮塔于近半年之后的2007年4月10日离开了人世。但他的记忆仍然深深地印记在他的女儿洛拉·斯卡尔皮塔·克纳普和她的家人心中。他们跟其他伟大斗士们的后代一样，想歌颂他们至亲至爱的人留下来的丰厚遗产。

《拯救意大利》只是一个更大项目的一部分。2007年6月，我创建了古迹卫士艺术品保护基金会，旨在保护这些英雄的遗产，恢复我们国家在武装冲突中保护文化遗产的领导地位。为了达到这一目标，公众对于古迹卫士及其成就的认知必不可少。我相信，此书——加上新奥尔良国家二战博物馆的解放馆正在规划的古迹卫士日常展览，以及在我上一本书《古迹卫士》（《又名盟军夺宝队》）的基础上已经拍摄的电影（电影由奥斯卡奖得主乔治·克鲁尼和葛兰·海斯洛夫出品）——会将古迹卫士的非凡业绩呈献给更为广泛的全球观众。我也希望随着关注度的提升，民众能加入我们的行列，继续搜寻战争期间遗失的数十万件至今下落不明的文物，进而做出新的发现。读者如果对某件战争期间或者战后带离欧洲的具体文物——画作、文件，或者其他文化历史物件——的出处提供信息或者提出问题，请联系古迹卫士艺术品保护基金会。更多详情请访问www.monumentsmenfoundation.org.

关于本书

在本书的写作过程中，我得到了两位学者的支持，他们都是用母语从事研究的——多萝特·施奈德用德语，安娜·博蒂内利用意大利语——将数千页材料翻译成英语。遇到语言冲突时，她们就翻译出作者的意图，而不拘泥于字面意思，因为字面翻译可能会造成基本意义的缺失。由于工作过于匆忙，也由于战争造成的混乱，古迹卫士们并不一定总有时间细心校对意大利语或者德语词语和名称。在原始材料中外国语言有拼写错误之处，我就不揣冒昧，私自将其更正，并未标明“原文如此”。有些情况下，如果更正可能造成意义的变化，我会标明“原文如此”。

我们查阅的有些文献属于私人所有，所有人仅仅向我展示。对于这种情况，注释中业已注明。“盟国”一词多数情况下指的是“西线盟国”，也就是说，不包括苏联。根据上下文语境推断，这也是显而易见的。遇到信息相互矛盾的情况，我优先采用当时的文献或者见证人的描述，而不采用事件发生很久之后的报告或者回忆。有些情况下，注释中提供了补充的细节或者相互冲突的事实，旨在为读者展现故事的全貌。

书中疏虞皆由作者承担。

作者在书中为所有的真相附上了注释，包括档案、个人采访、私人文件等详细的文献来源，请访问http://www.360doc.com/content/14/0822/10/14432848_403758680.shtml

主要角色

注：人物年龄截至 1943 年。

主要人物：

迪恩·凯勒上尉 美国第五集团军古迹保护官。四十二岁。生于康涅狄格州纽黑文市。肖像画家，耶鲁大学艺术教授。凯勒志愿参军，效忠国家并将他对意大利的知识付诸实践，离开心爱的妻子凯西和年幼的儿子迪诺。凯勒性格内向、敏感而又勤奋，在部队里经常感到孤独寂寞。[迪恩·凯勒文件、手稿与档案，耶鲁大学]

弗雷德·哈特中尉 托斯卡纳古迹保护官。二十九岁。生于马萨诸塞州波士顿市。艺术史家，该研究领域的新星。1942 年参军之前任耶鲁大学美术馆助理和编目员。哈特富有进取心，有时冲动幼稚，但是对意大利和他的工作充满激情。[沃尔特·格利森收藏]

卡尔·弗里德里希·奥托·沃尔夫将军 驻扎在意大利的纳粹党卫军及警察最高领袖。四十三岁。生于德国达姆施塔特市。在希特勒的大本营任纳粹党卫队头目海因里希·希姆莱的个人参谋部部长。1943 年 9 月意大利投降之后，沃尔夫成为墨索里尼社会共和国的实际领袖。他善于利用自己的说服力和希特勒对他的宠爱。[乌尔斯坦图片社——沃尔特·弗伦兹]

次要人物：

乔瓦尼·波吉 佛罗伦萨、阿雷佐以及皮斯托亚市美术馆督导。六十三岁。生于意大利佛罗伦萨市。他负责组织将艺术珍品从城市博物馆转移到托斯卡纳乡下的储藏库。波吉是意大利最受尊重的督导之一，"一战"期间担任过类似职务。[阿丽阿娜和爱丽莎·马格里尼，普利斯坦帕编辑，佛罗伦萨]

艾伦·杜勒斯 战略情报局瑞士情报站站长。五十岁。生于纽约州沃特敦市。1942年，在瑞士首都伯尔尼任部长特别助理。这只不过是他作为战略情报局间谍首脑从事间谍活动的幌子。[中央情报局]

唐·圭多·阿内利 天主教神父与游击队领导人。三十一岁。生于意大利维加洛尼。阿内利是最早在帕尔马省组织武装抵抗德国法西斯的人物之一。[塞吉奥·吉利奥蒂收藏]

亚历山大·朗斯多夫 纳粹党卫军上校、德国驻意大利"文物保护部门"负责人。四十五岁。生于德国阿尔斯费尔德。朗斯多夫是颇有造诣的考古学家，任职于柏林国家历史博物馆，1935年加入希姆莱个人参谋部。他保护意大利艺术和遗迹的工作经常与其对纳粹党卫军的忠诚相左。[马莱尔·朗斯多夫·克劳斯收藏]

亚历山德罗·卡贾蒂上尉　意大利裔美国战略情报局（OSS）军官。三十四岁。生于意大利首都罗马。1934 年移民美国。战争期间，卡贾蒂与第一批盟军士兵一起抵达西西里岛，任战略情报局与意大利抵抗力量之间的联络官。[安东尼·卡贾蒂与亚历山德罗·卡贾蒂]

古迹保护官成员：

佩里·B·科特　美国海军预备队少校。三十四岁。生于俄亥俄州首府哥伦布市。马萨诸塞州沃切斯特艺术博物馆副馆长兼欧洲与亚洲艺术研究馆员。科特最初效力于海军情报部门，是 1943 年最早一批派驻西西里岛的古迹保护官。[普林斯顿大学艺术与考古系潘诺耶文件]

爱德华·"特迪"·克罗夫特-默里上尉　三十六岁。生于英格兰奇切斯特市。大英博物馆印刷品与绘画部主任。克罗夫特-默里最初效力于英国海军部及陆军部，通过阿尔及利亚提济乌祖抵达地中海战区。[沃尔特·格利森收藏]

欧内斯特·西奥多·帝沃德中校　"古迹、艺术品和文献"部门主任。五十二岁。生于新泽西州新布伦兹维克市。普林斯顿大学艺术教授。作为"一战"老兵，帝沃德起先在北非对士兵进行意大利文化遗产相关知识的训练。[沃尔特·格利森收藏]

保罗·加德纳少校　四十九岁。生于马萨诸塞州萨默维尔市。博物馆馆长。加德纳“一战”期间曾效命于美国陆军。1933年成为密苏里州堪萨斯城新成立的威廉·洛克希德·纳尔逊美术馆与玛丽·阿特金斯艺术博物馆的首任馆长。加德纳还是第一位抵达意大利本土的古迹保护官。[沃尔特·格利森收藏]

梅森·哈蒙德中校　四十岁。生于马萨诸塞州波士顿市。哈佛大学古典学教授。在罗斯福总统的任命下，担任美术及古迹第一顾问。他在盟军占领西西里岛之后三个星期抵达该岛，战场上的第一位古迹保护官。[伊丽莎白·哈蒙德·鲁威林收藏]

诺曼·T·牛顿中校　英国第八集团军古迹保护官。四十五岁。生于宾夕法尼亚州考利市。景观建筑师。牛顿“一战”期间是美国海军陆战队预备队航空学校学员。跟其他几位古迹保护官一样，牛顿也作为罗马美国学院的研究员履职三年。[沃尔特·格利森收藏]

西奥多·“胖子”·赛泽少校　五十一岁。生于纽约市。耶鲁大学美术馆馆长。1942年任空军情报部少校，任职于西西里岛。他推荐了多人进“古迹、艺术品和文献”部门工作，包括他的好友迪恩·凯勒。[耶鲁人物照片、手稿与档案，耶鲁大学]

约翰·布赖恩·沃德－帕金斯中校　“古迹、艺术品和文献”部门分委员会主任。三十一岁。生于英格兰布罗姆利区。英国考古学家。沃德－帕金斯战前任职于伦敦博物馆及马耳他大学。作为英国皇家炮兵团的一员，1943年驻扎在北非，在那里保护位于利比亚的古罗马遗址大莱普提斯和塞卜拉泰。[沃尔特·格利森收藏]

战争期间，当交战双方的焦点聚集在赢得战事上，而且战争的恐惧、敌意、仇恨、鲜血与死亡阴霾不散，敌对双方还能注意文化艺术，这看似很不协调，彼此矛盾。然而，在纳粹法西斯和盟国部队之间，有史以来第一次，同时有人专职负责保护惨遭战争蹂躏的国家之文化遗产。意大利是第一个见证战争期间有人专门保护她的文化艺术遗产的国家。

——古迹保护官迪恩·凯勒上尉

序 幕

1943 年 8 月 16 日

“一战”老兵阿切尔比神父与他的多明我会修士兄弟一起在米兰的防空洞里度过了又一个潮湿的夜晚。他希望前几个夜晚令人恐怖的场景不再上演。现在是 1943 年 8 月 15 日，星期天。这天，他和同胞们一起庆祝圣母马利亚升天节，意大利最重要的全国节日之一，但是庆祝活动陷于停滞。阿切尔比祈祷袭击停下来，哪怕是暂停几个钟头。疲惫的米兰市民急切渴望休息，他的修士同伴们也是如此。

午夜十二点半，月偏食过后，一轮满月重现夜空，空袭警报可怕又熟悉的嗡鸣再度响起。此前的袭击已经迫使数十万米兰居民撤离。警报过后二十分钟，他们听到头顶上飞机的轰鸣声，紧接着是头几颗炸弹的闷响。脚下的地面开始战栗。随着第一拨皇家空军兰卡斯特轰炸机莅临城区上空，轰鸣更加响亮，颤抖愈加猛烈。远处的闪光让月光照耀下的夜空越发明亮，火焰让空气充满了刺鼻的气味。一枚四千磅重的炸弹在阿切尔比所在的防空洞附近引爆，声音震耳欲聋。

几天前的夜晚，多枚炸弹击中了感恩圣母教堂和它的餐厅。[①]令人称奇的是，没有损坏米兰的珍宝、多明我会修士们就餐时的伴侣：列奥纳多·达·芬奇[②]的《最后的晚餐》。教堂的修士们延续着几个世纪以来的传统，面对餐厅北面的墙壁就餐，墙上挂着列奥纳多的画作，耶稣的十二位门徒也准备开始就餐。然而，当黎明来临，阿切尔比神父即将发现，爆炸将暂时中断或者永远终结这个传统。

列奥纳多创作《最后的晚餐》时经过了深思熟虑。一位后来成长为著名中篇小说家的年轻修士马泰奥·班戴洛这样评述列奥纳多："他上午早早地来到《最后的晚餐》前的平台上工作，从早到晚笔不离手，废寝忘食不停作画。然后，搁上三四天，一动不动，每天花上几个小时的时间检视自己的画作，挑出人物的毛病。"

1498 年画作完成之际，观众无不叹服。从五六世纪的地下墓穴绘画到近世的塔代奥·加迪[③]（1350）、安德烈亚·德尔·卡斯塔尼奥[④]（1447）、多梅尼科·吉兰达伊奥[⑤]（1480）以及彼得罗·佩鲁吉诺[⑥]（1493）的画作，这一主题的绘画都嗜好圣餐的故事。这些艺术家，包括其他画家的作品通常会呈现十二位门徒围拢桌边，耶稣则准备分发神圣的面包和酒饮。所有画作描绘的人物都是静态的，面无表情。犹大通常孤身一人，坐在耶稣及其使徒的对面。

但是列奥纳多对于自然的观察细致入微，对于人体的把握堪比医生。

---

① 1943 年 2 月 14 日，空袭对感恩圣母教堂和它的餐厅拱顶造成了轻微损害。1943 年 8 月 13 日至 14 日的另一轮袭击再次对教堂造成损害，但是没有伤及餐厅。——原注

② 列奥纳多·达·芬奇（1452—1519），意大利文艺复兴时期人文主义的代表人物，史上最著名的画家之一，与米开朗琪罗和拉斐尔并称"文艺复兴三杰"。代表作有《三博士来朝》《最后的晚餐》和《蒙娜丽莎》等。

③ 塔代奥·加迪（约 1290—1366），意大利中世纪画家、建筑师。

④ 安德烈亚·德尔·卡斯塔尼奥（约 1421—1457），意大利画家。

⑤ 多梅尼科·吉兰达伊奥（1449—1494），意大利文艺复兴时期画家。

⑥ 彼得罗·佩鲁吉诺（约 1445—1523），意大利文艺复兴时期画家。

他打破传统，将圣餐仪式与耶稣宣布消息的戏剧性时刻完美融合：“我实实在在地告诉你们，你们中间有一个人要出卖我。”列奥纳多曾经说过，“人物的动作就跟他们的思想和情感一样富于变化。”于是，列奥纳多描绘了每位使徒听到这则消息之后的反应。腓力悲伤地将双手放到胸前，以示清白；雅各动作轻率，怒不可遏；巴多罗买眼睛盯着耶稣，身体靠在桌子的尽头；而犹大模糊的身影已经打翻盐瓶，出于自我保护地畏缩起来，手里抓着一只小袋子，里面可能装着银币。大师对于色彩的运用，以及使徒们栩栩如生的外表，都将观众变成列奥纳多生动故事中的一员。现在，看样子这幅壁画可能会永远消失。

炸弹重重地砸在逝者回廊的中央，那是一处长满杂草的小院，位于餐厅东面，教堂以北。爆炸毁掉了带顶的走廊，每天，穿着白色道袍和凉鞋的修道士们都从这条走廊上经过。要是阿切尔比神父几天前没有将他的多明我会修士同伴们从修道院地下室避难处转移到教堂外面的防空洞，他们肯定会一同丧生。[①]唯一能够证明长长的拱廊曾经存在过的线索就是残存的木桩，曾经支撑着优雅的拱顶和布满绘画的石膏，拱廊通往教堂的主体建筑。

爆炸将餐厅的东墙变成了一堆瓦砾，还炸塌了屋顶。木质的A形梁架压碎了餐厅屋顶纤薄的石膏拱顶，就像是锤子砸碎鸡蛋。1940年，当地艺术官员担心这种情况可能会出现，已经在北墙的两侧安放了沙袋、松木脚手架和钢铁支柱。正是这种精心防范避免了列奥纳多的代表作轰然倒塌。虽然没有人能立即对《最后的晚餐》的状况进行确认，但是阿切尔比神父认为壁画从八十英尺远爆炸的炸弹中幸存下来已经是个奇迹。

列奥纳多在《最后的晚餐》的创作过程中采用了实验性的技艺。他不是效仿传统壁画创作，用颜料在潮湿的石膏上绘画，而是直接在干燥的墙

---

① 这些多明我会修士使用的防空洞今天依然能够在 Via Caradosso 见到，位于感恩圣母教堂街对面，“紧急出口”两边都画着两个箭头。——原注

壁上作画，希望营造一种更加复杂的颜色。这种方法也使得他倾尽心思的画作更加完美。他耗时三年才完成画作。完成之后，壁画高十五英尺，宽二十九英尺，几乎是整个餐厅的宽度。但是列奥纳多的实验失败了。不到二十年的时间，壁画表面开始损坏。到 1726 年，好心的工匠们率先开始了一系列修补，这些修补工作有些记录在案，有些无从考证。通常，与其说这种努力是为了将列奥纳多的作品重新附着到餐厅潮湿的北墙，倒不如说修补者们希望让他的作品——还有名字——驻留在历史之中。正如米兰的一位艺术家所说："全世界没有哪一件艺术品更受民众尊敬，更被学者冒犯。" 1943 年 8 月 16 日的轰炸就是最近，当然也是最猛烈的冒犯。

北墙的潮湿一直牵动着管理者们的心。现在，它突然暴露在自然环境下，构成了新的风险。东墙和屋顶的垮塌破坏了餐厅内的微气候环境，而米兰炎热的夏季又增加了墙体的湿度，导致壁画的表面开始膨胀脱落。炸弹还炸飞了一些沙袋，将沙袋抛向壁画表面。夏季的暴风雨可以轻易淋掉成片的画面。餐厅后面紧紧相连的低层建筑严重受损，摇摇欲坠。不要说被直接击中，就算盟军新一轮轰炸带来的震动都可能导致北墙倒塌。即使这扇墙能免受进一步的损害或者移动，列奥纳多的代表作也面临着极大的危险。

意大利历来以其文化遗产著称。列奥纳多·达·芬奇的《最后的晚餐》只是沧海一粟。她的古老城市——罗马、锡拉库扎和庞贝，宝贝之城——威尼斯、圣吉米尼亚诺和乌尔比诺，信仰之都——圣彼得大教堂、佛罗伦萨的大教堂（圣母百花大教堂）和帕多瓦的竞技场（史格罗维尼礼拜堂），以及标志性古迹——罗马竞技场、斜塔和维奇奥桥在文学、诗歌和照片中广受关注，备受尊敬，已成为全人类共同的遗产。

米兰的情况表明，第二次世界大战和空中轰炸的新技术——特别是燃烧弹——对这些遗产构成了最为致命的威胁。1943 年 7 月 10 日至 11 日，盟军在西西里岛登陆，一项新的威胁随之而来：地面战争。德国人下定决心，绝不放弃一英寸的意大利土地。战争的路径上还有多少遗迹、教堂、图书馆和不可移动的意大利艺术品？《最后的晚餐》受到的轰炸表明，即便在这个时候，西线盟国在判断和执行的过程中也并非准确无误。

战争带来诸多问题，但关键之处在于混乱。战争很少按照计划展开。英国首相温斯顿·丘吉尔曾经说过："永远，永远，永远不要相信任何战争会是顺利而简单的，或者相信任何踏上新航线的人能够估计他可能遇到的海浪和飓风。"道德的困境应运而生。忠诚经受考验，但是忠诚于谁？国家、事业，还是自己？战争期间保护意大利的文化遗产正是印证了丘吉尔的警告。很少有战争涉及这样奇特而迷人的故事。

"二战"期间，保护意大利艺术和文化遗产的责任关系到不同方面的众多角色，包括军队指挥官、意大利文化官员、天主教会领导层、德国外交官和艺术史家、纳粹党卫军军官、战略情报局间谍以及游击队员。动机各不相同。不是所有人都能像期待的那样表现——远非如此。

但是，还有一小群默默无闻的美国人和英国人——博物馆馆长、研究馆员、艺术家、档案管理员、教育家、图书馆馆员以及建筑师——志愿拯救欧洲丰富的遗产。他们成为著名的"古迹卫士"。这群中年学者兼战士面临着一项看似不可能完成的任务：将世界大战对欧洲艺术、建筑和历史集中的损害减到最小；可能的情况下实施修复；寻找被盗艺术品并将其归还给合法所有人。他们的任务是对当时远离战争、坐在办公室里的人的梦想的一次实验。如此大规模的类似实验此前从未有过。

这群人的核心是两个人，他们的命运不仅与一个国家的命运休戚相关，更是与文化遗产的生存紧密交织。迪恩·凯勒，四十二岁，爱国画家、教师，有妻子和三岁的儿子。他似乎无处不在，又无迹可寻，不停地从一座城镇赶往另一座城镇。弗雷德·哈特，二十九岁，性格冲动又颇具天赋的艺术史家，对佛罗伦萨的文化全身心投入，拯救该城艺术成了他的个人追求和毕生使命。效忠军队的民主精神将他们推到了一起，他们不懈奋斗，经受战争及其破坏力的考验，有时候，也经受着彼此的考验。

第一部

开端

艺术品与钻石不同。不管钻石价值几何，总能找到相似的钻石。但是，《蒙娜丽莎》或者梵蒂冈的西斯廷礼拜堂独一无二。他们的作者已经逝去，钱财永远无法替代。

地中海战区盟军部队最高统帅
亨利·梅特兰·威尔逊爵士将军

CZECHOSLOVAKIA
GERMANY
FRANCE
Danube
Linz
Vienna
Munich
Salzburg
Berchtesgaden
HUNGARY
SWITZERLAND
AUSTRIA
Bern
Feltre
Salò
Lake Garda
Venice
Milan
April 29, 1945
Turin
Po
YUGOSLAVIA
FRANCE
Bologna
April 21, 1945
Genoa
Gothic Line
Florence
Aug. 4, 1944
Arno
Adriatic Sea
Ligurian Sea
Pisa
Sept. 2, 1944
Siena
Tiber
Apennine Mountains
Spoleto
ITALY
Allies enter city (with date)
Invasion (with date)
CORSICA (France)
Rome
June 4, 1944
Gustav Line
Liri Valley
Monte Cassino
Caserta
Nola
Naples
Oct. 1, 1943
Pompeii
Brindisi
SARDINIA (Italy)
Tyrrhenian Sea
Salerno
Sept. 9–14, 1943
Ionian Sea
Paris
GERMANY
AUST.
Bay of Biscay
FRANCE
SWITZ.
ITALY
YUGO.
Rome
Madrid
SPAIN
Med. Sea
Algiers
Tizi Ouzou
Tunis
Oran
Timgad
MORO.
ALGERIA
TUN.
0 200 Miles
Palermo
SICILY (Italy)
Syracuse
Sicily
July 9–Aug. 17, 1943
MALTA
N
0 Miles 100
Mediterranean Sea
Gene Thorp

地中海战区（局部）

第一章
换 防

1943 年 7 月中旬至 8 月上旬

即便是在紧急情况下，政府首脑的会面，就算用不着几个星期，也需要几天时间提前安排。1943 年 7 月 19 日，纳粹德国元首阿道夫·希特勒与意大利法西斯独裁者贝尼托·墨索里尼的会晤，不到二十四小时的时间就敲定下来。

两天前，有关意大利局势的警告就传到了希特勒的耳朵里。美国和英国部队登上西西里岛的滩头不过短短七天，德国部队指挥官们已经陆续收到报告，称意大利军队正舍弃前线——投降人数众多，甚至阻碍了盟军继续推进。德国元帅、南方总司令阿尔贝特·凯塞林掌握到“半身赤裸的意大利士兵开着偷来的卡车在乡间疾驰”。德国的法西斯同盟看起来无能为力，或者——更加糟糕的是——不愿抵御自己的国家遭遇盟国的入侵。希特勒和他的参谋部知道，即便是在最理想的情况下，意大利的真实军力与墨索里尼公然叫嚣的实力也相去甚远。需要更多的德国部队支援这一新开辟的第二前线。鉴于去年冬天德国损失了一百万士兵——多半死于斯大林格勒，这是德国历史上遭受的最惨痛的失败——他们必须有所动作，而且要快。

会面地点在加吉亚别墅，靠近费尔特雷镇，距离威尼斯市五十英里左右。在德国贝希特斯加登镇阿尔卑斯山间别墅度过一个夜晚之后，希特勒乘飞机抵达意大利特雷维索[①]市，在那里受到墨索里尼的迎接。他们一起登上短程火车前往费尔特雷。这将是希特勒的最后一次意大利之旅。

1926 年，希特勒在《我的奋斗》中写到墨索里尼，表达了“对阿尔卑斯山以南这位伟人的无限崇敬。这位伟人热爱人民，绝不与意大利的敌人签订条约，而是用尽一切手段消灭敌人”。实际上，希特勒还非常羡慕墨索里尼自封的“领袖”头衔——他也为自己挑选了同样的称号，“元首”。20 世纪 20 年代后期，希特勒将墨索里尼对意大利法西斯的成功领导视为德国国家社会主义的楷模。《时代》杂志的编辑分别于 1923 年和 1926 年将墨索里尼的图片刊登在杂志封面上，让人们关注他“惊人的自制，出色的判断以及果断实施、解决问题的能力”。教皇庇护十一世将墨索里尼比作“上帝赐予我们的人”。

起先，墨索里尼无意与德国结盟，德国在“一战”后遭到制裁，实力大大削弱。他认为希特勒的雅利安人至上的种族理论愚蠢至极。但是 1936 年，在意大利和德国干涉西班牙内战（1936—1939）、支持弗朗西斯科·佛朗哥将军和他的民族主义者之后，两人建立了密切关系。到这一年的 11 月 1 日，看到希特勒巩固政权并扭转德国工业，墨索里尼在宏伟的米兰大教堂前发表演讲，将意大利的未来与德国元首的野心紧紧相连。他大胆地预测说，欧洲其他国家将很快围绕欧洲两个最强大国家所形成的轴心旋转。

在结盟的早年，墨索里尼相信他能驾驭希特勒，但是到了 1943 年，

---

① 特雷维索是意大利北部威尼托大区特雷维索省的首府。

任何有关谁驾驭谁的问题都被搁到了一边。希特勒将德国军国主义化，德国变成了装备最新科技的战争机器。德国政府和人民准备实现元首的任何意志，即使付出再大牺牲也在所不惜。

墨索里尼喜欢浮夸的演讲，对长期军事部署并不擅长。他没有对意大利人民及其工业未来将要面临的困难做好充分的准备。早在 1941 年 1 月，意大利南部就出现了食品骚乱，九个月之后国家开始实施粮食配给。政府混乱导致资源分配不当，劳动力短缺与失业并存。随着战争“将农民的儿子带离耕具”，农村的贫困陡然加剧。墨索里尼的领导一次又一次被证明不尽如人意。但是，就像徒弟对师父一样，尽管意识到师父的缺点，还是对其忠心耿耿，希特勒对墨索里尼的尊敬和爱戴一如既往。

德国最高统帅部曾力劝希特勒接管意大利所有地面和空中部队，阻止盟军在西西里岛进军的全部希望都寄托于此。意大利最高统帅部希望墨索里尼向元首解释意大利的苦处，措辞在前一天为他拟定的电报中已经确定：“我的国家的牺牲，主要目的不能只是为了延迟对德国的直接进攻……我的国家，在已经经历了两场战争之后，比预计提早三年再次加入战争，已经一步步疲惫不堪，资源穷尽。”两者之间，墨索里尼的形势更为严峻。

上午十一点，墨索里尼在意大利军总参谋长维托里奥·安布罗西奥上将以及两名政府代表的陪伴下，跟希特勒和他的四位随行人员进入别墅的大厅。会晤以希特勒冗长的独白开场，没有翻译。他报告了战争的进展，认为战争的结果将“决定欧洲的命运”。上午十一点半过后，墨索里尼的私人秘书携带着一则紧急消息冲进会议室，领袖用德语大声朗读道：“此时此刻，敌人正猛烈轰炸罗马。”希特勒仅仅稍作停顿，然后继续他的单方面陈述。

在墨索里尼未能传达将军们为他拟定的信息之后，安布罗西奥上将抓住了两位领袖私人午餐之前的短暂休息时间，力劝墨索里尼让意大利十五天之内退出战争。墨索里尼答道：“听起来很容易：挑个日子，选个钟点，向敌人发送一则广播消息……但是后果呢？……希特勒会采取什么态度？

或许你以为他会给我们行动的自由?”

尽管墨索里尼后来请求德国增加军事支援，但是他实在拉不下面子承认意大利资源穷尽。在他的领导下，意大利跟希特勒和纳粹缔结同盟，加入战争。在那一刻，意大利的领袖一心在想，罗马人会如何看待他在空袭期间不在罗马。

夏日的上午晴空万里，上午十一点零三分，编队的第一拨飞机飞抵罗马上空。飞机很快布满“永恒之城”的上空。巨大的编队拥有超过五百架B-17空中堡垒轰炸机和B-24解放者式轰炸机——实际上，美军的整个西北非战略空军——悉数环绕梵蒂冈进行轮番轰炸。从两万多英尺的高度（二十“天使”——美国飞行员将一千英尺称作一“天使”）上，轰炸机释放了炸弹，近两百万磅的炸药直奔利托里奥和奇安比诺的机场以及利托里奥和圣洛伦佐的铁路编组站。每一枚炸弹需要七十秒钟才能抵达地面。

这次冒险的行动表明，盟国领导人对破坏敌人通信以及阻断德国和意大利军队从佛罗伦萨和热那亚向罗马提供补给的重视程度。他们还想阻止敌方从罗马经由那不勒斯继续向南对西西里岛进行再补给。利托里奥和奇安比诺问题不大，两座城市距离城市中心都超过五英里远。但是圣洛伦佐铁路编组站距离罗马最负盛名的竞技场不足一英里半，还紧邻罗马朝圣七大殿之一的城外圣洛伦佐教堂。

从梵蒂冈拉斐尔长廊的露天走廊看去，东南方向腾起的烟云遮蔽了城市平日壮观的景象。尽管附近的防空炮火声和远处的爆炸声响彻山谷，梵蒂冈普通事务国务副秘书乔瓦尼·巴蒂斯塔·蒙蒂尼主教还是不敢相信盟军会轰炸罗马。①

---

① 普通事务通常指的是内政。特别事务国务副秘书多梅尼科·塔尔迪尼负责外交。两人都是国务秘书路易吉·马廖内的副手。正如欧文·查德威克在《二战期间的英国与梵蒂冈》（第54页）中指出的，“区分从来都不明显。通常只是由教皇决定他高兴让塔尔迪尼还是蒙蒂尼处理问题”。蒙蒂尼于1963年成为教皇保罗六世。——原注

蒙蒂尼看到的烟雾源自圣洛伦佐的铁路编组站及其附近的人口稠密地区。袭击摧毁了编组站，与此同时，少量炸弹偏离目标，击中了附近的大学、医院、维拉诺墓地，以及圣洛伦佐教堂，历史上在位时间最长的教皇庇护九世的遗体 1881 年迁葬于此。超过两千人死亡——多数是工人社区的贫民。大量遇难者当时挤满了教堂对面广场上的有轨电车。一位妇女在她的日记中写道："死亡……来自我们向上帝祈祷时凝视的方向。"

盟国执意行动，不顾欧金尼奥·帕切利——西方宗主教，圣徒之主继承者，意大利大主教，耶稣基督的代理人，但是，最广为人知的还是神圣的教皇庇护十二世——放过罗马的恳求。富兰克林·D·罗斯福总统深知他的忧虑，1943 年 7 月 10 日曾致信教皇。尽管盟军部队已经在西西里岛登陆，他重申了之前的保证："神圣的教皇阁下……我们将尽最大努力，保证教堂和宗教场所在接下来的斗争中免于损毁。"

教皇此前拒绝公开谴责纳粹德国对伦敦、考文垂以及欧洲其他有着丰富文化遗迹的城市进行的轰炸，这使得他对保护罗马和梵蒂冈的关注在一些人看来很虚伪。英国的圣座部长弗朗西斯·达西·奥斯本爵士评论说："我越是想，越是对希特勒对犹太种族的屠杀，以及……梵蒂冈在罗马可能遭到轰炸的情况下，明显的独善其身的做法感到厌恶。"在袭击开始之后不久接到通知时，丘吉尔回复说："太好了！现在墨索里尼这个老家伙也能尝到头上的屋顶随时可能坍塌的滋味。"

在两个半小时的空袭中，教皇站在私人书房的窗前，用望远镜观看轰炸。掌握到伤亡的程度之后，他决定"作为罗马主教履行牧师的职责"，安抚幸存者。教皇不顾危险，离开梵蒂冈城，乘坐教皇的座驾——一辆黑色梅赛德斯，在蒙蒂尼主教和司机的陪同下前往圣洛伦佐地区。

这幅印在意大利《论坛画报》周刊上的水彩画展现了教皇庇护十二世在1943年8月13日对罗马的第二轮空袭后为难民祈福的场景。请注意他法衣上的血迹。[米兰市“索尔曼尼宫”中央图书馆]

抵达目的地，现场一片血腥，混乱不堪。从瓦砾中拖出来的大量尸体，一个挨一个，摆在一起，用报纸覆盖着。空气中弥漫着“神圣”和“安宁”的呼声。看到汽车前挡泥板上黄白相间的教皇三角旗，人们开始朝汽车涌来。教皇出现。“他满脸悲伤，站到车上，注视着损坏的教堂，然后走上街道，走进人群。教皇跪到碎石上，为这次袭击和其他袭击中丧生的人祈祷。”教皇和蒙蒂尼散布的不仅是话语，还向幸存者分发了两百万里拉[①]。

教皇的圣洛伦佐之行是庇护十二世三年来第一次离开安全而又孤立的梵蒂冈城。那天晚上他回来得很晚，白色的法衣沾满尘土和血污。战争吞噬了罗马。作为负有保护梵蒂冈城义务的人，教皇现在必须保护成千上万的居民，还有大量的教会文献、艺术品和其他无价文物。

教皇7月19日晚上回到罗马之后，人们立即着手撤销墨索里尼的职务。7月22日，星期四，领袖在每周两次的例行拜见中面见意大利国王维托里奥·埃马努埃莱三世[②]。七十三岁的国王，统治意大利近四十三年之久，已经知道了费尔特雷会晤的情况。他知道墨索里尼没有得到国家的需要（德国军队、飞机和装备），也没有能满足国家的愿望（退出曾经的“钢铁”同盟）。任命墨索里尼二十年之后，国王意识到总理不得不让位了。

7月24日，星期六，下午五点，尽管意大利议会在过去三年没有开过一次会议，法西斯党最高议会主管当局聚在了一起。当部分领导人意识到有人暗藏手枪和手榴弹时，局势紧张起来。墨索里尼冗长的开场白并没有减轻他们的担忧与不安。在近十个小时内，人们听着热情洋溢的演讲、逻辑严谨的陈述，而当混乱的会议进行到星期天的凌晨时，会场甚至可以听到抽泣声。凌晨两点四十分，议会十九比七，将全部执政权，包括意大利的军队领导权，交还给国王。

那天下午晚些时候，墨索里尼来到皇室所在地萨沃亚别墅，在特别安排下拜见维托里奥·埃马努埃莱。在听取了领袖对意大利形势和议会会议的简短汇报之后，国王让墨索里尼退位。他通知墨索里尼，已经安排七十二岁的元帅佩特罗·巴多格里奥就任意大利新一届首相。“房间里鸦

① 在2012年大约相当于二十六万七千四百美元。——原注

② 维托里奥·埃马努埃莱三世（1869—1947），意大利国王（1900—1946年在位）兼阿尔巴尼亚国王（1939—1943年在位）。

雀无声，只有国王在谈话中不断重复着同一句话：‘对不起，对不起，但是没有别的解决办法。’”拜见持续了不到三十分钟。

进入皇室的领袖离开时既震惊又沉默。为保险起见，国王事先安排了五十名军警埋伏在灌木丛中，以防与墨索里尼的私人警卫爆发枪战。墨索里尼离开别墅，不是被带上他的汽车，因为汽车已经离开，而是被带上了一辆救护车。国家宪兵的一位官员表示，“陛下命令我保护您的安全”。转瞬之间，意大利的领袖消失了。

那天晚上，一家全国电台报道称，国王接受了墨索里尼的辞职，并任命巴多格里奥为意大利的新领袖。几个小时之内，数万名欢呼的民众涌向圣彼得广场。随着意大利举国欢庆，罗马的一位目击者注意到，“酒都卖光了”。

但是，领袖撤职并没有改变意大利依然是纳粹德国主要同盟这一事实。美国和英国决心攻占西西里岛并进攻意大利本土。即便没有了墨索里尼，意大利的战争也是刚刚开始。

墨索里尼辞职的消息于7月25日星期天晚上九点半之后传到了身处德国拉斯滕堡东线的指挥部——“狼穴”——中的希特勒的耳朵里。希特勒对身边的人说：“领袖已经辞职。消息还未证实。巴多格里奥已经接管政府。”由于希特勒下令禁止在备受信任的友邦国土上实施间谍活动，德国军事情报部门不知道领袖身在何处，也不知道他失踪的真正缘由。毋庸置疑的是，领袖的撤职是意大利转而寻求同盟国支持的前奏。希特勒继续说道，“毫无疑问，他们背叛了我们，还会声称继续忠于我们；但这就是背叛。他们当然不会继续保持忠诚。”

德军7月上旬在苏联库尔斯克战役中的失败使得希特勒的军队在东线处于被动防守的境地。这种形势将一直持续到战争结束。盟军早先开始对德国汉堡的轰炸宛如雪上加霜。在接下来的八天里，空袭将导致超过四千市民丧命，整座城市损毁。在这个低谷期失去纳粹德国最重要的盟友，将会给德国人民及其战斗力量——特别是已经在西西里岛与意大利军队并肩作战的六万德国部队——的士气以沉重的打击。

士气本身还不足以说明问题的严重性。希特勒需要法西斯意大利的二百一十万士兵。除了驻扎在卡拉布里亚地区（位于意大利“靴子”形状的国家版图“足尖”的位置）的两个装甲师之外，意大利境内再也没有集中的德国部队抵挡盟军入侵意大利本土。在大规模援军抵达之前，德国南部边境的缓冲地带完全暴露。只要成功入侵意大利，盟军就能利用意大利的机场实施轰炸任务，直抵纳粹德国位于巴尔干半岛的所有重要的供油单位——这是任何一支军队的生命线。

面对墨索里尼退位的消息，元首告诉德军最高统帅部（OKW——国防军最高统帅部）总长威廉·凯特尔上将和德军最高统帅部作战部长阿尔弗雷德·约德尔将军，说他有意“命令第三装甲掷弹师指挥官派遣特别行动组开赴罗马，直接逮捕所有政府官员、国王、整个皇室（特别是皇太子），控制这帮乌合之众，尤其是巴多格里奥和所有这帮暴民。然后，过一两天，他们就会放弃，又会出现一场剧变”。不过，德国元帅凯塞林相信意大利会继续与盟友德国并肩作战，就像巴多格里奥承诺的一样。为什么要派部队进攻罗马加剧局势混乱呢？耐心等待，国王的真实意图自然会显现。

纳粹党内很多领导人跟希特勒一样，痛恨教皇政府及其领导人。希特勒一直都在攻击罗马天主教对德国内政施加影响。尽管他们没有见过面，但由于欧金尼奥·帕切利 1917 年至 1929 年担任圣座驻德国大使，希特勒对他已经有所耳闻。帕切利后来的举动促使 1933 年纳粹德国与教皇政府签订了协约。

元首深信教皇在墨索里尼被撤职的过程中扮演了某种角色，因而对此怒不可遏：“我要立即前往梵蒂冈。你们觉得梵蒂冈让我很焦虑吗？他们很快就得打包走人，特别是整个外交使团……我没必要这么在意……我们把这群猪统统赶走……事后再表示歉意……我们会［在梵蒂冈］找到大量证据证明他们的背叛行为！”

德国宣传部长约瑟夫·戈培尔博士喜欢将意大利人称作“吃通心面的

人”，他呼吁保持克制。戈培尔清楚，即使最精心设计的媒体计划也无法压抑反对教皇的行动之后随之而来的强烈抗议。希特勒的顾问大多表示同意。

希特勒最终决定不向罗马派兵，但他确实颁布命令，派德国伞兵精锐部队解救墨索里尼。希特勒盘算着，有领袖在他身边，一个新的法西斯政权即可成立，希特勒能够对其进行管辖和密切监视。现在，重建强大的轴心同盟成为当务之急。但是，一旦伞兵解救出意志消沉的领袖，谁来监视他？令人生畏的纳粹党卫队头目和“所有纳粹集中营的主人”海因里希·希姆莱心中有个人选。

“那些先生们［原文如此］又得到一次缓刑”，希姆莱在7月27日的一次电话中对纳粹党卫军卡尔·沃尔夫将军说道，“但是推迟并不意味着放任”。沃尔夫是纳粹党卫军高官，上级集团领袖兼武装党卫军上将。他十六岁加入德意志帝国陆军，在第一次世界大战西线效力，由于作战英勇，获得两枚铁十字勋章。战争之后，沃尔夫在法兰克福接受两年的银行业培训，并最终在慕尼黑的德意志银行找到工作，从1923年7月工作到1924年6月。在广告行业做了短暂的尝试之后，他创立了自己的公司。这些工作让他受益匪浅，一份工作磨炼了他的政治机巧，另一份工作增强了他推销自己和自己理念的能力。他既善于抓住机会，又务实肯干，是个十足的适于生存的人。

尽管沃尔夫并非出身显贵，他接受的人文主义教育，包括文学、音乐和艺术，却将他置身家乡上层社会的年轻群体之中。后来，“一战”期间，沃尔夫与其他来自贵族家庭的官员一起，选择保护黑森大公①的细节，又平添了他尊贵的形象。他的党卫军同人有的对这位新人、这位更有魅力更有文化的沃尔夫嗤之以鼻，认为他是个“九月派”。这是个贬义词，用来奚落那些直到1930年9月纳粹党成功上台之后才入党的人。事实上，沃

① 恩斯特·路德维希（1868—1937），黑森末代大公，1892—1918年在位。

尔夫在权力更替之后等了一年多时间才成为纳粹党员，但是他第二天就加入了纳粹党卫军。他的“雅利安人”特征——六英尺高的个子，蓝色的眼睛，金色的头发——对于纳粹党卫军来说再合适不过。他野心勃勃，想跻身精英阶层，经过精心算计才拥抱纳粹主义，不像很多新同事那样，对极端的纳粹理想充满激情。

从 1936 年 11 月开始，沃尔夫成为希姆莱的个人参谋部部长，负责纳粹党卫军的多个部门，包括由希姆莱建立的“祖先遗产学会”，旨在证明“现代德国人和古代日耳曼部落之间的联系”。[①]沃尔夫在希特勒的总部充当“希姆莱的耳目”。在 1939 年的一封信中，他对纳粹党卫军和希姆莱的忠心可见一斑：“信仰将我置于一位独一无二的人、纳粹党卫队最高领袖身边，成为他最亲近的副手……我们共同的工作——这工作让我获得巨大的成就感……植根于我们的种族信仰。我的整个生命和目标都跟纳粹党卫军及其未来的目标紧系在一起。”1941 年 7 月，沃尔夫陪同希姆莱视察了苏联城市明斯克附近的一处纳粹党卫军指挥部。在那里，他亲眼目睹一百名无辜的犹太人被残杀，每次八到十名。接下来的夏天，他从中调停，解决了将犹太人运往死亡集中营导致的铁路瓶颈。“我非常高兴地注意到你的报告，连续十四天，火车每天载着挑选的人开往波兰东部村庄特雷布林卡……我已经与有关部门取得联系，保证整个行动顺利进行。”

7 月下旬会面时，沃尔夫洗耳恭听，希姆莱命令他作为外交纽带，联络意大利南部凯塞林的部队和北部的德国部队。沃尔夫有十四天的时间制订“控制意大利民政部门权力”的计划，并提交元首。保护意大利的基础设施和生产设施对实施成功控制来说至关重要。

沃尔夫是这项任务的最佳人选。希特勒和希姆莱对他都信任有加，认

① “祖先遗产学会”由希姆莱于 1935 年建立，作为“纳粹党卫军的文化部门，致力于考古、历史和种族研究，旨在‘证明’现代德国人与古代日耳曼部落之间的联系”。——原注

为他是真正的“日耳曼贵族的表率和‘穿着闪亮盔甲的骑士’”。沃尔夫在1937年墨索里尼访问慕尼黑期间作为他的名誉陪同，并在之后的时间里无数次访问意大利，深受墨索里尼的青睐。在他的新岗位上，沃尔夫“准备将自己视作元首的地方长官”，管辖从意大利北部边境直到前线德国军队后方之间的范围。

并不是所有人都忽视了希特勒入侵梵蒂冈逮捕教皇的威胁。德国军事情报局局长威廉·卡纳里斯上将，军事情报局2处（德国阴谋破坏部门）的处长埃尔温·冯·拉豪森将军和希特勒身边的其他亲信都抱有强烈的反纳粹情绪，已经参与各种夺取希特勒权力的计划。当卡纳里斯的助手告诉他们他刚刚收到了一份报告，“这些人准备解救墨索里尼，杀死教皇和国王时”，大家目瞪口呆。卡纳里斯的一位副官愤怒地说：“肮脏的伎俩。我们真应该通知意大利人。”卡纳里斯表示同意，并通知拉豪森跟意方人物切萨雷·阿梅将军召开紧急会议。

7月29日，卡纳里斯和拉豪森飞抵威尼斯，在著名的达涅利酒店会见阿梅将军。对阿梅来说，交流战争信息，包括意大利领导层最近的剧烈变动——包括德国对此的反应——只是履行公务，但是面对三位德国最高级别的情报官员则非同寻常。一开始，阿梅的人在场，让卡纳里斯说起话来很拘束，但是拉豪森坐在阿梅旁边，清楚地听到他的上司说道：“小心点儿，因为要出事了。”午饭之后，卡纳里斯和阿梅游览了利多[①]，他们独自散步，继续聊天。

8月4日，情报官员在威尼斯会面之后六天，梵蒂冈国务秘书路易吉·马廖内主教召集了住在罗马的红衣主教“重新回顾意大利的政治形势，并讨论对梵蒂冈的影响”。在这次会议中，马廖内“警告与会人员，意大利官方担心德国军队会攻占罗马，入侵梵蒂冈，将教皇劫持到慕尼

① 利多是意大利威尼斯东南方一个十八公里长的沙洲。

黑”。在接下来的紧张日子里，教皇政府主要官员被告知打点好行装，随时准备撤离。敏感文献被藏匿起来，包括隐藏在教宗宫大理石地面下的教皇文件。

十九天之后，罗斯福总统驻罗马教廷特使迈伦·泰勒的特别助理哈罗德·蒂曼跟他的同事、英国大使弗朗西斯·奥斯本一起对话。意大利对美国宣战之际，蒂曼已经离开美国驻罗马大使馆，跟其他的外交使团成员一起搬到了梵蒂冈。奥斯本告诉蒂曼，“据可靠情报，德国人很可能在接下来的日子里接管罗马，如果可能的话，接管梵蒂冈城。在奥斯本的请求下，我的儿子们用客厅的壁炉——梵蒂冈的外交官们唯一的壁炉——烧毁了英国使馆的秘密文件。”

正如拉豪森后来回忆的那样，希特勒并不想绑架教皇，他“想杀了他”。

第二章
一个新兵种

1943 年 7 月下旬至 8 月

距离罗马大约四千二百英里之外，位于美国康涅狄格州纽黑文市耶鲁大学的一间教室里，迪恩·凯勒教授又开始了对即将前往地中海战区的士兵们的系列讲座，这是耶鲁大学“战争与重建教育”项目的一部分。凯勒对这一科课目——“美国人对意大利人及意大利习俗的印象”——的见解主要源自他 1926 年至 1929 年间在罗马学习和艺术创作的经历。在那里，他直接学会了如何与意大利人相处，他对学员们说：“通过包容和对高尚品格的理解，可以找到通往心灵和成功的道路。我可能还得补充一点，你们还需要无尽的耐心。”

在他四十二岁生日临近之际，凯勒已经颇有成就。一份学校出版物称他“矮胖结实，皮肤白皙，金发碧眼，由于长期挥毫泼墨，肩膀格外宽阔……在耶鲁大学艺术学院任教，在塔楼之上有间画室。他花费大量时间进行创作，画笔触碰画布之前，对模型进行大量素描和研究。一旦他开始动笔，整个创作就像精心计划的项目一样往前推进”。凯勒身高五英尺七英寸，体重一百七十磅，仪表堂堂。他的圆形金属边眼镜和起绒的浅色头发酷似美国“一战”期间的第二十八任总统伍德罗·威尔逊。但是威尔逊曾是普林斯顿（大学）人，凯勒则是彻头彻尾的耶鲁（大学）人。

1943 年，凯勒的学生们准备前往战场时，他们欣慰地得知战事终于转向对盟军有利。尽管德国对列宁格勒（现在叫圣彼得堡）无情的包围还在持续，苏联红军 1 月份已经迫使德国第六集团军在斯大林格勒投降。仅这一场战役就造成苏方一百一十万人伤亡。到 5 月份，随着德国和意大利军队在北非投降，西线盟军赢得了第一次伟大胜利。盟军对欧洲的进攻已经在计划之中。

为战争贡献力量主导了美国人的生活。美国 1942 年开始对所有橡胶制品、汽油和其他石油衍生品进行定量配给。接下来是食糖和咖啡。到 1943 年，配给清单扩展到汤品罐头、果汁以及肉类、鱼和乳制品。为了给战争贡献力量，美国人耕种着两千万“胜利菜园[①]”，到了 1943 年，占到全国蔬菜消费的三分之一。部署如此众多的军队制造了大量的就业机会，美国实际上消除了失业。三百万名十二岁至十七岁的青少年顶替成人开始工作。5 月 29 日，《星期六晚邮报》的封面刊登的是《女子铆钉工》，由诺曼·洛克威尔[②]做的说明，以表彰几乎占到全美国劳动力近三分之一的数百万妇女。

凯勒是艾伯特·加洛韦·凯勒和妻子卡罗琳三个孩子中的老二，也是唯一的儿子。“一战”期间，艾伯特曾随部队驻扎在华盛顿。他和妻子给孩子们灌输了为国效命的思想。在著名的塔夫特中学读完高中之后，凯勒追随父亲的脚步，进入曾是他儿时游乐场的耶鲁大学校园。在耶鲁大学读

---

① 胜利菜园是第二次世界大战期间由家庭花园改成的种植蔬菜的园子。

② 诺曼·洛克威尔（1894—1978），美国在 20 世纪早期的重要画家及插画家，绘画作品大都经由《星期六晚邮报》刊出。《女子铆钉工》为其代表作。

大四的时候，他开始在著名的纽约艺术学生联盟学院学习艺术。这座类似于画室的学校是艺术家们 1875 年为了艺术而建立的，没有学位课程或者学分，但是提供创新的环境和自学的课程。

1926 年，凯勒获得了罗马美国学院的罗马奖奖学金，该奖项每年颁发一次，授予不足十二位最有天赋的艺术新星和学者。此项殊荣将他的名字放到前辈伟人——建筑师约翰·罗素·坡普[①]和艺术史家查尔斯·鲁弗斯·莫里[②]——和后继之秀——包括作曲家阿隆·科普兰[③]，作家威廉·斯蒂伦[④]、阿奇博尔德·麦克利什[⑤]以及罗伯特·潘·沃伦[⑥]，建筑师路易·卡恩[⑦]和理查德·迈耶[⑧]，以及艺术家乔治·比德尔[⑨]和查克·克洛斯[⑩]——中间。

接下来的三年里，凯勒在罗马美国学院居住和学习，那里的学习环境令人陶醉。他熟练掌握了意大利语，并游遍全国。在学院里的有些相识后来成为他一生的朋友，包括两位在他生命中扮演重要角色的人：造诣不凡的景观建筑师诺曼·牛顿和极具天赋的雕塑家沃克·汉考克[⑪]。等到学习结束之际，作为画家，凯勒已经学业精进，技术纯熟，并深深爱上了这个国家和她的人民。

1929 年归国之后，凯勒接受了耶鲁大学艺术学院素描与绘画教授助

---

① 约翰·罗素·坡普（1874—1937），美国建筑师。

② 查尔斯·鲁弗斯·莫里（1877—1955），美国艺术史家。

③ 阿隆·科普兰（1900—1990），美国古典音乐作曲家、指挥家和钢琴家。

④ 威廉·斯蒂伦（1925—2006），小说家、随笔作家。

⑤ 阿奇博尔德·麦克利什（1892—1982），美国诗人、作家。

⑥ 罗伯特·潘·沃伦（1905—1989），诗人、评论家，美国第一任桂冠诗人。

⑦ 路易·卡恩（1901—1974），美国建筑师、建筑教育家。

⑧ 理查德·迈耶（1934— ），美国著名建筑师。

⑨ 乔治·比德尔（1903—1989），美国遗传学家。

⑩ 查克·克洛斯（1940— ），美国超级写实主义画家，照相现实主义的代表画家。

⑪ 牛顿和汉考克两人都将成为古迹保护官。牛顿将跟凯勒一起在意大利任职。汉考克，凯勒戏称他为“Camminatore”（意大利语，对他的名字的称呼），在北欧工作。——原注

理的职位。1936年，他晋升为副教授。在他不断提升自己作为一名画家的技艺的过程中，素描——他曾经表示，这是一门“让画家无所不能”的学科——成为他延续事业的媒介。

在素描带来的无尽快乐之中，没有什么能与遇见凯瑟琳·帕克赫斯特·霍尔相提并论。她是凯勒在耶鲁大学人体素描班上的学生。凯勒三十五岁，是杰出的教授和画家；她比他年轻十岁，追求着复兴装饰艺术的兴趣。他们的恋爱持续了两年，1938年结婚。两年之后，第一个孩子降生，名叫迪恩·加洛韦·凯勒，循着祖父的名字取的名字，小名叫“迪诺”。兴许是因为凯勒做父亲的时间有些晚，都长着敏锐的蓝色眼睛的父亲和儿子，立即黏在了一起。

到1943年夏，凯勒已经事业有成，娶得佳人，又喜得贵子，儿子成了他生活的骄傲和幸福的源泉。但是世界已经发生了改变。小迪恩出生仅一年之后，日本偷袭了珍珠港。国家卷入战争，凯勒想入伍服役，加入已经参军的两百多名耶鲁教员的队伍。与其他大学一样，耶鲁经历了重大的变化，不仅是为了表达对战争的关切，也是为了生存。百分之九十八的耶鲁学生夏季继续学习，将正常的四年课程缩短为两年甚至是七个月。军事和体能训练成为课程的一部分。耶鲁领导甚至改变了校园的部分地方——用沙袋盖住了赖特楼的窗户来保护大学的中央电话总机。

凯勒知道，由于美国本土的志愿者数量锐减，他虽然是在给即将离去的士兵们讲课，但课时现在已经减少到每周两次，远远不足以让他充分施展才能。凯勒想加入战斗。他一开始尝试加入海军陆战队，但是由于视力不佳遭到拒绝。听到盟军8月13日第二次轰炸罗马的消息，凯勒预料对意大利本土的进攻即将展开。数千年文明的积淀——人类最伟大的创造和成就——就躺在战争的道路上。意大利很快将成为作战地带，而他呢，一位意大利专家兼意大利文化遗产专家，却窝在教室里吃粉笔灰。

三个月前，凯勒的朋友兼导师、耶鲁大学美术馆馆长西奥多·赛泽曾写信建议凯勒选择新的道路为国家效力，一条将他的经历与军方的需求相结合的道路。显而易见，一个保护艺术的新兵种即将建立。被朋友们称作“胖子”的西奥多·赛泽，与其说是建议，倒不如说是要求他申请入伍。

亲爱的迪恩：

……在这儿［位于弗吉尼亚州夏洛茨维尔市的美国陆军军事管理学校］待了一个星期之后，可以说……这才是你最应该来的地方。你已经超过三十五岁（条件之一），掌握多门语言——意大利语急切需要（条件之二）……收到这封信之后，坐下来给陆军部起草一封信……申请入伍。着重强调你对意大利国家、人民和风俗习惯等方面的知识。语言人才并不难找，但是他们需要的是了解敌人心理的人才……最重要的是——别那么谦虚——实话实说。草稿写完之后重写一遍，浓缩一下——投出去——然后忘到一边。这样的话你就只有收获而没有损失。不要让此前的失意阻碍了你必要的进取心。现在就做。

西奥多·赛泽

凯勒写了这封信，但是接下来的日子让他很难听从“胖子”的建议，“忘到一边”。等待令他如坐针毡。毕竟，他可怜的视力并没有改进，他也不会变得更加年轻。但是，到了8月份，凯勒变得谨慎而乐观，他告诉父母，如果通过体检，他希望前往意大利，成为古迹保护官。“这只是可能，还没有通知。”

随着有关保护艺术的新兵种的消息传开，耶鲁大学还有一个人渴望加入。迪恩·凯勒隐约知道他，但是他被视作艺术史圈子里的新星。1943年7月24日，这位身材瘦高的学者被任命为美国陆军中尉。他的名字叫弗雷德·哈特。

凯勒在稳定而温暖的家庭中长大，而弗雷德·哈特则经历了痛苦的童年。弗雷德的父亲罗林是波士顿的一位公理教会牧师和记者。他和杰西·克拉克·奈特婚后的第一个孩子生下来就夭折了。1914年，近四十岁的杰西生下了弗雷德。1917年，他们举家搬到纽约的斯塔滕岛之后不久，杰西去世。她的离世是影响弗雷德一辈子的损失，他“一生都在怀念母亲”。

两年之后，罗林与海伦·哈林顿女士再婚，她的风度弥补了罗林的严格和谩骂。弗雷德跟继母的情感联系使得他的少年时光得到极大的改善，但是，之后她又死于癌症。这令他陷入抑郁，与此同时，罗林和海伦收养的一个法国男孩雅克让情况变得更糟，在许多年里，弗雷德深受抑郁症的影响，反复接受治疗。

弗雷德每天从斯塔滕岛坐车去纽约市上东城的一家私立学校——比尔克瓦滕。他六英尺高，外表难看，再加上沉重的有框深色眼镜，跟同龄人显得迥然不同。当他的多数同学都梦系田径赛场，模仿纽约洋基队最新的红人、前波士顿红袜队的王牌投手贝比·鲁斯，弗雷德·哈特却沉醉于法国哥特式教堂、意大利文艺复兴雕塑以及东方丝绸屏风的世界。他的艺术天赋几乎自他来到比尔克瓦滕当学生那一天就开始彰显，他设计了学校的标志。很快，他的绘画天赋让他对雕塑产生了兴趣。

然而，弗雷德的艺术生涯陡然结束。尽管他能力出众，又充满热情，他的医生表示担心，“用黏土这类材料创作可能会给他的潜意识带来严重的负面影响。这些负面影响可能会带来自我毁灭，至少是自我毁灭的想法。”梦想的破灭带来了致命的打击。弗雷德重返绘画的努力没有带来结果，反而带来失落。通常，他开始绘画，很快就会停下来，撕毁作品。成为艺术家的想法被完全抛弃。

弗雷德是拥有超人天赋的学生，如饥似渴的读者，与此同时，他精确持久的记忆给师生们留下了深刻的印象。弗雷德决定利用这些能力学习艺术史，特别是亚洲艺术史。年仅十七岁的他考上哥伦比亚大学，获得文学学士学位。随后进入普林斯顿大学读研。继而在纽约大学美术学院获得文学硕士学位。此时，他的兴趣已经转移到意大利文艺复兴艺术上。不足为奇的是，他的论文研究的是他最喜爱的艺术家、雕塑大师米开朗琪罗[①]。尽管弗雷德在专业领域表现优异，罗林对儿子的成就仍然非常挑剔。

1942 年，弗雷德在耶鲁大学美术馆当助理和编目员并攻读博士学位时，遇见了玛格丽特·德威特·维德尔，大家都称呼她“佩吉”。同为艺术史家，她和弗雷德对教育、艺术和旅游有着共同的爱好。他们的关系给弗雷德带来了早年所缺乏的鼓励与支持。他们很快结婚。从很多方面讲，她是弗雷德完美的伴侣，但是弗雷德有一个需要她无法满足——他对男人感兴趣。

1940 年的美国，还是建立在异性倾向的规范之上。一名同性恋男子找工作，尤其是在美国著名的博物馆或者大学找工作的时候，必须隐匿自己的性取向。弗雷德·哈特跟成百上千万经历大萧条的美国人一样，深知找工作的难处，于是，找个心爱的女人结婚，将其视为朋友和伴侣，在当时是个理想的解决方案。

与凯勒一样，哈特对意大利有全面的了解。哈特待在意大利时所缺乏的东西，他通过对意大利艺术和古迹的研究得到了弥补。他年轻的生命超过一半的时间都在研究意大利——意大利的艺术、文化和历史。他 1936 年第一次去意大利，8 月 15 日，圣母马利亚升天节抵达米兰：“第一次来到这片美丽的土地，我就深深地爱上了意大利。”七年之后的同一天，米兰这座城市沐浴在战争的火光中，列奥纳多·达·芬奇的《最后的晚餐》的境况还前途未卜。所有那些给弗雷德·哈特的青年时期带来意义、给他成年之后带来事业的艺术珍宝，正面临彻底毁灭的厄运。他创造艺术的机会被无情剥夺，但他拯救艺术的理想不可阻挡。

① 米开朗琪罗（1475—1564），文艺复兴时期杰出的雕塑家、建筑师、画家和诗人，与列奥纳多·达·芬奇和拉斐尔并称“文艺复兴艺术三杰”。代表作有《大卫》《最后的审判》等。

第三章

炸弹与威胁

1943 年 7 月下旬至 8 月 21 日

英国首相温斯顿·丘吉尔向来支持攻占意大利，甚至在西西里岛战役胜利之前就开始谋划下一阶段的战争。他写信给北非盟军总司令德怀特·D·艾森豪威尔将军，表达了他让意大利人民与给意大利带来如此痛苦的“德国入侵者”决裂的决心：“我们应当促进这一过程，让新近解放的反法西斯意大利能够在第一时间为我们提供一个安全友好的区域，以便我们以此为基地对德国南部和中部发动空中打击……引用总统的话说，‘罪魁祸首[墨索里尼]及其伙伴的投降’必须作为重要目标。”

“促进这一过程”成了心理战部（PWB）的职责，该部门制订了一项计划，称作“炸弹与威胁”，前提是意大利人民的士气可以通过宣传性威胁和惩罚性轰炸予以打击。这项计划需要选择那些市民受到良好教育、含有最大数量产业工人的城市作为目标。这类进攻带来的痛苦和恐惧最终将导致一系列的示威和罢工，最终令佩特罗·巴多格里奥首相和他的新政府难堪，并迫使他们投降并加入盟国。

7月29日，艾森豪威尔将军通过广播将“威胁”传递给意大利人民，内容被翻译成意大利语：“我们是来解放你们的。你们必须立即停止向国内的德国军队提供援助。如果你们这样做，我们会让你们摆脱德国人，并从战争的恐怖中解脱出来。”

很多意大利人相信墨索里尼的撤职已经发出信号，意大利的战争即将结束。盟军对意大利北部城市暂停轰炸更是加剧了人们错误的信心。在没有新的轰炸的情况下，巴多格里奥政府对于敲定投降协议的紧迫感有所放松。这种优柔寡断的做法令盟国领导人感到灰心。三天之后，盟军的电台再次对巴多格里奥政府进行谴责，“拖延时间，帮了德国人的忙”。随后便是直言不讳的警告：“暂缓结束。对军事目标的轰炸继续进行。”

心理战部编制了一张轰炸目标的名单——包括罗马、米兰、都灵、热那亚、博洛尼亚、那不勒斯和佛罗伦萨。并警告说：“……［盟军司令部］应当攻击文化中心，但要记住，失手摧毁文化古迹将会给我们的计划带来负面效果。”心理战部还建议轰炸之前先通过投放传单和广播发布警告。但这只是更高指示的一个注脚。盟军希望意大利投降。任何可能有助于达成这一目的的目标都可能被考虑进来。

几天前，丘吉尔致函艾森豪威尔：“过去的两天，我们没有轰炸意大利北部，因为我们想让他们缓和一下，但是接下来除非他们正式请求停战，我们准备让他们遭受地狱之灾。”8月1日，丘吉尔说得更加明确。在写给他的外交秘书的备忘录中，丘吉尔回应了教皇对于罗马不应受到继续轰炸的呼吁：“既然可以轰炸米兰、都灵和热那亚，我不知道罗马为什么要特别豁免。”

尽管英国和美国在统一的指挥体系下作战，但是对于精确轰炸和区域轰炸的作用双方仍然存在重大的分歧。英国轰炸机司令部总司令、空军上将亚瑟·哈里斯爵士和美国第八陆军航空队司令艾拉·埃克中将各执己见。埃克主张在白天视野更加清晰的时候进行精确轰炸。轰炸机飞行员接到命令，袭击军事目标，包括工厂、铁路编组站和飞机场。之后往往会使用燃烧弹。平民死伤可以避免。

美国空军7月19日白天对利托里奥机场和圣洛伦佐铁路编组站的袭击是对美军战术的完美诠释。盟军领导人知道轰炸罗马的决定存在巨大的风险。损坏或者摧毁城市的古迹——圣彼得大教堂、罗马万神殿和椭圆形竞技场——不仅会受到纳粹和法西斯舆论机器的谴责，破坏者还将面对历史的审判。罗斯福向教皇的反复保证，在一定程度上，也是对这一事实的默认。

盟军采取了特别措施，避免危及罗马最负盛名的古迹。飞行员在执行任务之前要进行大量定位。“我对飞行员们下达指令时从未如此小心翼翼过，从未像这次袭击一样谨小慎微地穿过高射炮火执行轰炸任务。”一位指挥官后来回忆说。轰炸前夜，英国皇家空军的惠灵顿轰炸机投下了八十六万四千份传单，警告罗马市民即将来临的空袭，敦促他们寻找掩护或者从城市撤离。心理战部还在袭击之前通过广播发布消息，在市民中间加剧恐慌和混乱。除了圣洛伦佐教堂遭受少许损害之外，空袭行动成功地摧毁了预定目标并避开禁区。

与埃克中将不同，英国空军上将哈里斯坚信区域饱和轰炸而非精确轰炸。通过夜间轰炸，英国空军可以面临较小的防空炮火和敌军战斗机的威胁。哈里斯和他的指挥官们明白，对飞行员安全和昂贵飞机的保护本身就意味着结果的精确度更低。为了保证击中目标，要对成片区域，通常对整座城市进行狂轰滥炸。“需要强调的是，对住宅、公共设施、交通和生命的破坏，大规模的难民问题，国内以及战场前线由于对大规模猛烈轰炸的恐惧造成的士气的低落，都是我们的轰炸战略预定的可以接受的目的。”据美国驻英国大使约翰·怀南特回忆，丘吉尔曾说，“夜间轰炸并不适用于精确轰炸……要说轰炸仅限于军事目标是不诚实的”。

这种观点的分歧深深植根于英国和美国加入“二战”的方式。希特勒在1939年9月到1941年5月的闪电战期间，对英国实施了残酷的轰炸，仅伦敦就有三万人丧生。哈里斯上将也被称作“轰炸机哈里斯”，亲眼目睹了轰炸的惨状。在闪电战期间最悲惨的一个夜晚，他曾经站在英国空军部的楼顶上，俯瞰伦敦："古老的城市火光冲天……圣保罗［大教堂］淹没在火海之中——场面令人惊骇。能清楚地听到德国轰炸机蜂拥而至，燃烧弹呼啸着坠入下方的火焰深渊。"

英国是在一场被动的战争中寻求生存。用哈里斯的话说："纳粹加入这场战争，抱着孩子般的幻想，他们能轰炸所有人，但没有人能轰炸他们。在鹿特丹，在伦敦，在华沙，他们将这个天真的理论付诸实践。他们播下风的种子，现在他们要收获龙卷风。"1943 年 7 月下旬对汉堡的轰炸，由于使用了燃烧弹和高爆炸药，制造了火焰风暴，在理想天气状况的帮助下，哈里斯的承诺得以实现：四万六千人丧生，城市彻底损毁。

一个轰炸机编队携带的成百上千吨高爆炸药能对一座城市和城市的一切造成严重损害，但是如此数量的高爆炸药跟燃烧弹一起投放所造成的伤害则更加致命。这些油罐内含有的高燃材料就像火焰的引火物，提供额外的燃料来源。"［四千磅重］的炸弹凭借其自重可以穿透三到四层楼房，点燃木质地板，唯一能幸免的只有楼房的设计图。［炸弹］将方圆数英里内的所有屋顶和窗户炸飞，建筑变成一个个烟囱，接踵而来的便是燃烧弹。"

其结果令人战栗。"细小的火焰瞬时连成大火，进而形成火焰风暴……过热的空气挟着巨大的威力冲过街道，不仅带来火花，而且焚毁树木和房梁。如此，大火四处蔓延，在极短的时间内形成前所未有的火焰台风，任何人类抵抗都无济于事。"

保证摧毁目标的重要性被摆在控制间接损害之上。用哈里斯的话说："我们的计划就是保证摧毁具有战略意义的小型目标，但是，粗略地说，不介意是否错过目标，或者说，只要有伤敌方士气，错过目标也有效果。"英国军队领导层尽管不无怨言，却还是接受了该战略带来的严重后果——平民死亡，古迹破坏，整座城市被"火焰风暴"吞噬。

第一批炸弹于 1940 年 6 月 11 日，也就是意大利对英国和法国宣战的第二天投向意大利的都灵。从一开始，英国就相信"意大利人民的'心理’‘不适合战争’”。通过对当地居民施加“最大的政治和军事压力”，盟国领导人希望人民能奋起反对政府。

到 1942 年秋天，英国加大了对意大利北部工业中心城市的轰炸频率和强度，对热那亚进行了六轮轰炸，都灵是七轮。10 月 24 日白天对米兰的袭击引发三十场大火，造成一百七十一位市民死亡。墨索里尼下令平民夜间撤离，这更加剧了意大利北部居民的恐慌。1943 年 7 月他退位之后，“米兰人忽视了戒严令，贴起反战标语，释放政治犯，成千上万的军工厂工人罢工。有轨电车变得异常拥挤，无法运行，民众大声呼喊，‘和平，和平，巴多格里奥会给我们和平！’具有讽刺意味的是，愤怒的米兰民众甚至攻击了德国的防空高射炮兵。”

盟国领导人坚信，提升对米兰及其他北部城市的轰炸会有助于逼迫意大利投降。到了 8 月份，“炸弹与威胁”计划在英国皇家空军对意大利北部的惩罚性轰炸（包括使用燃烧弹）中推向高潮。哈里斯曾经说过：“轰炸机联合攻击的目的……应当明确，［那就是］摧毁德国城市，消灭德国工人，瓦解德国全境的文明生活。”但是这种政策，将盟国的反法西斯怒火发泄在法西斯意大利身上，尤其是在墨索里尼已经下台之后，是否越过了道德的界限？果真如此的话，这能否成为将米兰这样具有丰富文化遗产的城市中心作为目标的正当理由？

8 月 8 日凌晨一点十分，几乎是连续四晚攻击的第一次攻击开始，袭击根本没有给军民恢复的时间。目标包括Breda军事设施和几处火车站，但是主要目标是米兰市中心。

正如丘吉尔所承诺的那样，米兰遭受了“地狱之灾”。到 8 月中旬，城市变成了人间地狱。供水主管破坏导致城市燃烧了一个星期。瑞士城市卢加诺的市民从三十五英里之外就能看见冲天的火光，听到震耳欲聋的爆炸声。尽管承载《最后的晚餐》的墙壁依然挺立，但众多其他著名建筑遭受损害，尤其是米兰无可匹敌的斯卡拉歌剧院。附近一颗燃烧弹的余烬点燃了歌剧院的屋顶，很快“整栋建筑就被火吞噬”。

米兰的两座主要艺术博物馆——在撤离之前藏有成百上千件列奥纳

多、拉斐尔[①]、曼特尼亚[②]和许多其他备受尊敬的大师的杰作——惨遭袭击。斯卡拉歌剧院往北步行大约七分钟处的布雷拉画廊被火焚毁，仅剩砖墙和石柱。安布罗西亚美术馆曾收藏有卡拉瓦乔[③]令人叫绝的静物画《水果篮》和拉斐尔气势恢宏的壁画《雅典学院》（后来被他画在梵蒂冈宫内的拉斐尔客房），也在大火中受到重创。

英国的战略并没有将城市的古迹和博物馆视为目标，但是轰炸机指挥部没有人对这些中心路标——历史建筑，包括米兰主教座堂、米兰王宫和斯福尔扎古堡——的损坏表示惊讶。袭击总共造成七百多位米兰市民死亡，四十座教堂、九十所学校、三千二百户民居被"夷为平地［或者］严重损毁"。

1941 年春，墨索里尼曾经向他的同胞保证，"意大利人民以令人钦敬的勇气和尊严面对的困难、痛苦和牺牲，在我们英勇的士兵摧毁敌人的日子终将得到回报"。到 1943 年 8 月，盟军成功攻占西西里岛，以及对米兰和其他北部城市的破坏，证明情况恰恰相反。意大利王国的皇家空军被证明毫无用处。[④]盟军的轰炸暴露了意大利防守的众多漏洞。平民的准备令人啼笑皆非。防空炮太少，雷达警报近乎瘫痪，伤亡人员出现在医院时才响起的空袭警报都暴露出法西斯组织的缺陷。伟大的实业家、菲亚特继承人詹尼·阿涅利后来意识到，他见证了"公共服务混乱，［法西斯］党有关领导无法在基层成员中间建立秩序"。

在有些情况下，意大利的生活方式削弱了其自身的防守。意大利人向来纪律散漫，空袭警报无人理会也造成了自我毁灭。"飞越阿尔卑斯山的英国皇家空军面对的是灯火通明的米兰和热那亚。博洛尼亚的房屋灯火通明，汽车和自行车开足灯光。"皇家空军的领航员看着他的战友向每座城

---

① 拉斐尔（1483—1520），意大利画家、建筑师。与列奥纳多·达·芬奇和米开朗琪罗合称"文艺复兴艺术三杰"。代表作有壁画《雅典学院》等。

② 安德烈亚·曼特尼亚（1431—1506），意大利画家。

③ 卡拉瓦乔（1571—1610），意大利画家，对巴洛克画派的形成有重要影响。

④ 墨索里尼曾是一名飞行员；他的两个儿子也是飞行员，在意大利皇家空军服役。——原注

市投下炸弹时，明显感觉到有些意大利人的自我保护的欠缺——有时候，是不愿自我保护。英格兰厄尔沙姆·沃尔兹基地的第103飞行中队混合编组的澳大利亚飞行员唐·查尔伍德描述了令人毛骨悚然的场景：

城市［都灵］被无情地暴露在月光之下——房屋、教堂、花园，甚至沿街的雕塑。飞行员们时而盘旋，时而俯冲，就像德国空军1940年袭击防守薄弱的英国一样欢呼雀跃。然而，如果意大利人奋力保卫城市，攻击者们的心里还会好受一点。实际情况是，我们将妇女和儿童炸成碎片，却没有遭到男人的抵抗。

但是查尔伍德所描述的恐怖场面只反映了问题的一个侧面。执行轰炸任务的很多飞行员也经历了地狱般的磨炼：

小股［英国皇家空军］部队袭击了都灵和热那亚。在第二轮攻击之中，第218飞行中队的阿隆上士驾驶一架斯特林轰炸机，在与一架夜间歼击机遭遇的过程中遭受重创，歼击机的炮火击中了四台发动机中的三台，打碎了挡风玻璃，摧毁了飞机上的两座炮塔，还损坏了电梯缆线。上士下巴粉碎，脸颊部分撕裂，一侧肺部穿孔，右边胳膊骨折，他坐在已经接手控制飞机的瞄准员身边，通过用左手书写指令的方式指导他如何控制受损的飞机。就这样，他将飞机安全降落在北非的波尼。在那里，险些因伤致命的飞行员被授予维多利亚十字勋章，表彰他“作为忠心履职的典型，他的事迹很少有人匹敌，从未有人超越”。

《晚邮报》[①]批判了这些空袭行动：“英美空军对意大利领土频繁而又猛

① 《晚邮报》是在米兰出版的意大利日报，是意大利最著名的全国性日报，也是最早的日报之一。

烈的轰炸，对城市的毁灭和无助的市民的屠杀，已经超越了战争的正常惯例。对我们的敌人来说，这已经不再是寻找和打击军事目标。那他们到底想要什么？……他们的目的显然是恐怖主义式的。”这给未来留下了一个问题，一个牵涉“士气轰炸”的功效——和道德——以及战争的性质的问题。此时此刻，意大利人民逃离继续轰炸——不管是道德的轰炸还是不道德的轰炸——之恐怖的唯一出路，就是和平谈判。

1943 年 8 月 21 日，《纽约时报》的标题是重要的战场故事：**东线战场：红军披荆斩棘深入乌克兰；太平洋战场：日本放弃萨拉毛亚**[①]**山脉；地中海战场：美国舰队夺取西西里岛；意大利战场：在意大利最严重的袭击中福贾市遭受毁灭性打击**。报纸的首页还刊登了一篇有关纽约新一轮“汽油短缺”的文章；另一篇则报道了开罗结束灯火管制的消息，自战争早期开始，开罗第一次恢复“灯火通明”的景象。还有一则来自西联电报公司副总裁的报道，很有先见之明：“战争之后，一种通过光波传送电报的方法会让今天的电线电报看起来像马车一样过时。”

深藏在第九页的还有一则美国国务院发布的简短的新闻稿：美国成立组织保护欧洲艺术。该委员会的名称几乎占了新闻总字数的百分之十五：保护和拯救欧洲艺术、历史古迹美国委员会。罗伯茨委员会的名称是根据委员会主席、美国最高法院法官欧文·J·罗伯茨的名字命名，委员会包含全国第一流的文化和政治领导人：大都会艺术博物馆馆长弗朗西斯·亨利·泰勒，哈佛大学福格艺术博物馆副馆长保罗·萨克斯，国会图书馆馆员阿奇博尔德·麦克利什，国务卿科德尔·赫尔，美国最高法院大法官哈伦·F·斯通。新闻稿本身——国务部发第 348 号——宣告：“该委员会将被召集，为总参谋部提供博物馆官员和艺术史家，以便在与军事需要相一致的前提下，由联合国部队占领的国家保护文化遗产。”

---

① 萨拉毛亚是巴布亚新几内亚的城镇，第二次世界大战期间，日本军队在 1942 年占领该镇。

新闻发布之际，盟军已经对罗马进行了两轮轰炸，对米兰进行了六轮轰炸。尽管美国轰炸机展示出了出色技巧，在对罗马的两轮袭击中避免了殃及梵蒂冈的设施以及最引人注目的古迹，但还是意外损害了一处重要教堂并炸死了成千上万名无辜市民。《纽约时报》退休记者赫伯特·马修斯对战争的破坏力早已司空见惯，他在 7 月 19 日的任务之前出席了情况通报会。“没有人对任何人指出任何问题，”他后来评论说，“没有人提到圣洛伦佐怎么怎么样。”马修斯相信“如果在场的人员明白它的重要性，圣洛伦佐就可以跟其他被标记的建筑一起幸存下来”。他的观察会证明很有预见性。

再过几个星期，盟军就会在意大利半岛投下十八万九千名登陆士兵。尽管有了正式的保护程序，破坏依然无法避免。一旦部队抵达，谁能负责保护世界上文化遗产最集中的城市？罗伯茨委员会看起来是个异想天开的救星。在那一刻，还得在进攻部队里安插一名“制订计划保护历史古迹的专家”。

第四章

试验开始

1943 年 7 月至 9 月

罗伯茨委员会在《最后的晚餐》几乎被毁的几天之后宣布成立，实际上，罗斯福总统两个月之前，也就是 1943 年 6 月，就签署了这一命令。考虑到委员会只有等到攻占西西里岛之后才会开始运作，罗斯福建议部队选派“美术及古迹顾问”作为权宜之计。第一位候选人，大都会艺术博物馆馆长弗朗西斯·亨利·泰勒，由于身体超重被刷了下来。国家艺术馆的总策展人和罗马美国学院的前美术教授约翰·沃克推荐了一位已经在军队服役的朋友和同事：梅森·哈蒙德上尉。

梅森·哈蒙德生于波士顿，年轻的外表和学生般的脸庞掩盖了他四十岁的年纪。他的学术事业非常辉煌，1928 年成为母校教员之前作为“罗德学者[①]”在牛津学习。1937年至1939年，墨索里尼独裁的顶峰时期，他在罗马美国学院教古典学。离开罗马之后，他回到哈佛，继续担任古典学教授。1942年，哈蒙德加入陆军航空兵，成为“美术及古迹顾问”之前在五角大楼的情报部门工作。“我的资格不在于艺术和艺术史，但是至少我懂点儿意大利语，对古代艺术与建筑还比较熟悉。”但是他必须为这份工作付出巨大牺牲：他必须离开妻子和两个女儿，前往海外。

哈蒙德认识一些有志于在战争期间保护文化遗产的人，其中包括乔治·斯托特，一位哈佛的同事、艺术品保护领域的先锋。斯托特“一战”期间作为一名陆军士兵驻扎在欧洲的一家医院里，之后回国进入爱荷华大学学习绘画。斯托特省吃俭用五年，重返欧洲，遍览伟大的文化中心。此时，他已被深深吸引。他沉着冷静、有条不紊而又严谨认真的性格非常适合艺术保护这门科学。

斯托特富有远见，又擅长思考，精通技术，又训练有素。在西班牙内战期间，斯托特研究并记录了新型轰炸技术对艺术保护的影响——燃烧弹及其带来的火灾造成的影响最为深远。他还与德国博物馆界朋友保持联系，这些朋友写信告诉他20世纪30年代后期纳粹将一些博物馆馆长和研究馆员——和他们认为“堕落的”艺术从德国机构里清除了出去。

日本于1941年12月偷袭珍珠港之后，斯托特带头编写了战争期间保护艺术品的现场作业手册。这本小册子包含了他多年分析得出的精辟见解。斯托特相信战场形势发生转变、美国男儿们重返欧洲直捣柏林只是个时间问题。然而，这一次，危险远大于第一次世界大战。战争技术的发展对西方文明的众多遗产构成了威胁。为了让美国士兵有所准备，斯托特与哈佛大学讲授博物馆学课程的保罗·萨克斯密切协作，把即将为大家知晓

---

① 罗德奖学金是一个世界级的奖学金，有“全球本科生诺贝尔奖”的美誉，得奖者被称为“罗德学者”。奖学金评审每年选取八十名全球刚毕业的本科生去英国牛津大学攻读硕士或博士学位，而罗德学者也被视为全球学术最高荣誉之一。

的“古迹保护官”的观念灌输给陆军部。到 1943 年夏，斯托特的努力促成了罗伯茨委员会的建立——并且，间接地促成了古典学教授梅森·哈蒙德前往战区。[①]招募一经发出，两百多名志愿者踊跃报名，很多都具有急需的专业背景，而且都希望加入到陆军部核准的新“项目”之中。

形势紧迫，必须将哈蒙德迅速送抵战场，部队没有让他乘船，而是派飞机将他送抵他的第一个目的地，阿尔及尔[②]的盟军总部。尽管一开始被称作“顾问”，梅森·哈蒙德实际上是第一位古迹保护官。他于 6 月 7 日开始上任，却发现“我要负责的任务并不是北非的古迹。因此，目前还不可能对这些古迹进行视察，主要是因为安全运输存在巨大困难”。仅这一项问题——交通，缺少的东西——就证明了古迹保护官们即将面临的令人苦恼的挑战。

他从北非给一位在华盛顿军队民政事务部门工作的朋友塞缪尔·雷伯写了几封信，在其中一封中，哈蒙德极尽笔墨表达了他的沮丧：“很遗憾他们在华盛顿的时候没有对我的工作提供更加明确的信息，匆匆忙忙将我送抵战场……我怀疑是否需要什么大型专家队伍做此类工作，因为那至多是一种奢求，军方不会耐着性子看一大群艺术专家跑前跑后告诉他们什么东西不能打。”

哈蒙德的信并没有提及在美国陆军这种效率如此低下、有时又极不灵活的机构里工作多么令人沮丧。尽管哈蒙德对意大利艺术了如指掌，他对西西里岛的古迹却称不上专家。了解到军方希望他在通知发出的几个星期之后就做好充分准备，他尽最大努力学习。但是军方禁止他进入阿尔及尔的公共图书馆，担心他的出现可能会暴露攻占西西里岛的计划。甚至在西西里岛落入盟军手里之后，哈蒙德也只找到三卷本《意大利旅游俱乐部意大利旅行指南》中的一卷，那是在利比亚缴获的资料。

---

① 作为隶属于北欧西线盟军的古迹卫士实际领导人，斯托特也将身处险境。——原注

② 阿尔及尔是阿尔及利亚首都。

西西里岛上重要古迹和教堂的名单以及显示其具体位置的地图都无法得到，因为在纽约弗里克艺术文献图书馆工作的保罗·萨克斯和他的团队还在加紧编制。哈蒙德离开时希望他需要的参考资料在他抵达西西里岛之后能够完成。到了那里后他才发现，真实的情况是：他得在没有交通或者人员支持的情况下完成工作，工作本身也不具体。在可以预见的未来，美国陆军的第一位古迹保护官梅森·哈蒙德上尉只能依靠自己。

如果说西西里岛的任务因为缺乏准备而令人沮丧的话，那么令人更为沮丧的或许就是不在西西里岛上了。直到7月28日，几乎在盟军开始攻岛之后三个星期，哈蒙德才最终登上这个意大利最大的地区和岛屿。当他抵达古城锡拉库扎[①]时，这位古典学教授和人文学者感觉有点儿像是回到家乡。开始的几个月里，他跟所到之处的地方官员一起工作。在一些地方，他发现当地的博物馆工作人员由于缺少收入已经离职。哈蒙德通过与同盟国军政府的民政事务财务部门协调解决问题，为地方官员提供资金。只有这样，知识丰富的工人们才能养家糊口，重返工作岗位，帮忙进行暂时修复，或者采取保护措施。

哈蒙德的工具少得可怜：一张桌子，一把椅子，还有——用他的话说——从美国带来的“古董”便携式打字机。他的工作是评估岛上较小城镇的教堂和其他古迹受到的损害。这项工作主要依赖交通工具，但他却无法从军方获得。于是，哈蒙德便开始了一系列的努力，保证交通工具，这也是后来几乎所有古迹保护官们经常遇到的问题。他的英国同人、古迹保护官弗雷德·H·J·迈克斯上尉，于9月上旬抵达，晚了近六个星期。他描述了哈蒙德临时准备之下对艺术品保护做出的示范表现。通过“难以下笔的邪门歪道的方法”，哈蒙德找到一辆在他的报告中将占据重要位置的汽车，一辆“又小又旧”的Balilla，他们不无幽默地称之为“哈蒙德的

① 锡拉库扎是意大利西西里岛上的一座沿海古城，位于岛的东岸。

危险品"。

他们不断扩大的车队后来增加的每一辆车身上都有有趣的故事。一辆"1927年左右款式、华贵典雅、空间宽敞的蓝旗亚[①]汽车被征来为顾问们服务。但是，车主对这个古董非常热爱，维护起来很有问题，顾问们觉得，他们自己所承担的义务要求他们在汽车遭受'战争的创伤'之前将它送去保养"。正如哈蒙德和迈克斯对他们车队的幽默的评价："这些车没有一辆遭受折磨，顾问们靠自己的双脚开始，并靠自己的双脚结束了自己的事业。"

尽管有这样那样令人丧气的经历——哈蒙德读到《纽约时报》的简报才得知罗伯茨委员会成立的消息——他在西西里岛的危险之旅印证了乔治·斯托特的预言、保罗·萨克斯的经历和罗斯福总统的批准。哈蒙德评估古迹受到的损失，实施暂时修复，让督导和当地博物馆及教堂的管理人员重新回到工作岗位，减小友军在古迹内宿营带来的问题。他在该领域的工作证明这份工作能够完成。

充当古迹保护官的实验品成了哈蒙德不朽的贡献。每一次失误都会留下宝贵的经验，为盟军攻入意大利本土并向北推进后的工作提供了不同的解决之道。哈蒙德对工作过程和人——当地居民、意大利官员、他的同僚和普通士兵——的敏锐观察，以及明确说明未来的时日改进之处的能力，将为后来的古迹保护官们卸下心理负担。

西西里岛最重要的古迹在盟军进攻和随后的战斗中被保留下来。巴勒莫[②]的古迹由于轰炸和攻占受到严重损害，但是袭击对巴勒莫的巴洛克式（更加精巧的）教堂的损害比早几个世纪建造的教堂更大。墨西拿大教堂屋顶被炸飞，但至少这座教堂并非原建，而是经历一场毁灭性的地震之后于1908年重建的。当然，哪怕一座教堂被毁，西西里人也会自然地感到

① 蓝旗亚是一家意大利汽车品牌。该品牌于1906年创立，1969年后商标归菲亚特集团所有。
② 巴勒莫位于意大利西西里岛西北部，是西西里岛的首府。

悲痛，但是哈蒙德和其他古迹保护官知道情况本来有可能更加糟糕。

西西里战役与盟军进攻欧洲时可能出现的残杀相比变得很苍白。哈蒙德在 9 月份写给妻子的一封信中正是这样认为的：

> 总是能够看到，一座城市被毁，欧洲更多的城市被毁，好像重建的任务永远无法完成。损失的艺术品是无法替代的——壮丽的教堂内部受损，档案埋在瓦砾之下，图书馆暴露在光天化日之下任人窃取……这项工作看起来格外重要，又艰巨得令人绝望。我一个人单枪匹马，即便待在自己的角落里，也感觉像七个女佣拿着七把扫帚①。如果意大利的其他地方能不战而降，这肯定会对我们的工作大有裨益。

到 8 月 17 日，经历了三十八天的昼夜激战，盟军宣称西西里岛战役胜利，将战火烧到了德国的后门口。大多数德国部队都已渡过墨西拿海峡逃到了意大利本土，避开了成为俘虏的厄运。尽管巴多格里奥首相重申了意大利对纳粹德国一如既往的忠诚，他的使者们已经偷偷地在葡萄牙与盟国就投降事宜展开磋商。但是，希特勒直觉地认为意大利叛变德意同盟只是个时间问题，对巴多格里奥的重申置之不理，开始加强德国在意大利的军事存在。

盟军部队于 9 月 3 日发动“湾城行动”，并开始在卡拉布里亚②登陆，这是欧洲大陆上的第一处据点。同一天，当巴多格里奥的代表在西西里岛与艾森豪威尔将军的指挥官们签订一项停战协议时，希特勒的特使鲁道夫·拉恩正在罗马跟巴多格里奥会面，听取意大利领袖的忠诚保证。盟国为了配合“雪崩行动”——主力部队在萨莱诺的登陆，将投降的消息封锁

---

① 七个女佣拿着七把扫帚：引自英国作家路易斯·卡罗尔的童话小说《镜中世界》，海象和木匠看到到处是沙子后便问，如果让七个女佣拿着七把扫帚，是否能将沙子清扫干净。后引申为无法完成的任务。

② 卡拉布里亚是意大利南部的一个大区，西南与西西里自治区为邻。

了五天。

9月8日，拉恩还在罗马，临近中午时与国王进行了简短的会面，国王承诺，意大利会“站在德国一边，继续斗争，直至结束。意大利与德国生死相依”。这种虚伪的表演在早晨六点半戛然而止。考虑到五万五千名盟军士兵再过几个小时就要进攻萨莱诺海滩，再加上早些时候收到消息称巴多格里奥准备放弃投降协议，艾森豪威尔将军怒不可遏，对阿尔及尔广播电台宣称：“意大利政府的军队已经无条件投降。”巴多格里奥别无他法，只得在随后的广播宣言中证实这一消息。大量意大利士兵“扔掉武器”。一位德国军官在他的日记中写道：“他们对战争结束感到欢欣鼓舞。”在清晨的黑暗之中，国王、巴多格里奥和其他人员害怕丧命，从罗马逃到亚得里亚海边小镇布林迪西，意大利军队变得群龙无首，更糟糕的是，没有得到任何指令。

德国军队9月10日控制了罗马，只遭遇了一些象征性的抵抗。二十四小时之内，德国元帅凯塞林将所有的意大利领土置于德国军队的管控之下。教皇通知他的侍卫统领，如果德国军队违反梵蒂冈城中立的协议，无论如何不准抵抗。但是，德国军队真的会在罗马天主教国家的首都冒犯教皇的权威吗？

令人担心的这一刻很快来临——首先是靴子迈着整齐的步伐穿过鹅卵石街道，声音愈来愈响，紧接着重装国防军出现。当他们抵达圣彼得广场和壮丽的贝尼尼柱廊时，行军停止下来。德国人安排了警卫，但是没有继续行动。①

9月12日，希特勒收到戏剧性的消息。纳粹党卫军伞兵对意大利中部大萨索山的一处滑雪胜地发动突袭，从巴多格里奥授命的监管人员手中

---

① 1943年年末，在盖世太保头目、纳粹党卫军中校赫伯特·卡普勒的力劝下，在圣彼得广场上画了一道白线，德国部队借以标示中立的梵蒂冈城的边界。然而，其他人认为，这条线的用意在于提醒梵蒂冈人他们已经被囚禁。——原注

解救了墨索里尼。“领袖，元首派我来解救您。”行动的指挥官纳粹党卫军上尉奥托·斯科尔兹内大声喊道。墨索里尼放心地答道：“我就知道我的朋友阿道夫·希特勒不会抛下我不管。”四十八小时之后，憔悴的墨索里尼来到拉斯滕堡的机场。等待着迎接他的是他的救星阿道夫·希特勒，以及他的“监护人”、刚刚被任命为“纳粹党卫军及意大利警察最高领袖”的纳粹党卫军卡尔·沃尔夫将军。希特勒告诉领袖，他想建立一个全新的由纳粹支持的法西斯国家——意大利社会共和国——后来也被称为萨罗共和国，以其位于北部小镇萨罗附近加尔达湖畔的事实首都命名。[①]墨索里尼将成为有名无实的领导，事实却是希特勒和他指定的人——纳粹党卫军将军沃尔夫和鲁道夫·拉恩——在掌管新政府。

沃尔夫于 9 月 14 日已经返回希特勒的总部，接受元首的进一步指示。除了履行之前分派的职责之外，希特勒希望沃尔夫为墨索里尼提供全天候保护。“你要保护领袖。”希特勒告诉他，再也不能让他处于这种危险之中。“一群经过精心挑选的纳粹党卫军将士将会寸步不离。”这看起来顺理成章，但是他的第二个任务就并非如此了。

“我现在给你下达一个特殊命令，沃尔夫，我得亲自告诉你，因为它事关国际影响。我想让你不要对任何人说这件事，纳粹党卫队领袖［希姆莱］除外，我已经告诉过他。除非得到我的允许。你明白吗？”“是，元首！”沃尔夫回答道。

“我希望你和你的部队尽快占领梵蒂冈和梵蒂冈城，作为德国对这次难以形容的‘巴多格里奥背叛’的一个应对之举；保护梵蒂冈的档案和艺术珍宝，这些珍宝具有独特的价值；为了教皇（庇护十二世）和罗马教廷的安全，护卫他们北上，避免他们落入敌人手中，受到他们的政治操纵。我会根据军事和政治形势的变化决定是否将他们带到德国或者列支敦士登。”

---

① 这种说法并不准确。萨罗实际上是政府部门聚集的意大利北方城镇之一。

“全世界会爆发一场骚动，”元首承认说，“但是骚动终究会平息下来。这将是一个巨大的收获……”“你需要多长时间完成这项任务？”元首问道。

面见希特勒之前，希姆莱已经向沃尔夫简要通报了他的任务，但是听到希特勒表明他的意图还是令这位纳粹党卫军将军吃了一惊。他仓促之间想到一个应对之策，听起来既可信又能赢得时间：“说实话，元首，我还不确定。我的党卫队和警察部队多半还没到。现在我正在南蒂罗尔自治区和意大利法西斯剩余人员中招募志愿军充实我们的部队，但是即使很专心，这事儿也需要我的全部时间。”沃尔夫随后解释说，这种行动需要寻找熟悉拉丁语和希腊语的专家协助分析梵蒂冈卷帙浩繁的文档。沃尔夫估计他需要大约六个星期。“这对我来说太久了！”元首惊叹道，“我想立刻处理梵蒂冈的事，将它清除掉。”但是，经过一段紧张的时刻，希特勒似乎愿意等待，接着说：“如果想要第一流的结果，就不能希望一夜之间完成。”

1943 年 10 月 1 日，德国广播宣布：“保护和拯救欧洲艺术、历史古迹美国委员会——一个由窃贼和犹太人组成的机构——美国主席在对媒体的声明中说，向美国士兵分发了大量地图，以便他们能轻易找到艺术珍宝。一位臭名昭著的强盗被任命为委员会的主任。”

纳粹宣传机构的专家将罗伯茨委员会的目的，以及古迹保护官们的工作，视为早有预谋的掠夺行动。十四天之后，罗马广播电台上有条最新消息：“第一批满载艺术珍品的轮船今天离开西西里岛前往伦敦，有些艺术品会送进大英博物馆，有些则为私人收藏。”这两条广播消息标志着意大利公共舆论领域的斗争拉开序幕。美国人没有立即回应。几个月的时间里，欧洲人只能听到德国和意大利的说法，对那些声称对保护艺术品感兴趣的英国人和美国人心存恐惧和怀疑。

第五章

伤痛加剧

1943 年 9 月至 12 月

9 月 25 日，迪恩・凯勒接到命令，到弗吉尼亚州梅尔堡入伍报到。他将在那里向部队位于北非的军事管理学校报到，加入保护古迹和艺术品的队伍。尽管前往意大利的梦想看起来依然遥不可及，至少他已经踏上了征程。

部队的生活让凯勒激动不已。在选拔征兵期间，战争将他班上的多数学生召到战场，教学的乐趣已经丧失殆尽。困难肯定会有，这毫无疑问。他劝慰自己他不会怀念有车的日子，画室不复存在也不成问题。这些他都可以适应。而且，有铅笔和纸张，他随处可以作画。但是，当他安排将部队的工资寄给妻子凯西时，一切显得如此真实。他借助写信对抗焦虑，他写了很多信，给姐姐和父母，主要是给凯西和三岁的儿子。跟很多新兵一样，信件的往来成了他生命的寄托。

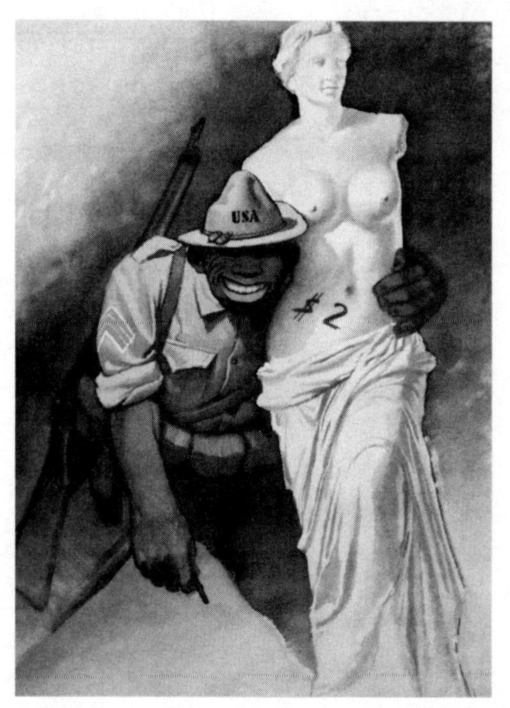

纳粹德国针对意大利人民的宣传机构旨在将美国士兵描绘成意欲窃取国家艺术珍宝的野蛮人。在这个例子中，一名美国士兵被描绘成黑人歹徒，正在窃取《米洛的维纳斯》。盟军同样采取了宣传攻势。下面的例子意在说明德国人会像对待其他欧洲城市一样对罗马造成损害。［左边：马西莫和索尼娅·契鲁里档案馆，纽约。下方：俄亥俄州立大学比利爱尔兰卡通图书馆和博物馆］

迪恩父亲的来信很有见地，跟他探讨对战争的看法。母亲的温柔与理解让他坚持了下来。她 10 月 7 日写信鼓励他，服兵役“对你来说是个重大的牺牲，但我很欣慰你能奋不顾身，意识到现在急需有识之士慷慨援助。我相信，为了你自己也好，为了迪诺也好，你永远不会后悔。迪诺现在骄傲地说——‘我爸爸是军人。’我不知道是谁教他的——但是我想他看见了你穿第一身军装的照片”。

凯勒为凯西和迪诺现在跟她的家人一起住在哈特福德感到沮丧，他已经决定战争期间出租他们位于纽黑文市阿莫尼街 133 号的房子。这是由全国范围的住房短缺造成的，但是却反映了凯勒一家，以及数百万美国军人家庭由于战争而遭受的剧变。

经过一个月的等待，他终于接到了命令。11 月 2 日，凯勒登上了一艘开往北非的“自由号”轮船。船上的其他人都是年轻的士兵，开往战场。凯勒与他们一样感到自豪、激动而又恐惧。在船上的二十二个昼夜，“犯人般的定量食物加上狭小的空间”，增进了同志之间的友情，但是大家都感觉到前方充满了危险。“护航舰队抵达［阿尔及利亚的奥兰[①]市］途中只有一次危险———艘潜艇跟踪其中一艘军舰长达两个小时。”下船的感觉就像得奖一般。感恩节那天，凯勒在开放兵营的泥地上，用野战餐具吃了晚餐。他告诉妻子“我们在北非……像军人一样（想想我的样子）住在帐篷里，在户外刮胡子……用钢盔洗脸”。

凯勒第一个星期在靠近奥兰的一处新兵训练营度过，然后乘火车去阿尔及尔，在首都——盟军总部——的一家酒店待了一晚。在那里他向一名中尉出示了一张印有“秘密”的卡片，中尉命令他前往偏远而又荒凉的山区小城提济乌祖，让他向那里的军事管理学校报到。12 月 2 日，最终抵达距离阿尔及尔六十英里的目的地之后，凯勒开始讲授为期两个月的课程，主要是关于意大利的文化历史及其当代政府结构。

① 奥兰位于阿尔及利亚西北部地中海沿岸，是该国第二大城市，也是奥兰省省会。

在提济乌祖，凯勒参加了一场艺术专家国际会议。1943 年 5 月以来，小股官员已经陆续抵达民政事务培训学校。“从攻占西西里岛开始，我们已经开始一种新型的任务，对占领区的人民进行管理。”艾森豪威尔将军后来解释说，“经过特别训练的‘民政官员’，有美国人，也有英国人，陪同进攻部队不断推进，从作战部队手中接管民政管理的重要任务。”这些官员有的擅长公共卫生，有的擅长交通，有的擅长农业，有的擅长金融，有的擅长法律，有的擅长公共关系，而古迹保护官们则擅长艺术。

“胖子”•赛泽解开蝴蝶结和披肩换上军装之前，他那海象般的胡须就让他显得与众不同。参军之前，“胖子”担任耶鲁大学艺术史教授，激情的讲课颇有名望。他经常沉浸在演讲中，在讲台上四处游荡，给学生上课时不止一次从讲台上摔下来。最近，他担任耶鲁大学美术馆馆长。他的阅历充满了不协调的成分，却都还比不上他身材的不协调，五英尺十英寸的身高和一百五十磅的体重，被人称作“胖子”。儿时的昵称顽固地伴随着他。他虽然是耶鲁大学的教授，却于 1915 年以优等成绩毕业于哈佛大学。“胖子”最终选择公共服务和学术领域的生活，但是此前还在进出口行业闯荡了几年，想捞上一笔。

罗伯茨委员会给保罗•萨克斯施加更大的压力，让他提交古迹保护服务的候选人名单。赛泽“一战”期间曾在陆军担任中尉，1942 年以后在空军情报部门服役——尽管，用他的话说，“这是对我的军事才能的误解，对我的年龄熟视无睹。”一轮新的战争已经开始，这种战争需要精确的打击而不是全盘的破坏。萨克斯的工作就是寻找打这场战争的士兵。“胖子”•赛泽是理想的选择。

萨克斯同样寄予厚望的还有诺曼•牛顿，美国最有造诣的景观建筑师之一。牛顿 1939 年在哈佛大学设计研究生院开始他的教学生涯，并与萨克斯相识。1918 年曾在美国海军陆战队预备队担任航空学员。尽管这种经历跟实地作战相去甚远，但对部队的熟悉程度让他比其他候选人更有价值。萨克斯知道牛顿在罗马美国学院待了三年（1923 年至 1926 年），而且是罗马奖得主。除了拥有一家私人景观设计公司之外，20 世纪 30 年代牛顿还是美国国家公园管理局西北区的常驻景观建筑师，完成过不同的项目，包括自由女神像地基的设计。

1943年春，赛泽和牛顿开始在提济乌祖军事管理学校接受八个星期的民政事务培训，这段经历赛泽认为“极不安宁”。五十一岁的赛泽喜欢这地方带给他的满足感。在给耶鲁大学美术馆的同事埃默森·塔特尔的一封信中，他写道：“如果你看见众多年长者接受年轻外国少尉的考验，你会忍俊不禁。”

英国古迹保护官、伦敦大英博物馆印刷品与绘画保管部主任爱德华·“特迪”·克罗夫特－默里和他的好朋友，印度无线电广播之父、英国广播公司管理人员莱昂内尔·菲尔登于11月上旬抵达阿尔及尔。接到去提济乌祖报到的命令之后，菲尔登问他的朋友：“提济乌祖到底是什么？”特迪回答说：“想必很糟，是所学校吧。没人知道我们要在那里待多久。逮着机会我就出去。”

两个人都没办法抵达预定的目的地。在到达盟军总部并请求值班员朋友介入之后，这两人碰上了伦纳德·伍利爵士中校，中校自己也急切渴望前往最近解放的那不勒斯视察一番。尽管伍利有官阶，有头衔，是“陆军部考古顾问”，他还是不能去意大利。“组织工作一团糟！我这里有所有必要的文件，国内的当局也希望我回去，可我一天又一天来到这个办公室，得到的答复却是没有交通！”

了解到真实情况——没有办法“走出”提济乌祖——之后，他们与值班员聊了几分钟，结果又发现了新问题：部队的“优先权”系统。菲尔登解释道：“第一优先级是VIP——大人物——想去哪里就去哪里。第二优先级是将军等人，只要交通允许，保证你快速通过。第三优先级是次要但还是有迫切需要的小人物。如果有这样的人急需我们帮忙，我们也会帮忙，但他们很少有急需。其他的优先级基本不值得考虑。”

在解释伍利是一位世界知名的考古学家和英国保护文化遗产的领导人之后，值班员回答说：“噢，噢，我们这里根本没听说过他，你应当理解。或许他该享受第二优先级？我只给他第三级，也就是说他永远无法到那里。”

几天后，菲尔登和克罗夫特-默里坐在运兵船的地板上，经历漫长、寒冷而又颠簸的旅行之后抵达提济乌祖。学校还有大批未完工的建筑，没有门和窗户，每栋楼都以一个盟国城市命名，包括“伦敦”“曼彻斯特”和“华盛顿”。根据菲尔登的描述，在我们到达的时候，建筑里“挤满了四百名年长的官员，其中有三百五十人是美国人……如此军事化的集体很难见到”。

凯勒到达提济乌祖时，菲尔登和克罗夫特-默里已经完成培训，离开了那里。赛泽和牛顿也已离开。12 月 12 日，他写信给父母报告说他身体健康，仍然在给美国和英国军官做讲座，与他在耶鲁时一样。他还继续画画，将当地人的素描送给朋友。“我开了卡宾枪、点四五左轮手枪和冲锋枪，冲锋枪开得最棒。连击十发九中，三发单射都在里环以内。说说新的经历吧。”他告诉他们，他在耶鲁教过的一小群军官也出现在课堂上，让他在新环境中“感觉不再像迷失的羔羊”。

第一个没有家人的圣诞节对凯勒是个打击。“最最亲爱的凯西……我写信的时候，你应该已经吃过早饭，打开长筒袜了。我能想象迪恩撕咬包裹上的细绳和纸，以及他脸上期待的神情。你为他准备了什么？”尽管竭力营造日常的氛围，凯勒还是无法忽视现实。“今天早上我还在跟一位英国士兵聊天，这已是他第五次没有在家里过圣诞节了。你只要一想到前线的孩子们，就会收起所有的埋怨和个人情感……他们的圣诞节不可能是快乐的圣诞节。”

与克罗夫特-默里、伍利和提济乌祖的许多其他人一样，五个星期之后凯勒意识到自己的满心希望化作了泡影。凯勒希望能将自己的知识和经验付诸工作，而不是待在他喜欢称作“兔子窝”的地方无所事事。“我听说意大利有很多事情可做，我希望那一天尽早来临，”他写信给凯西说，“我对这份工作充满信心，其他人则相反，我渴望得到我的机会。”

第六章

一项新命令

1943年12月

按照盟军的程序，古迹保护官只能在战斗行动开始之后才被运送去作战地，这使得“保护工作”无法进行。梅森·哈蒙德和其他几位攻占西西里岛之后几个星期登岛的军官主要将时间花在了救援行动中。西西里岛有数百栋建筑需要照管。古迹太多，人手太少。战场上的各种突发事件阻挠他们解决运输、人员和供给的问题。他们撰写报告——大量的报告——说明情况，表明需求。但是华盛顿当局一开始没人理会。哈蒙德幽默地评论说：“军事渠道就像是一条隧道（我没有说下水管）——你从一端把东西放进去，但是很多时候你根本不知道它从哪里出来，什么时候出来。”

11月下旬，刚到巴勒莫履职几个星期，“胖子”·赛泽就看到了梅森·哈蒙德几个月来遇到的情况：

这座城市有贫乏，有富足，有等待分配救济食物的队伍和美妙的糕饼，有通信兵在头顶拉的电话线和大理石圣徒舒展的双臂，巷子之中有成堆未经清理的碎石，有遭到轰炸的巴洛克式教堂，有热乎乎的炒栗子、核桃、杏仁和柑橘，有废墟垃圾倾倒场和医院，有灯火管制和防空洞。最影响[原文如此]生活的是缺少玻璃——多数窗户玻璃都碎了，缺水（我得用头盔盛水，早晚洗漱），缺少持续的军用食品（所有餐馆都搬走了），还有寒冷（人总是感到不暖和）。

亲身经历让赛泽对哈蒙德在西西里岛的成就十分敬畏。登陆之后没过几天，他感叹道："一切值得做的事情，梅森·哈蒙德已经出色地完成了。"（他仍然希望跟迪恩·凯勒不期而遇，于是又说道："至今为止还没有见到凯勒。"）然而，到了 12 月上旬，哈蒙德经受的折磨造成了不良后果。由于整个夏天无视自己的健康，哈蒙德患上重病，最终不得不进巴勒莫的医院接受治疗。赛泽写信给他们共同的朋友保罗·萨克斯，分享这一不幸的消息："M.H.[哈蒙德]简直是舍生忘死地干，已经住院十天——很快会出院。"除了过度劳累，哈蒙德还饱受痢疾的折磨。

哈蒙德将健康问题归结于"锡拉库扎的脏乱，在那里苍蝇跟人一起享用食物"。经历痛苦的两个星期之后，哈蒙德病愈出院。然而，他依然精神振作。"跑到一位研究考古的WAC[陆军妇女队]军官那里。"赛泽写信告诉萨克斯，"发现她是食堂军官，带她和所有的厨师去观光，于是后来每隔一天都能吃上一大盘苹果派。"赛泽还附上评论说："梅森·哈蒙德工作最久，也最出色。"

令早期古迹保护官们惊喜不已的是，1943 年晚秋局势的变化奠定了他们的权威，增强了工作效率。一个名叫盟国管制委员会（ACC）的新机构将意大利分成不同区域（第一区，西西里岛；第二区，意大利南部；第三区，那不勒斯；等等），然后命令民政事务人员，包括古迹保护官们前往各区。有些古迹保护官会在"古迹、艺术品和文献"部门总部之外工作，其他人则直接归战场上美国第五集团军和英国第八集团军军政府管理。这种组织结构的变动打破了提济乌祖的僵局，导致古迹保护官们直接涌向作战区域。

到12月上旬，西西里岛的古迹保护官从一人——梅森·哈蒙德——增至多人，包括弗雷德·迈克斯、“胖子”·赛泽、诺曼·牛顿、佩里·科特中尉、班彻尔·拉法奇少校，以及英国军官保罗·贝利·雷诺兹少校和“特迪”·克罗夫特－默里上尉。他们提出的增加人手的请求也得到了响应。三位士兵接到命令后赶来充任秘书：尼古拉斯·德菲诺军士、D·帕斯卡莱下士和伯纳德·皮布尔斯军士。提济乌祖结束培训的其他官员也会陆续抵达。

在结构调整的过程中，古迹保护行动获得了一个新的名称，在所有人当中感到最惊讶的是梅森·哈蒙德。“西西里岛有人告诉我说我的波士顿发音［艺术品和古迹］英国同事们听起来像是‘筹资和古迹’，于是名字被改成‘古迹、艺术品和文献’部门，或者叫MFAA。”

其他的调整正在计划之中。英国的所罗门·“索利”·朱克曼教授在北非空军总司令、英国空军上将阿瑟·特德爵士的命令下担任皇家空军特别任务负责人。他要求在未来的行动策划中，制订文化上具有特殊重要性、需要与军事目标之间进行权衡的城市的初步名单。现在，古迹保护官们可以直接与陆军航空队指挥部进行沟通。没有人希望再次发生令人尴尬的事故，就像最近对庞贝古城的轰炸一样。盟军至少飞了十一次任务，在考古遗址周围的可疑德国战地指挥所投下一百五十六枚炸弹。这些行动除了反复蹂躏庞贝的死尸之外，别无他用。

遗址南部变成一片瓦砾：庞贝古董陈列馆“损失过半”，“藏品严重受损”。更加讽刺的是，盟军第一次空袭的日期——8月24日——正是维苏威火山爆发1864周年纪念日。

古迹保护官弗雷德·迈克斯认识到，朱克曼要求修订名单，因为原始的名单并没有显示各处遗址的重要级别。这正是古迹保护官们寻求的工作和反馈。这标志着陆军指挥部内第一次有人对他们的专业表示出兴趣。朱克曼在目标的选择上绝不是精细的人：“如果整个意大利除了一座城市之外全部都要被摧毁，你会选择哪座城市？如果有两座城市可以幸免，会是哪两座？诸如此类。”

12月8日，迈克斯、赛泽和贝利·雷诺兹向朱克曼递交了修订后的名单，包含四十六座意大利城市和三座南斯拉夫达尔马提亚海岸城市。朱克曼格外满意，并表示说，希望在将来的行动中能跟古迹保护官们保持协调。此时，古迹保护官们已经向华盛顿递交了五个多月的报告，并向美国本土的同事寄送了无数的信件，无时无刻不在呼吁当局考虑他们所建议的改革。他们的努力最终得到回报——考虑到报告是从那不勒斯传出来的，时间上并不很快。

保罗·加德纳少校是第一位到达那不勒斯的古迹保护官。加德纳“一战”期间从麻省理工学院退学加入美国陆军。回国之后，做了九年的芭蕾舞演员和舞蹈学校的共有人。直到那时他才重新开始学习。他兴趣广泛，后来进入哈佛大学研究生院，修了保罗·萨克斯的博物馆学课程。1932年，还是一名研究生的他接受了密苏里州堪萨斯城新成立的纳尔逊艺术博物馆的助理职位，协助监督通过船只运进来的藏品。他的哈佛学位让他成为抢手人物。第二年，他就成了该博物馆的第一任馆长。

令加德纳惊讶的是，他接到命令去伊斯基亚报到，那是位于那不勒斯湾的一个火山密布的岛屿，人烟相对稀少，古迹更是屈指可数。当盟军奋力战斗解放意大利人口第三大城市那不勒斯时，加德纳除了数数岛上的温泉之外无所事事。在他看来，“古迹、艺术品和文献”行动看起来不是越来越好，而是越来越糟糕。

加德纳10月19日才到达那不勒斯，这是意大利在战争期间遭受最严重轰炸的城市之一。城市一片废墟，这就是在意大利本土寻求立足之地并且寻求通往那不勒斯便利港口设施付出的部分代价。为了阻止盟军利用港口，德国部队炸沉了港口的所有船只。敌人未能蓄意摧毁的，盟军的炸弹又将其蹂躏一番。所有重要设施都被损坏或者摧毁，包括炼油厂、钢铁厂、下水管线、电话局、城市的发电厂，还有最急需的主水管。没有自来水加上食品短缺给盟军部队造成了额外负担，现在他们肩负着养活城市数十万市民的责任。

意大利的倒戈对德国士兵，特别是后来在那不勒斯战役中奋战并生存下来的德国士兵们来说，是个痛苦的打击。他们在战斗中损失了同志。从柏林传来的对“巴多格里奥背叛”的严厉批评更激起了他们的遭受背叛感。随之而来的愤怒制造了一个著名而又无辜的受害者：那不勒斯大学。那不勒斯大学建于 1224 年，托马斯·阿奎那[①]和其他许多传奇学者都被视为该校的正式教员。学校校长阿道夫·奥莫代奥博士描述了 9 月 12 日发生的事件：

> 两名德国巡逻兵在我们的校门外碰巧遇到两名可怜的意大利水手，脱下他们的制服，将他们痛打一顿。其中一位十分害怕。他们决定现场处决他，为向学校建筑发怒寻衅寻找托词。德国人搜遍附近的民房，将居民撵下来，逼迫他们跪着观看执行枪决。他们用装甲车的炮火洞穿了我们的校门，冲进来，开始破坏学校为“一战”捐躯的校友镌刻的碑文，然后到处倾倒汽油……后来，当教学楼熊熊燃烧时，他们拖着不幸的人质扬长而去，将他们带到附近的兵营，第二天，十四名卡宾枪手被枪杀，罪名是抵抗破坏电话总局……没有偶然事件；不是无法抗拒的战争愤怒的爆发；而是一起精心策划、冷酷又错乱的伎俩，丝毫不会被射杀无辜水手的罪行所掩盖。

加德纳对这所大学爱莫能助，但是这次经历激励了古迹保护官们去保护——不仅从德国人手中，而且从善意的盟军部队手下——幸存的建筑。很多年轻人，特别是美国人，从未离开过自己的祖国，很多人甚至没离开过自己的家乡或者农场，将自己的名字刻在历史建筑上寻求“个人不朽的声名”或者收藏人工制品留作纪念一直具有强烈的诱惑。正如“胖子”·赛

---

① 托马斯·阿奎那（约 1225—1274），中世纪经院哲学的哲学家和神学家，天主教会认为他是历史上最伟大的神学家。

泽形容的那样，“一扇上锁的门对美国大兵来说是不可抵挡的挑战”。

得知国家博物馆被征用为药品仓库之后，加德纳写了一份严肃的报告。他先是解释了博物馆藏品的重要性，然后写道：“接连不断地征用和掠夺那不勒斯的历史遗迹，正好给了德国人和法西斯分子把柄，他们的宣传手段正好奏效。”

尽管西西里岛和那不勒斯的古迹保护工作成功展开，古迹保护官们除了观察和报告之外仍然没有命令的权力。他们甚至没有臂章表明他们的身份或者任务。他们可以在历史或者文化建筑上张贴“禁止进入”的标牌，但是，鉴于只有少数民政官员知道古迹保护官是怎么回事，多数部队都对其视而不见。毕竟，当浑身脏乱、筋疲力尽而又灰心丧气的战地指挥官幸而找到一处屋顶完好、有自来水供应的建筑时，很难因为有些老建筑可能对一位艺术史家很重要而命令他腾出房子另寻他处，更不用说命令一名普通士兵这么做了。那不勒斯距离意大利北部边境有五百英里，其间还有无数城镇和村庄，这还只是斗争的开始。

那不勒斯的军人宿舍问题又凸显了另外一个经常出现的问题。未经高级官员或者盟军高级领导人的批准，古迹保护官们无权发布命令。罗伯茨委员会的成员向艾森豪威尔将军的参谋机构进行了呼吁。陆军参谋长乔治•C•马歇尔将军已于10月14日致电艾克[①]，说道：“保护意大利的艺术和历史遗迹，很多部门和团体都非常重视。”盟军士兵住在那不勒斯一些最有名的文化遗迹之中，并且将其视为酒馆，此类报告参谋长无暇顾及。这位马歇尔将军居然会特意提及如此显而易见的事，这既说明了它的重要性，也在提醒艾克要谨慎行动。来自各方面的很多人都在观望。一旦犯错，将会付出惨痛代价。

11月下旬，终于取得从提济乌祖到意大利的优先通行权的英国古迹

---

① 德怀特•D•“艾克”•艾森豪威尔。

顾问伦纳德·伍利爵士中校，在接到有关令人恐怖的破坏以及更迫在眉睫的盟军士兵的掠夺或者疏忽的报告之后，对巴勒莫和那不勒斯进行了视察。六十三岁的伍利早已是举世闻名的考古学家，但是自 1941 年开始，他还成为英国战争部备受尊敬的工作人员。1943 年，在三个不同的场合，伍利就他在文化遗产保护方面的工作面见了丘吉尔首相。他 12 月上旬回到阿尔及尔的盟军总部，将盟军部队在那不勒斯对古迹造成的破坏告知艾森豪威尔将军的参谋人员。“我建议……发布一项命令，大意是《战区手册》中印制的简短名单上的历史遗迹建筑，没有总司令的特别批准，不得用于军事目的。”

仅一个星期之后，陆军部助理部长约翰·麦克洛伊向艾森豪威尔提供了一份备忘录，总结了他最近在西西里岛和那不勒斯巡视期间观察到的情况。他的备忘录正好涉及了伍利提出的问题，指出军队对历史遗迹“不必要的占用”。

有些借着军事需要的名义犯下的罪行，我想是可以通过您的一些声明避免的……我们已经在美国发表了很多文章，赞扬军队在意大利为尊重意大利伟大遗产所做的贡献，但是我对那不勒斯发生的情况感到震惊……能不能建立某种快捷的途径，在不违背指挥官指挥的前提下，赋予军政府人员［古迹保护官们］权力，禁止使用伟大的古迹作为军队的宿舍？现在的情况是，他们每次都得妥协。

马歇尔将军 10 月中旬对于保护意大利文化遗产重要性的告诫，麦克洛伊和伍利随后发出的警告，以及古迹保护官自己的报告加在一起，终于带来了改变。12 月 29 日，艾森豪威尔将军颁布一项命令，将保护文化遗产的责任落实到所有指挥官的肩上，进而置于所有官兵的肩上。同时，这也是第一次将古迹保护官（称作 A.M.G. 军官——同盟国军政府）介绍给所有官兵。

致所有指挥官：

我们今天战斗在一个曾对我们的文化遗产做出巨大贡献的国家，其丰富的历史遗迹历史上曾促进了我们文明的发展，今天又见证了我们文明的成长。在战争允许的条件下，我们一定要爱护这些遗迹。

如果我们必须在破坏一栋著名建筑和牺牲士兵的生命之间做出选择，那么我们士兵的生命当然更加重要，建筑必须做出牺牲。但是选择并不总是如此清楚明白。在很多情况下，古迹可以保护，同时也不会给行动造成任何妨碍。没有任何东西能妨碍军事需要。这是一个公认的原则。但是有时候利用“军事需要”这个词实际上是为了军事方便甚至是个人方便。我不想让它成为我们松散和冷漠的借口。

高层指挥官有责任通过同盟国军政府官员确定历史遗迹的位置，位于我们的前线还是在我们占领的区域。所有指挥官都有责任通过正常途径将此消息传达给基层官员，对照此文件的精神遵照执行。

德怀特・D・艾森豪威尔

艾克的指示大胆而又简练，现在成了正式的政策。他的参谋长沃尔特・比德尔・史密斯少将发布了一则相应的命令，提供了执行这项新政策的具体细则。伍利评论说，艾克的指示“明确了保护古迹是全体军队的责任，而不仅仅是[古迹保护官]专家们的责任”。连丘吉尔都对此表示了关切：“美术和古迹保护机构过去很弱……是因为它以前……依赖外部的民间团体，没有与军队进行沟通……基于过去的经验建立的新组织，未来能在军事情形允许的前提下，更有计划、更有效地保护极其重要的历史遗迹。”

执行这项新的命令还面临着很多问题。错误还会出现。该命令在六个星期之后即将面临最严峻的考验。但是，它是古迹保护官和古迹保护工作的转折点。自从梅森・哈蒙德在西西里岛登陆以来，古迹保护官们第一次得到总司令的支持。艾森豪威尔将军将从他们的工作中汲取经验，带回英国，并作为新任命的同盟国远征军最高司令，将其用于对西欧的进攻计划中。

第七章
一群无赖

1943 年 9 月至 12 月

尽管艾森豪威尔将军颁布了具有历史意义的命令，西线盟军并非战争期间唯一考虑到保护文化遗产的军队。具有讽刺意味的是，1939 年以来在其征服与占领的国家大肆掠夺的德国军队也有所行动。

1914 年 8 月 25 日，距离德国入侵中立的比利时和“一战”爆发不足一个月，在布鲁塞尔附近“开放式”不设防的勒芬大学城巡逻的德国士兵被射杀。德国军方认为杀害他们的是游击队的狙击手，他们首先围捕并处死了二百四十八位市民，然后下令其他居民站到街上，德国部队纵火一间一间烧掉了他们的房屋。士兵随后点燃了欧洲历史最悠久、典藏最珍贵的图书馆之一——勒芬大学图书馆。大火焚毁了二十五万册书籍——其中八百余册是一千五百年以前出版的——和五百余册泥金写本。勒芬大学图书馆的损毁成了臭名昭著、毫无道德的战争破坏的典型。

全世界迅速表达了一致愤慨。这也给德国文化官员敲响了警钟。三个星期之内，普鲁士博物馆总督导威廉·冯·博德提议奥托·冯·法尔克与比利时官方协调保护该国可移动的艺术品。一个月后，波恩洪堡大学杰出的艺术史教授保罗·克莱门博士得到正式任命，制定体制，保护比利时和后来的法国的古迹。[①]

克莱门作为莱茵省保管员在艺术保护领域进行了开创性的工作，这让他当之无愧地成为德国“艺术品保护部门”的第一任领导。1915 年 1 月 1 日，他收到德国军方的任命，与前线指挥官协调艺术保护。尽管并不出名，保罗·克莱门的名字却与“一战”期间的文化遗产保护紧密联系。同样还有博德的名字，他因负责柏林的弗里德里希大帝博物馆而名噪一时。“任何文明国家的文物和艺术都必须加以保护，”博德曾经说过，“而且……艺术和古迹的保护在敌人的国土上应该与在我们自己国家同样执行。”但是他的远见只是昙花一现。

1940 年 5 月 10 日，纳粹德国入侵西欧，第二次占领了比利时。难以置信的是，七天之后，勒芬大学图书馆——经过十年的重建，已于 1928 年重新开放——再次化为灰烬。在当天烧毁的九十万册书籍之中，二十余万册是由德国人遵照《凡尔赛条约》捐献的。令人痛苦而又讽刺的是，其中很多书的藏书标签上都写着拉丁格言：智慧的座椅永远不应推翻。德国军队声称从勒芬飞驰而过的英国军队纵火焚烧了勒芬城，随后的调查发现火灾是由德国炮兵部队造成的。不到一个星期前，弗朗茨·格拉夫·冯·沃尔夫－梅特涅博士被任命为“艺术品保护部门”领导人，并得到命令建议德国最高统帅部保管和保护占领区域的艺术品和古迹。但工作一开始就陷入困境。

克莱门 1914 年建立“艺术品保护部门”时面临的困难与 1940 年沃尔夫－梅特涅遭遇的困难相比显得微不足道。等到他插手的时候，希特勒和

---

① 克莱门 1908 年是哈佛大学的交流教授。——原注

纳粹帝国元帅赫尔曼·戈林已经启动20世纪最大规模的掠夺行动。东欧的众多文化遗产已经被劫掠或者损毁。德国国防军很快就会挺进文化之城布鲁塞尔、阿姆斯特丹和巴黎，在那里ERR（罗森堡特别任务部队，根据其领导人阿尔弗雷德·卢森堡的名字命名）会开始行动，一切都在沃尔夫－梅特涅的管辖之外。

作为志向远大的绘画和建筑学生，希特勒曾被维也纳美术学院拒绝，但他对艺术的兴趣丝毫未减。如果有什么区别的话，这次断然遭拒驱使他希望向世界证明他“被低估的”天赋。希特勒跟年轻有为的建筑师（包括阿尔贝特·施佩尔和赫尔曼·吉斯勒）一起制订计划，重建整座整座的城市，包括他的故乡——奥地利的林茨。希特勒在一次对意大利的国事访问期间参观了佛罗伦萨的乌菲兹美术馆，他因而受到启发，便于1938年5月批准建造了一座非凡博物馆的方案——林茨博物馆，通常被称作元首博物馆。该博物馆将收藏他眼中世界上最重要的藏品。

在希特勒的领导下，艺术成了宣传的武器，并被用来推行纳粹的种族政策。在1937年参观“第一届伟大德国艺术展览”时，希特勒对他认为“堕落的”艺术品震怒不已，亲自将其从墙上扯下。他借机解释说：

> 有些人看到的事物跟它本来的面目大相径庭……他们看到或者如他们所说“体验”到的我们当代国人的体形只是退化的侏儒，他们通常认为草地是蓝色的，天空是绿色的，云彩是昏黄的……我只想以德国人民的名义禁止这些可怜而又不幸、眼光显然拙劣的个人将他们的错误想法强加给他们同时代的人，甚至禁止他们将其称作“艺术”。

德国和奥地利表现派画家恩斯特·路德维希·基希纳[①]、奥古斯特·马

---

① 恩斯特·路德维希·基希纳（1880—1938），德国表现派画家。

克[1]和奥斯卡·考考斯卡[2]的画作从德国博物馆扫地出门。凡·高[3]、毕加索[4]、莫奈[5]、雷诺阿[6]和许多其他人的作品紧随其后。总共一万六千件作品被视为“堕落”，或被出售、交换，或被焚毁。

希特勒垂青的是19世纪德语区画家，包括马卡特[7]、施皮茨韦格[8]、勃克林[9]和格吕茨纳[10]。在他看来，这些人被缺乏艺术天赋的人误读了。他还欣赏和搜罗早期绘画大师列奥纳多·达·芬奇、扬·弗美尔[11]，以及德国文艺复兴时期的伟大画家阿尔布雷希特·丢勒[12]和卢卡斯·克拉纳赫的作品。希特勒希望这些代表作中能有部分入驻元首博物馆，其他作品则分布到德国各地的博物馆网络之中。

希特勒每年都会扩充收藏。代理人通过合法购买、强迫销售和没收为他获取艺术品。纳粹党人还颁布法令寻求法律的保护，特别是针对从犹太人手中抢夺的物品。但是这种行为越来越猖獗，掩盖这种罪行的性质成了文书工作的常例。在巴黎实施行动时，罗森堡特别任务部队和其他纳粹部门开始将目标转向巴黎有名的经销商和收藏家，包括大卫－威尔、罗斯柴尔德、贝尔南－热纳、泽利希曼和卡恩。通常，他们会将“没收”说成是“保管”。罗森堡特别任务部队人员之后制作精美、棕色皮面装订的画

---

① 奥古斯特·马克（1887—1914），德国表现派画家。

② 奥斯卡·考考斯卡（1886—1980），奥地利表现主义画家和戏剧家。

③ 文森特·凡·高（1853—1890），荷兰后印象派画家，代表作有《星夜》《向日葵》与《有乌鸦的麦田》等。

④ 巴勃罗·毕加索（1881—1973），西班牙著名画家、雕塑家。

⑤ 克劳德·莫奈（1840—1926），法国画家，印象派代表人物和创始人之一。

⑥ 皮埃尔－奥古斯特·雷诺阿（1841—1919），法国画家，印象派领导人物之一。

⑦ 汉斯·马卡特（1840—1884），19世纪末的法国学院派画家。

⑧ 卡尔·施皮茨韦格（1808—1885），德国浪漫主义画家、诗人。

⑨ 阿诺德·勃克林（1827—1901），瑞士象征主义画家。

⑩ 格吕茨纳（1846—1925），德国画家。

⑪ 扬·弗美尔（1632—1675），荷兰画家。

⑫ 阿尔布雷希特·丢勒（1471—1528），德国中世纪末期、文艺复兴时期著名的油画家、版画家、雕塑家及艺术理论家。

册，里面装有艺术品的照片，每件都配上文字说明，标明原主的姓名，并注上该物件的目录编号。对于画作，编号会印在画框的背面（例如，“R-4888”指的是第4888件从罗斯柴尔德家族法国族支窃取而来）。

这些画册的介绍包括雕塑、家具、珠宝、绘画和其他艺术品，使得希特勒能够挑选他想要的放进元首博物馆，或者他指定的另一家博物馆。这些画册时刻伴随着他——从柏林的总理官邸到东边前线的“狼穴”，再到贝希特斯加登的家。

随着时间的推移，纳粹掠夺部门的行动达到了产业化的规模。像拿破仑和之前的征服者一样，元首认为对艺术品的占有会凸显权力和博闻广识，从而将他置于历史伟人之列。但权力本身还不足以解释赫尔曼·戈林的动机：他还受到美好东西的驱使。“可能我的一个弱点就在于我喜欢将自己置于奢华物品的环绕之中，我秉性风雅，杰出的作品会让我感觉充满活力，容光焕发。”他曾经如此说过。

贪婪从未遇到过比戈林更合适的主人。他的存在就是为了富足。他的房屋扩建根本跟不上他的藏品的扩充速度。像希特勒一样，戈林也收藏了早期绘画大师的作品，但他的口味比元首更加广泛。他的藏品中有五十八件属于佛兰德斯画家彼得·保罗·鲁本斯和老扬·布吕赫尔[①]（分别为三十二幅和二十六幅），三十件来自法国洛可可大师弗朗索瓦·布歇[②]，还有十六件威尼斯五彩画家提香[③]和丁托列托[④]的作品。戈林垄断了德国画家老卢卡斯·克拉纳赫[⑤]的作品，总共约有六十件。[⑥]但他收藏的时候不

---

① 老扬·布吕赫尔（1568—1625），佛兰德斯画家。

② 弗朗索瓦·布歇（1703—1770），法国洛可可时期的重要画家。

③ 提香（1490—1576），意大利文艺复兴后期威尼斯画派的代表画家。

④ 丁托列托（1518—1594），意大利文艺复兴晚期最后一位伟大的画家，和提香、委罗内塞并称为威尼斯画派的“三杰”。

⑤ 老卢卡斯·克拉纳赫（1472—1553），德国重要的文艺复兴时期画家，他的儿子小卢卡斯·克拉纳赫也是杰出的画家。

⑥ 有些后来被认定为“克拉纳赫派”的作品。——原注

加选择，经常只重数量不重质量。

希特勒依赖顾问和代购人，而戈林却与希特勒不同，他在收藏过程中亲自积极参与。从 1940 年 11 月到 1942 年，戈林不下二十次访问了罗森堡特别任务部队存放从巴黎窃来的艺术品的仓库——国立网球场博物馆，为自己的收藏精心挑选。然后他将这些艺术品装上他的专列，运至德国。1942 年 8 月，戈林坦率地表明了自己的意图："过去经常被称作抢劫……但是今天的称呼变得更加文雅。尽管如此，我就是要抢劫，彻底地抢劫。"大都会艺术博物馆馆长弗朗西斯·亨利·泰勒的描述却大相径庭，说："拿破仑·波拿巴以后从未出现过今天这种在欧洲被占领国家大规模掠夺和破坏文化遗产的行为。"

纳粹在意大利的掠夺与在北欧被占领国家的掠夺大不一样。希特勒 1938 年 5 月第一次正式对意大利进行国事访问。那不勒斯居民在他的车队沿途经过的建筑阳台上悬挂一百英尺长、绣有纳粹党党徽的旗帜，欢迎他的到来。在罗马，他和很多纳粹高级领导人穿过古老的竞技场，追溯角斗士们的足迹。他陶醉在博尔盖塞别墅的壮观和它举足轻重的绘画和雕塑珍藏之中。但真正吸引希特勒的还是佛罗伦萨，一座被德国将军阿尔弗雷德·约德尔后来称作"欧洲的珠宝"的城市。

一个阳光明媚的晚春日子，希特勒抵达新圣母大教堂火车站之后，与墨索里尼一起坐在一辆蓝旗亚"阿斯图拉"敞篷轿车的后座上，环游城市一周。车队载着两位领导人穿过成千上万名排在游行路线两旁的托斯卡纳人，他们口中歌颂着希特勒的名字。这座城市从未如此雄伟庄严。装饰着纳粹党党徽的特大号红色旗帜与绣着城市徽章的旗帜——白色的背景，红色的鸢尾花——交相辉映，挂满每一幢建筑、每一扇窗台，总共有四千三百四十面。这次访问的任何一个细节都没有被忽视。

车队路线经过设计，通常需要一天的旅程被压缩成三十分钟——经过主教座堂，往南开上享有盛名的购物大街——图纳博纳大街，然后穿过主要桥梁之一阿尔诺河上的天主圣三桥。在碧提宫小憩之后，两位领导人再次向北，穿过领主广场，经过圣十字圣殿，抵达米开朗琪罗广场，快速浏览全城的景色。

与游览全城极快的速度形成鲜明对比的是，主要景点被另外单独安排了近两个小时，让希特勒欣赏碧提宫和乌菲兹美术馆非同凡响的藏品，包括文艺复兴时期的绘画珍品。佛罗伦萨艺术史研究所所长、天主圣三桥研究世界级权威弗里德里希·克里格鲍姆教授陪同，充当官方导游的是美术局局长马里诺·拉扎里博士。

一行人简要地浏览了一下碧提宫的藏品，经过拉斐尔的《椅上圣母》和《披纱的夫人》、卡拉瓦乔的《睡着的丘比特》和安德烈亚·德尔·萨尔托[①]的《神圣之家》等杰作，进入了瓦萨里长廊。这条建在维奇奥桥顶上的长廊以其建筑师的名字命名，即16世纪著名的传记作家和画家乔治奥·瓦萨里[②]。克里格鲍姆在一扇朝西的窗户前停下来，向元首介绍精美而又重要、具有近四百年历史的天主圣三桥，特别是三个反垂曲线形拱——垂曲线的形状倒过来——优雅地落在一对船艏形石柱上。人们一直将这个令人惊羡的典雅之作完全归功于16世纪佛罗伦萨建筑师和雕刻家巴尔托洛梅奥·阿曼纳蒂。然而，克里格鲍姆最近得出结论，最后的设计是由米开朗琪罗敲定的，可能是作为“献给故乡城市……最后的礼物”。邻近的维奇奥桥年代更加久远，此前被洪水冲垮后已经两次重建，它只能站在壮丽的阴影之中。但是元首不想上历史课，他心爱的桥梁是维奇奥桥。他还欣赏瓦萨里长廊，长廊里挂满了伟大艺术家的自画像，他们的作品则填满了佛罗伦萨的图书馆。

这一大群人最终抵达乌菲兹，然后按照与游客相反的顺序参观了藏品。经过提香的《乌尔比诺的维纳斯》和米开朗琪罗的《圣家庭与圣约翰》时，他们在俯瞰阿尔诺河的地方停下来，这一次能以更好的视角欣赏

---

① 安德烈亚·德尔·萨尔托（1486—1530），文艺复兴时期欧洲佛罗伦萨画家。

② 乔治奥·瓦萨里（1511—1574），意大利文艺复兴时期画家和建筑师。

维奇奥桥，以及圣米尼亚托和贝洛斯瓜多山峰的景色。随后进入藏有德国最才华横溢的画家——戈林的最爱——老卢卡斯·克拉纳赫的《亚当》和《夏娃》，列奥纳多·达·芬奇的《三博士来朝》和波提切利[①]的《维纳斯的诞生》的房间。

每幅画作都有其独特的故事和传奇，元首想逐个聆听。但是墨索里尼曾经声称："意大利的艺术太多，孩子太少。"他觉得参观很无聊。艺术史家拉努乔·比安基·班迪内利[②]后来评论说："墨索里尼很无聊是因为参观……时间太长。他从我身边走过，做了个手势示意我们走快点儿，低声说道，'这里，够我们看一个星期'。"

墨索里尼从来不是国家遗产的保护人。在他们早年的交往中，元首和他的艺术顾问就做出过特殊的请求，从意大利收藏家手中购买著名艺术品。这类艺术品，由于其历史价值被认定为Notificati，并永远禁止离境。[③]意大利官方极力反对这种销售，并援引了国家有关保护这类遗产的法律，但是墨索里尼认为法律不过是官僚主义的形式。作为领袖，他藐视法律——销售被通过。

首先离境的是《掷铁饼者兰奇洛蒂》——完成于公元140年的一位铁饼运动员的罗马时代雕塑，也是对雅典的米隆于公元前5世纪完成的雕塑原件的模仿品。意大利文化当局将这件雕塑视为"我们对米隆的《掷铁饼者》以及这位大师的艺术进行研究不可替代的遗迹，无论如何，属于古代艺术中的杰作"。自然，他们一开始断然拒绝了出口请求。但是外交部长加莱阿佐·齐亚诺伯爵——墨索里尼的女婿——不顾他们的反对。很快，雕塑离开意大利抵达德国。其他艺术品很快就步其后尘，包括汉斯·梅姆

① 桑德罗·波提切利（1445—1510），欧洲文艺复兴早期的佛罗伦萨画派艺术家。代表作有《春》《维纳斯的诞生》等。

② 拉努乔·比安基·班迪内利（1900—1975），意大利考古学家、艺术史家。

③ Notifica是文化遗产监督的一种程序，禁止将任何具有重大历史和艺术价值的意大利文化产品出口。——原注

灵[1]和彼得·保罗·鲁本斯的画作。

帝国元帅戈林随后加入其中，1941 年将三十四箱艺术品运抵德国，第二年又运了六十七箱。且不论他购买艺术品的合法性，意大利政府应当根据艺术品的价值索取出口关税，但是在这两次情况中，收费都低得出奇。大板条箱抵达的时候密封着，海关人员并没有开箱查验物品的价值。没关系——意大利外交部替戈林支付了关税。

随着罗马墨索里尼法西斯政府的倒台以及意大利随后的倒戈，在希特勒的明确指示下，位于意大利的德国图书馆收藏离开意大利回到祖国，尽管根据国际协议规定，这些收藏不应撤回。搬运的艺术品包括赫尔茨安南图书馆及其有关米开朗琪罗和贝尼尼[2]的丰富馆藏，以及欧洲最古老的考古研究机构德国考古研究所的珍藏。他们还搬空了由致力于研究意大利美术和雕塑的德国学者建立的佛罗伦萨艺术史研究所。

沃尔夫－梅特涅和其他“艺术品保护部门”官员的确与意大利方面商讨了总体保护措施，但是，既然墨索里尼及其新成立的政府被视为纳粹德国的同盟，而本质上不是被占领国，意大利人有责任保护他们国境内的艺术品。德国军队对那不勒斯大学的肆意破坏这一件事——当然不是唯一的一件事——就表明了他们即将遭遇的困难。

9 月 30 日，诺拉[3]附近的一群德国士兵，在指挥官的命令下，纵火点燃了一处别墅。这处别墅是贮藏费兰杰里博物馆和那不勒斯国家档案馆藏品的临时处所。大火焚毁了博物馆价值连城的陶瓷、玻璃和珐琅藏品，还包括四十四幅画作，内有范·艾克[4]、波提切利、德尔·萨尔托、蓬托尔

① 汉斯·梅姆灵（约 1430—1494），尼德兰佛兰德斯画家，北方文艺复兴运动中的杰出代表人物。

② 济安·贝尼尼（1598—1680），意大利雕塑家、建筑家、画家。早期杰出的巴洛克艺术家。

③ 诺拉是意大利坎帕尼亚大区那不勒斯省的一个镇。

④ 范·艾克（1390—1441），佛兰德斯画家，早期尼德兰画派最伟大的画家之一，也是 15 世纪北欧后歌德式绘画的创始人。

莫[1]和夏尔丹[2]等艺术家的画作。国家档案——可能是梵蒂冈之外意大利最丰富的收藏——有八万五千份档案文件被毁，有些可追溯到1239年，包括手稿、抄本和那不勒斯王国的条约、波旁家族和法尔内塞家族的大部分档案，以及马耳他骑士团[3]的文档。这些罪行不仅是意大利的损失，更是整个西方文明的损失。

随着盟军将德国部队沿意大利半岛向北驱赶，德国元帅凯塞林命令他的情报部门采取措施保护历史古迹和可移动的艺术品。他从罗马的德国使馆和德国历史研究所的德国历史学家当中抽调人员，帮助实施这一行动。然而，在缺乏正式的“艺术品保护部门”行动的情况下，意大利文化遗产的安全靠的是每位德国军官主观的判断和仁慈。对于费兰杰里博物馆和诺拉国家档案文件，以及那不勒斯大学的恶意焚烧显示了这种方法的风险。

诺拉和那不勒斯发生的毁灭性事件敲响了警钟。1943年10月下旬，“艺术品保护部门”巴黎负责人伯恩哈德·冯·迪埃肖维茨博士接到命令到意大利报到，展开工作。保护建筑和艺术品成了他的主要工作。为了迅速开展工作，迪埃肖维茨暂时征用了罗马和佛罗伦萨知名的德国艺术学者。由于他们对意大利了如指掌，工作非常出色。

但“艺术品保护部门”的工作结构存在固有缺陷。正如巴黎和其他欧洲城市的情况一样，最为专注的官员做出的最出色的保护可移动艺术品的努力，可能随时被纳粹德国领导人毁于一旦，即使没有让它信誉扫地，也让它大打折扣。与此相反，古迹保护官的任命得到了罗斯福总统和艾森豪威尔将军的批准。与纳粹德国领导人的企图不一样，他们的努力只是为了赢得战争，而不是窃取艺术宝藏。

---

① 蓬托尔莫（1494—1557），意大利画家，佛罗伦萨画派后期代表人物。

② 夏尔丹（1699—1779），法国画家，著名的静物画大师。

③ 马耳他骑士团的前身为成立于第一次十字军东征之后的一个军事组织——医院骑士团，为三大骑士团之一，该组织成立的最初目的旨在保护本笃会在耶路撒冷的医护设施。

第八章
礼 物

1943 年 10 月至 1944 年 1 月

随着那不勒斯完全解放并得到巩固，盟军部队将目光锁定了罗马。陆路只有一百四十英里的距离，看似近得令人急不可耐，但是无论地形还是天气都对德国元帅凯塞林①领导下的防守部队更加有利。德国指挥官利用地形优势，建立了一系列垂直的稳固防线，像贯穿意大利的脊柱上的根根肋骨。这将盟军的推进减慢到近似爬行的速度，制造了伤亡惨重的僵局。德国军队会猛烈战斗，然后退守到下一道防线。

那不勒斯和罗马之间已经筑下三道防线，最后一道古斯塔夫防线需经

① 1943 年 11 月，据说在党卫军卡尔·沃尔夫将军的劝说下，希特勒撤销了德国元帅埃尔温·隆美尔意大利北部部队司令的职务，任命凯塞林为南线、西线德军总司令和 C 集团军群总司令。“一夜之间，［凯塞林］成为地中海地区权力最大的人。”——原注

过一处名为卡西诺的城镇，距离罗马东南仍有八十英里的距离。通往圣城的两条路线，一条——七号路线，古罗马的亚壁古道——拥抱着海岸线，穿过洪水淹没、疟疾肆虐的蓬蒂内沼泽；另一条——六号路线——从那不勒斯穿过利里河谷，直捣罗马。但这条线路首先要通过一片遭到夹击的山坡，翻越山脊，穿过坚壁深垒的德国防御部队。正如英国将军哈罗德·亚历山大伯爵所说，“条条大路通罗马，条条大路有地雷。”一场至关重要的战斗正在逼近。

德军上尉马克西米利安·贝克尔医生深知，无论谁胜谁负，都将付出无数牺牲。作为一名分配到德国空军伞兵装甲车部队的精锐之师，具有独立编制、久经历练的赫尔曼·戈林师的医生，他已经身经百战，深知接下来会发生什么。但是这次交战与以往不同，因为它威胁到卡西诺山的本笃会修道院。

贝克尔对艺术和考古的激情与他对医药的热情同样强烈。他身边总是带着一本素描簿，面对坐落在裸露岩层上、高出利里河谷近一千五百英尺的庞大寺院惊叹不已。这幢 14 世纪的长方形白石建筑，从峰顶上耸起四层楼的高度，宏伟的规模比美丽的景致更令人惊羡。但是，这座寺院的位置和历史在西方文明发展史中扮演了重要角色。圣本笃在公元 529 年建立寺院时表示，这个神圣的处所是知识的中心，他希望寺院能挣脱下面的世俗世界，得到保护。这种完全与世隔绝对寺院来说是个理想选择，但与此同时也让它变成了不可抗拒的战略要地，站在它的四周围墙上，对附近山谷里军队的活动一览无余。得天独厚的地理位置——和独一无二的古籍典藏、泥金写本、教会文献和艺术品——曾经吸引了历史上的征服者，包括 1799 年拿破仑的部队。

如果不加强寺院周围山脊的防御，德国部队阻挡盟军北上的概率非常渺茫。这简直就是罗马以南浑然天成的防御阵地。德国军队接到特别命令，禁止使用寺院本身，但寺院稳固的围墙周围部署了众多兵力，对于下面的盟军部队来说，他们看起来就像是在寺院里面。贝克尔坚信寺院的厄运即将来临。

10月中旬，在没有得到授权的情况下，贝克尔制订了一项计划，转移寺院的珍藏。这得依赖赫尔曼·戈林师的供需官西格弗里德·雅各比中校提供后勤支持。没有卡车，计划无法实现。雅各比战前在柏林当警察，他答应配合行动，但后来对贝克尔解释说："如果我们要完成这一切，我们也应该得点儿好处……给我们留几幅画……只需从画框里剪下，然后卷起来。"

第二天，贝克尔思考着雅各比令人不安的话，驱车沿着蜿蜒陡峭的山路到达寺院，第一次与寺院的负责人、七十八岁的修道院长格雷戈里奥·迪亚马雷见面。他穿过寺院巨大的木门——门上写着一个拉丁词"PAX"（和平）——被领着穿过一条长长的筒形拱顶走廊，经过成排的书架、玻璃橱子、特大号地球仪，最后抵达院长的工作室。在那里，令他大为吃惊的是，他见到了来自赫尔曼·戈林师的另一位军官，尤利乌斯·施莱格尔。这位中校草草地解释说贝克尔没有必要跟院长见面商讨转移计划，因为在雅各比的命令下，他已经有所安排。

贝克尔并没有被吓住，他参见了迪亚马雷和其他修士，决心提出他的方案，不愿依赖施莱格尔可能已经告诉院长的方法。借助口译人员的帮助，贝克尔解释了他具体为什么要将寺院的大部分珍藏尽快转移到安全地带以及如何转移。迪亚马雷严肃沉闷的外表，加上耷拉的肩膀和沉重的黑边眼镜，处处彰显着一位成功执掌寺院三十四年的院长的智慧与经历。他经历过第一次世界大战，也经历过意大利和圣座之间复杂多变的政治形势。尽管这次会面无果而终，贝克尔还是心存希望，但还需再次见面。

那天晚上，当贝克尔听说施莱格尔战前在他的家乡维也纳拥有一家运输公司，他的怀疑不复存在。这很明白地解释了雅各比为什么选派施莱格尔与院长见面。第二天，贝克尔和施莱格尔开车回到山上，准备第二次拜见院长。当他们走进寺院时，一名身着意大利博物馆保安制服的男子喊道："医生，医生！"过了一会儿，贝克尔依稀想起来几个星期之前为一位保安的严重伤口敷过药。难以置信的是，这个人就是他的病人。

保安悄声告诉他一个惊人的消息：他和另外一位博物馆工作人员正在

秘密保护那不勒斯当局9月9日运抵卡西诺山保管的一百八十七箱艺术品，包括来自国家博物馆的绘画和铜像，来自庞贝和赫库兰尼姆古城遗址的画作和铜像，其他艺术品则来自圣玛帝诺博物馆、卡波迪蒙特宫和航海展览中心。

那不勒斯众多价值连城的艺术品现在就存放在寺院之中，包括多产的威尼斯五彩画家提香的《达娜厄》；佛兰德斯画家老彼得·布吕赫尔①的《盲人的寓言》；意大利先驱卡拉瓦乔的《被鞭挞的耶稣》——这位性情多变的大师在1606年离开罗马到1610年逝世期间创作的油画之一。与这些艺术品在一起的还有马萨乔②、波提切利、贝利尼③、埃尔·格雷考④、柯勒乔⑤和卡拉奇三兄弟⑥的画作。卡西诺山修道院一直是知识的博物馆，但是惊闻那不勒斯藏品的消息之后，贝克尔意识到它还变成了一座艺术的堡垒。

在等待与迪亚马雷院长第二次会面开始的间隙，施莱格尔随意指着旁边的一尊雕像对贝克尔说，对他们的老总德国元帅赫尔曼·戈林的收藏来说，增加这么一件该有多么完美啊。施莱格尔唐突的言论为接下来的日子奠定了基调。

院长对贝克尔的计划抱有很多疑问：谁能责备他呢？一切都发生得如此突然，连贝克尔自己都不确定寺院的宝藏将被带往何处。他只能向迪亚马雷保证它们会被带往北方。“你的意思是德国吗？”院长问道——鉴于有

---

① 老彼得·布吕赫尔（约1525—1569），文艺复兴时期布拉班特公国画家。

② 马萨乔（1401—1428），意大利文艺复兴时期第一位伟大的画家，他是第一位使用透视法的画家。

③ 乔瓦尼·贝利尼（1430—1516），文艺复兴时期欧洲艺术家。

④ 埃尔·格雷考（1541—1614），西班牙文艺复兴时期画家、雕塑家、建筑师。

⑤ 柯勒乔（1489—1534），16世纪早期的创新派画家，也是意大利文艺复兴时期最伟大的画家之一。

⑥ 卡拉奇三兄弟，博洛尼亚画派画家三兄弟，分别为安尼巴莱·卡拉奇（1560—1609）、阿戈斯蒂诺·卡拉奇（1557—1602）和卢多维科·卡拉奇（1555—1619）。

关德国掠夺行为的报道，这个疑问理所当然。但是听了贝克尔和施莱格尔的善意表白和亲口保证，并且毫无疑问一场恶战即将在寺院围墙之外展开，迪亚马雷勉强同意。

经过院长的同意，赫尔曼·戈林师转移寺院宏富珍藏的计划得以进行。修士们将护送装有寺院财产的卡车到达罗马的两座本笃会修道院——城墙外的圣保罗修道院和圣安塞莫修道院。那不勒斯珍宝以及其他意大利国宝将被保管在一处待定的地方，等待意大利新政府官员安排转移。但是，无论如何，迪亚马雷和他的核心成员都不会离开家乡。

装箱本身就是个艰巨的任务。寺院的珍藏包括国有古迹图书馆和寺院档案，有些则属于教会的保罗图书馆、僧侣自用图书馆和教区图书馆——包括四万张可以追溯至9世纪之前的羊皮纸；一千两百份9—11世纪的泥金写本；十万件印刷品。寺院还藏有挂毯、绘画、镶嵌宝石的圣物。即使在和平时期打包这些文物也是令人望而生畏的任务。战争期间，由于缺少材料，任务看似无法完成。

贝克尔和施莱格尔开始搜寻附近一家装瓶厂的木材、钉子和工具。德国木匠们与住在寺院内的难民一起打造箱子并将箱子装上卡车。每天晚上，卡车满载货物驶向罗马或者其他秘密储存地点。到11月3日，贝克尔和施莱格尔在三个星期内监督了一百辆满载货物的卡车运走。这是个不同凡响的成就。

当施莱格尔完成最后的装运时，贝克尔对那不勒斯国家宝藏越来越不放心，他决定直面雅各比。雅各比根本没有解释，而是递上一份他发给贝恩德·冯·布劳希奇中校——德国元帅戈林的首席副官和顾问——的信件的复印件。

贝克尔读到这封信倍感震惊。戈林师准备将那不勒斯博物馆的艺术品作为礼物送给他们的元帅。他们想让布劳希奇派一位艺术专家到意大利精心挑选。德国元帅的生日在1月份。这些独一无二、价值连城的艺术品将为敬献寿礼的盛大场合平添惊喜。贝克尔的担忧变成了现实。

11月10日，《纽约时报》报道说：“独特的艺术珍藏正被德国人带离意大利。”那不勒斯国家博物馆研究员阿梅蒂奥·马伊乌里教授——他曾在盟军对庞贝发动的攻击中受伤——感叹道：“德国人在整个文明世界面前犯下的罪行较之先前的所有破坏、洗劫和掠夺，更是变本加厉。”马伊乌里声泪俱下，“不是为了我自己或者为了意大利，而是为了全世界的文化遗产。”在德国军队蓄意毁坏国家档案和费兰杰里博物馆的绘画之后，马伊乌里担心那不勒斯珍宝的厄运将接踵而至。

11月下旬，贝克尔接到消息，称柏林的一位艺术专家的确到达了秘密贮藏地点，位于罗马以北约七十英里处斯波莱托[①]市附近的一处别墅，戈林师一直将其作为供应站。贝克尔开了十个多小时的车赶往别墅，毫不顾忌盟军经常对这一路段发动空袭。他把车停到门口，痛苦的旅程让他精疲力竭，他对里面的景象又担心不已。他的悬念很快揭晓。那不勒斯的原装木箱已经被堆在接待处中央。很多箱子已经撬开，封条撕毁。地上散落着包装材料。整个场面看起来像是美术馆，画作靠在墙上，貌似一位经销商刚刚打开新近购买的藏品。贝克尔走进了赫尔曼·戈林师发动的掠夺行动的现场。

贝克尔怒不可遏，不假思索地喊道：“看看这让人难以置信的肮脏交易吧！”这句话引起了屋内士兵和艺术专家的注意。贝克尔还告诉这位专家，在意大利新成立的德国“艺术品保护部门”的成员最近参观过这个供应站，检查过绘画，非常满意所有物品包装完好。贝克尔随后威胁说如果未经德国元帅凯塞林的批准有任何画作或者物件离开斯波莱托，他就将这位艺术专家的活动汇报给他的上司。

回到斯波莱托以后，贝克尔找到雅各比，愤怒地将他的见闻告诉后者。雅各比丝毫没有辩解，他认为赫尔曼·戈林师代表意大利转移和保护艺术珍宝并要求合法报酬——作为英勇事迹的酬劳——的权利是正当的。

得知艺术品被带离卡西诺山以后的境遇之后，意大利艺术官员在“艺

---

① 斯波莱托是意大利翁布里亚大区佩鲁贾省的一座城市。

术品保护部门”代表迪埃肖维茨到达意大利后不久便将其团团围住。迪埃肖维茨随后质问了施莱格尔和另外一位官员，很可能是雅各比。他们得到的答案证明了赫尔曼·戈林师的肆无忌惮。“我们从牧师手中拿走［藏品］并不是为了还给教会。这些东西本来就属于德国！”当迪埃肖维茨告诉两位官员，他命令赫尔曼·戈林师将之前存放在寺院的珍宝交给梵蒂冈时，他们惊呼：“你会把整件事情搞砸！”

迪埃肖维茨随后安排了与凯塞林的见面，请他帮忙强迫赫尔曼·戈林师交出失踪的艺术品，但是根本没用。凯塞林之前已经跟不受约束的戈林师打过交道，他们“根本不服从我的命令”，凯塞林知道消耗宝贵的政治资本跟德国元帅较劲毫无意义。

1943 年的整个秋季，纳粹党卫军卡尔·沃尔夫将军成功地拖延就占领梵蒂冈的问题应该向希特勒递交的报告。他利用这段时间了解了意大利境内的中世纪权力结构。独立的城邦和王国直到 1871 年，也就是七十二年之前才作为国家统一起来。国家大部分政党都很年轻。但是天主教会的权力可以追溯到很多世纪之前。在沃尔夫看来，与教会中的显要人物搞好关系很有好处，然后利用他作为纳粹党卫军首脑的权力，在他们有特殊请求时为教会官员和其他人员谋利。沃尔夫将其称为“得力助手政策”。

12 月上旬，沃尔夫返回希特勒的总部，向元首递交建议书。在他当纳粹党卫军联络官的时候，沃尔夫就已经学会了其他官员与希特勒会见时的诸多策略。经验告诉他，与元首的会见成功之道在于与他私下会面，无论说什么，都要有理有据，耐心陈述。怪罪别人只会激怒元首。“元首和我有共同语言，”沃尔夫曾经说过，“我们都是‘一战’前线士兵。”

见面一开始，沃尔夫说明了意大利人民对于战争的厌倦。“意大利民众对于德国军队的情绪还不能说是直接敌对，但是由于意大利领土上持续不断的破坏和民众的伤亡，他们认为我们是不受欢迎、延续战争的人。”沃尔夫随后论述了天主教会“毋庸置疑的权威”，说明了它对意大利人的影响远胜过墨索里尼重新建立的社会共和国：

当我意识到这一点时，我立即而且不放过任何机会——主要是高层教士为被定罪和被捕的意大利人请求宽恕——尝试与教会和梵蒂冈的高层教士保持良好接触，最终［向教会权力机构］提出我的建议："我保护你们的教会机构、你们在意大利和德国占领部队中的权威、你们的财产和人身安全；你们在自己的地盘保持民众的安宁，阻止他们对德国当局采取敌对行动。"

鉴于沃尔夫的党卫军为了给凯塞林的前线部队补充兵源已经分布零散，而希姆莱又无法向意大利派出增援，沃尔夫力劝元首"放弃梵蒂冈计划，请允许我在必要之时果断行动，继续在意大利实施我的'得力助手'策略……在我看来，占领梵蒂冈和绑架教皇会对我们以及国内和前线的德国天主教会带来诸多负面反响"。

希特勒似乎顺从地接受了沃尔夫的建议，感谢他的报告和研究细节，但是提醒他记住："万一你无法继续你这乐观的'保证'，你必须承担一切后果。"

到12月上旬，由于贝克尔、迪埃肖维茨、意大利艺术官员的共同努力，由于卡西诺山和其他地方的圣会对梵蒂冈的呼吁，也由于国外接连不断的新闻报道，赫尔曼·戈林师只得作罢，将艺术品和其他文物置于梵蒂冈的控制之下。在意大利当局的全力支持下，双方达成协议，梵蒂冈分两批接收国宝和档案。12月8日，在德国摄影机的聚焦下，十四辆戴着戈林师徽章的卡车抵达罗马，缓缓驶过台伯河，开到前罗马皇帝哈德良[①]的陵墓圣天使城堡的入口。这是第一批交货，目的是将戈林师和德国军队的形象描绘成欧洲遗产的保护者——而不是破坏者。

官员们注视着每辆卡车倒进入口大门，开下装载坡道，当地工人和身

① 哈德良（76—138），罗马帝国五贤帝之一，117—138年在位。

着制服的士兵等待着卸货，总共三百八十七箱。卡车里搬出来的是（从文件柜里取下来的）抽屉，里面装满卷轴和丝带捆扎的档案文件；寺院的古老地球仪，以及一个个柳条箱，里面装满了曾经装饰寺院墙壁的艺术品。施莱格尔和其他官员在简短的仪式上致辞，尽管凯塞林已经命令“艺术品保护部门”的代表“发言不要超过三句话……越短越好”。接下来是握手。赫尔曼·戈林师、德国军队以及“艺术品保护部门”官员展开他们的宣传策略。

几个星期之后，赫尔曼·戈林师才向意大利官员归还剩下的卡西诺山最壮观的文物。1月4日，德国的宣传机器准备好了第二轮也是最后一轮交货，这一次是交给罗马威尼斯宫的官员。摄影机开始记录三十一辆卡车载着六百箱由贝克尔从另一处贮藏地点转移出来的国家图书馆的图书，以及那不勒斯的珍藏。随着剩余的卡西诺山珍宝安全抵达，无限期拖延的事件看似终于要结束了。

仪式之后，意大利官员（包括美术总局中央督导员、罗马和那不勒斯前美术馆督导埃米利奥·拉瓦尼诺）监督了卸货过程。那天交付的七百七十二箱货物中，一百七十二箱装的是那不勒斯的珍宝。一切进展顺利，直到负责运输的德国军官说道，途中敌军的机关枪火力对两辆卡车造成了延迟。

这两辆载着另外十五箱货物的卡车的确到达了目的地，这一点让赫尔曼·戈林师的领导人和戈林的顾问布劳希奇很是放心。但是他们的目的地是柏林，不是罗马。时间点卡得完美无虞。戈林的寿辰近在咫尺。有很多新的礼物等待包装。

第二部

斗争

古迹保护官弗雷德·哈特

当如此密集、如此珍贵、如此古老、如此精心保管的人类文明遭遇现代战争的全面冲击，将会发生什么情况？

Fasano
Gardone
Salò
Lake Garda
Recoaro
Venice
Trieste
YUGOSLAVIA
Verona
Padua
Po
Parma
Marano sul Panaro
Oliveto
Bologna
Apennine Mountains
Montagnana
Poggio a Caiano
Dicomano
SAN MARINO
Poppi
Gothic Line
Pisa
Arno
Florence
Sassocorvaro
Montegufoni
San Gimignano
Incisa
Mensanello
Siena
Adriatic Sea
TUSCANY
ITALY
Tiber
Bernhardt Line
Monte Cassino
Jan. 17–May18, 1944
Rome
Palestrina
Gustav Line
Valmontone
Velletri
Liri Valley
San Severo
Hitler Line
Barbara Line
Volturno Line
Anzio
Fossanova
Formia
Itri
Anzio
Jan. 22–May 25, 1944
Terracina
Gaeta
Sparanise
Caserta
Naples
Salerno
Tyrrhenian Sea
Art repository
Invasion (with date)
Battle (with date)
SWITZ.
AUSTRIA
HUNGARY
FRANCE
Milan
ITALY
YUGOSLAVIA
Adriatic Sea
Rome
Naples
ALB.
GREECE
Tyrrhenian Sea
Mediterranean Sea
Ionian Sea
0 200 Miles
ALG.
TUNIS.
N
0 Miles 40
Gene Thorp

意大利中部

第九章

第一次考验

<u>1944 年 2 月</u>

欧内斯特·帝沃德少校将艾森豪威尔将军 1943 年 12 月 29 日的命令视为“我们脚底下第一层坚实的基础”。但是，他们此后的工作任重而道远。西线盟军没有任何与正式的古迹保护官协同工作的经验。尽管有了艾克的新令，在数十万军队中他们只有区区十五个人。

1944 年 2 月，“古迹、艺术品和文献”部门的总部从西西里岛迁到那不勒斯，随即遇到的便是人手短缺问题。仍然困在北非的迪恩·凯勒终于接到命令，到新的岗位报到。没有人告诉他新岗位是什么，但是他的优先地位让他能够逃离提济乌祖无所事事的状态，登上前往意大利本土的船只。他于 2 月 6 日晚上抵达，第二天就到古迹卫士先驱梅森·哈蒙德那里报到。凯勒“没有携带任何旅行命令的复印件或者派遣他到分会的命令……因为他的任务……是口头发布的”。在新岗位上工作了八个月之后，哈蒙德对美国陆军的工作方式已经见怪不怪。

凯勒到达的当晚，就给凯西写了一封信，告诉她自己已经到达意大利。“我可以给你写五十页纸告诉你我身上发生的事……我住在一家酒店，等待享受毛毯。我的铺盖卷被扔下船，掉进了水里……我背着一百磅重的铺盖卷爬了七段楼梯，走进宿舍，行李袋被水浸透，格外沉重。”尽管开头很不顺利，凯勒并不泄气，目标明确地告诉凯西：“我感觉在进行一场个人的圣战。如果我能为美国和意大利拯救哪怕一丁点儿文化遗产，我就心满意足了。”

为了安全起见，审查制度禁止士兵在信中泄露重要信息，特别是有关他们部队的番号或者位置的信息。为了让凯西知道他已经抵达意大利，凯勒尽了最大的努力。“我之前来过这里，已经抵达了第七重天堂。”她只能去猜测“这里”是哪里。这些制度让大家颇感沮丧，只能常常借用作家般的巧妙技巧。凯勒第二天寄出的一封信中有句十分荒谬的话：“我们平安地抵达了我曾经来过的这个地方。”

“这个地方”指的是希腊前殖民地那不勒斯，欧洲最古老的殖民地之一，历史可以追溯到三千年前。但是，1944 年 2 月迎接凯勒的那不勒斯看起来十分陌生。凯勒七个月前向耶鲁班上的学生描述的“无忧无虑”的那不勒斯人现在变成了食不果腹、无家可归的无业游民。到 1943 年 9 月，在盟军对该城市发动的一百零五起空袭中已经有二十万平民丧生。很多幸存者都待在地下防空洞（ricoveri）①，“教堂宫殿般的巨大洞穴，能容纳成千上万人”——里面充满“恐惧、污秽［和一种］无可奈何的气氛”。古迹保护官和同事、艺术家萨尔瓦托雷·斯卡尔皮塔注意到，城市的“教堂成了战争无辜的受害者，它们在这场史无前例的大火中付出惨痛代价”。好消息是，在特别“打扫”小组于 12 月下旬开始每周为八十余座防空洞消

---

① “ricoveri”和“rifugi”可互换。游客今天偶尔还能见到战前建筑上刷有带箭头的“R”或者“Rifugi”，向民众指引最近的公共防空洞。古迹卫士和盟军士兵经常将其称为“ricoveros”。——原注

毒之后，斑疹伤寒似乎得到了控制。

头几个星期，凯勒在受到破坏但仍然能够运作的邮政大楼工作，一间仅能容纳一位高级行政人员的房间被小办公桌和打字机塞满。频繁响起的空袭警报经常打断沉闷乏味的报告写作工作，将凯勒和其他人逼到附近的防空洞，在那里经常一待就是一整晚。他的日常运动包括上下七段楼梯，到达他位于罗马大道上的沃尔图诺酒店的房间。

他很乐意离开办公室进行视察。凯勒和他的同事们在意大利南部旅行，跟官员会面并考察古迹，而这些旅行也让他们置身于意大利人民遭受的痛苦和磨难之中。每一位受伤的儿童，每一所摧毁的房屋，每一座受损的城镇都让凯勒意识到他的生活多么安全、多么幸运。写给凯西的一封信就表达了他在接下来的几个月里反复出现的感觉：

> 今天在医院里，一名高个男子，一条腿已经失去，鼻子也不见了——脸上两个洞，脸颊上有严重的伤口，问我要一支烟、一块面包……另一名男子，一位保管员，在美国发动的空袭中失去了住房和家产……随后洪水袭来，毁灭了他仅剩的财产……他说："感谢上帝，美国人来了，消灭并摧毁了敌人，法西斯分子和德国人永远离开，我能舒展身体，[出口气]并继续说话。"

当士兵们对当地人的痛苦表现冷淡时，凯勒几乎无法压抑自己的愤怒。"我会力所能及让他们中的有些人感到我们并非都将他们视为地球苦难的根源，"他写信对凯西说，"我有时会想这个世界上还有多少怜悯。"他理解为什么有些人认为意大利人的悲惨遭遇是与纳粹德国结盟的报应。但是，在罗马读书的三年里，凯勒对意大利人萌生了喜爱和赞赏，这也成为他参军的动机之一。"你必须理解，意大利人总的来说是善良的……就像他们自己说的一样，'Buona gente，buonissima gente，ma bisogna saperla prendere.'善良的人。非常善良的人，但你得知道如何接受他们。"

凯勒慈父般的感觉也扩展到“孩子们”——年轻的美国士兵，很多人都跟他曾经教过的学生年龄差不多——身上。凯勒四十二岁，论年纪足够当他们的父亲。他非常敬佩他们，当他们经过时，总是花时间观察他们。“步兵有种从容的安静。他很自豪，他知道他做了什么，对个人有何意义。他不抱怨……我几乎到了人生经历的巅峰，才认识一些甘冒生命危险的人。”

凯西回复这些信件并寄来包裹。她和家人寄来箱子，里面装满巧克力、笔记本、香皂、卫生纸、剃须皂、铅笔、牙膏和信纸——丈夫要求的日常必需品，不过，包裹来到时总有机会庆祝一番。她还寄来她在家里抱着小迪诺的照片，这对他来说意味着一切。

凯勒在与其他古迹保护官交朋友方面进展缓慢。他沉默寡言的举止隐藏了他的腼腆，只有最亲近的朋友才了解他。他的同事很少有已经结婚生子的，好几个还是同性恋。他不参加下班后的聚会和社交活动，而是喜欢逛教堂，在红十字会逗留一会儿，或者回到他的房间写信。鼓励凯勒当古迹保护官的“胖子”·赛泽在凯勒到达时已经离开意大利。他被调到英格兰什里弗纳姆[1]的民政事务培训学校，开始跟新抵达的古迹保护官一同工作。梅森·哈蒙德将紧随其后。盟军最高统帅艾森豪威尔将军打算在他集结兵力进攻西欧的时候利用他们在西西里岛和意大利南部的经历。众多教堂、博物馆和其他古迹坐落在通往柏林的线路上。他们的知识对新来的艺术学者和博物馆人员来说将是无价之宝。

哈蒙德的继任者欧内斯特·帝沃德少校之前是普林斯顿大学艺术与考古系教授，被任命为“古迹、艺术品和文献”部门意大利分委员会主任。主任的调整带来了新的领导和新的理念，凯勒希望这种变化能将他和大家从狭窄的那不勒斯办公室解放出来。但是，由于卡西诺战事毫无突破，他们也就没有几座城市和村庄可以视察。此时此刻，他们陷入困境。凯勒写

① 什里弗纳姆位于牛津郡，伦敦以西约一百五十公里。

道:“重大的工作摆在前方，我调整好心态……我们真被掌握在命运手中，我也不例外。”

夺取卡西诺的战役于1944年1月17日打响。这将成为整个战争中最可怕的战斗之一。美国第五集团军花了六个星期——伤亡一万六千人——向前推进了通往特罗奇奥山的最后七英里。这里距离位于德国古斯塔夫防线边缘的卡西诺镇还有三英里。凯塞林的指挥官们充分利用盟军将领哈罗德·亚历山大称之为“整个欧洲最坚强的天然防守屏障”，深挖战壕，严阵以待。到2月11日，经过三个星期令人意志消沉的战斗——对抗德国士兵、高处阵地和恶劣天气——盟军又遭受了一万死伤。对于第一次世界大战中凡尔登的僵持局面的记忆开始溜进一些上了年纪、亲眼目睹法国东部和比利时那广阔而又泥泞的战壕的指挥官的脑子里。

伤亡人数还不足以表明战斗的残酷。美国第100步兵营——后来也被称作“紫心勋章营”——的第二代韩裔美国人金永玉上校将卡西诺山战役的悲惨和勇猛浓缩成发生在一位年轻的步兵身上的故事：

沿山脊而上，一路上高高低低的位置都有德国士兵躲在战壕里，从各个方向朝我们开枪。他们可以把机关枪架在那里朝我们开火，我们根本射不到他们……撤退前两天，我身边有位战友。他来自密西西比州，几个月前刚到。他就坐在我身边，我们都被一位德国狙击手压制在这片岩脊下，每次哪怕我们的头只移动几英尺，他就会开枪。于是我们被困在那里，长达三个半小时……雨下得很大，我们困在那里，躺在岩石上。我们的人想干掉这位狙击手……将我们从困境中解脱出来。突然，他停了近二十分钟没有开火……在此之前，每隔两三分钟就有一轮步枪对他射击。于是我们感觉比较安全了。我们想，“可能我们有人击中了他。”于是我俩都坐了起来。我们刚坐起来，克劳迪——这是他的绰号——就掏出一支烟说道:“有火吗?”我说:“有。”于是我躺回去从裤袋里掏打火机。我的头一低下，狙击手随即开火，一颗子弹正好击穿他的头部。如果他没有问我要打火机，我也没命了。我在那里又被困了两个小时，克劳迪在我身边垂死挣扎。

日复一日，在战友的伤亡之中，战士们将注意力集中到山顶修道院雄伟的五层建筑上。如果不控制山顶，就没办法突破古斯塔夫防线。报告反复重复着，“阻力的中心在卡西诺山上”。有时候，山与建筑的区别已经不复存在。“稳固防守的山峰和山顶的建筑在军事上已经变成一块阵地。”盟军将领们绞尽脑汁想办法接近这个阵地，因为那上面的建筑具有重要的历史和宗教意义。

根据艾森豪威尔的指令“在战争允许的条件下保护这些历史遗迹”，第五集团军司令马克·克拉克中将接到上级第十五集团军司令亚历山大将军的要求，不要攻击卡西诺山。然而，新西兰部队伯纳德·弗赖伯格中将——他的部队一面试图突破古斯塔夫防线，一面将目标集中在了这座修道院上——坚信必须摧毁修道院。在写给克拉克和亚历山大的备忘录中，弗赖伯格坚称“面对这个地方，现场工程师实在没有切实可行的办法。但可以通过强力炸弹直接将其摧毁”。

但是，艾森豪威尔的命令还说了“如果我们必须要在破坏一栋著名建筑和牺牲士兵的生命之间做出选择，那么我们士兵的生命当然更加重要，建筑必须做出牺牲”。究竟是命令的哪一部分适用于这座修道院？艾克当时正在英格兰，为进入西欧做准备。克拉克和亚历山大做出了正确选择。这将是对艾森豪威尔命令的第一次重要试验。

为了对弗赖伯格的请求进行评估，很多人相信——有些人则自己说服自己——德国炮兵观察员就在修道院中。从北欧的第八空军调到地中海——包括意大利——盟军空军担任指挥的艾拉·埃克中将 2 月 14 日飞临修道院上方，并报告说发现“院子里有德国人，还有天线”。同一天，杰弗里·凯斯少将进行了类似的飞行，并报告说“没有发现活动迹象”。他声称那些相信寺院中有德军的人“看得太久，产生幻觉”。但是，对于像金上校这样厌倦战争的士兵来说，深藏山中、承受战火的修道院已经变成了嘲笑他们、不可战胜的象征。

对艾森豪威尔命令的解读，决定着是否轰炸修道院，牵动着整个指挥链。最后，命令发布：轰炸修道院，驱逐德军。2 月 15 日上午，一拨接一拨的盟军轰炸机——共计二百二十九架——投下了四百九十三点五吨高爆炸药和燃烧弹。寺院的部分墙体垮塌，化为瓦砾，更多的炸弹从天而降。成百上千的转移人员在寺院内寻求庇护，二百三十人死亡，有些人四个月前还在帮助赫尔曼·戈林师的贝克尔博士将寺院的文化遗产装箱转移。没有德国士兵丧生，因为寺院内根本没有德国人。迪亚马雷院长和六位修道士在寺院最深的地下室躲避，生存了下来。他们和三十位避难者——许多身受重伤——出来时发现一度矗立的中世纪建筑现在变成了一堆瓦砾。

盟国领导人接受了对轰炸卡西诺山这个决定的批评。罗斯福总统为了替这次行动辩护，在一场新闻发布会上第一次披露了艾森豪威尔将军 12 月 29 日的命令，着重强调高级统帅对每位盟军士兵生命的关切。前任坎特伯雷大主教兰贝斯的朗勋爵则站在相反的立场，说道："暂时丧失军事上的优势……与文明和宗教的损失不可同日而语，这种损失可能是整个历史的损失，而且无法弥补。"其他人，如L·F·哈维牧师，则反对说："大主教情愿传递生命的价值不如一处古迹这样的信息吗？"一位读者致信《时代》杂志的编辑，从不同的角度提出了疑问："我能否质问深切关注罗马古迹的任何一位先生，是否准备好在圣彼得的祭坛上牺牲自己的独生子？如果不是的话，我能否请求他们缓和一下他们的激情，不要蹂躏我们的心情？"

"盟军的生命还是一处古迹"的争论未能指出艾森豪威尔命令的关键所在，即是否"摧毁修道院真的会达到有效的军事目的"。亚历山大将军表明了他的观点：

这么做对于敌军士气的影响比纯粹物质上的效果更有必要……当战士们为了正当的事业奋战，准备好了负伤甚至牺牲，砖块和灰泥，不管多么珍贵，也不能与人的生命相比。所有优秀的将领必须考虑战士们的士气和感受。同样重要的是，战士们必须知道他们的整个生命掌握在他们完全信任的人手中。

战士们的士气在惩罚性空袭中暂时有所提升，但是并未持续多久。正如有些盟军指挥官预料的那样，德军充分利用了寺院被毁之后留下的残骸作为防御工事。降雨和寒冷持续来袭。死亡也不断发生。

第十章

千钧一发

1944 年 3 月

1944 年 1 月 22 日，盟军发动了“鹅卵石行动”，美国第五集团军第六军团的英美部队在安齐奥和聂图诺的海滩两栖登陆，两地位于陷入僵持的卡西诺阵地以西约六十英里，距离罗马以南仅三十五英里。盟军军事计划制订者们希望在利里河谷包夹德军，通过威胁罗马和德军的后方，从卡西诺前线支开足够的兵力，使盟军得以突破，但两个目标都没有实现。凯塞林对这种结果早有预案，并立刻有了应对措施，一边稳住卡西诺，一边派快速反应部队驰援安齐奥。

到 2 月上旬，德军已经集结了超过九万五千人，准备发动反击，险些将数量明显处于劣势的盟军部队驱回海上。不过，英美军队出色的抵抗保住了安齐奥滩头阵地。盟军士兵蹲伏在散兵坑里，竭力躲避敌军的炮火。一位美军士兵写道：“安齐奥仿佛一尊鱼缸。我们就是鱼。”2 月份，创纪录的一千九百名美国士兵在地中海战区丧生。3 月份，伤亡更加惨重。

为了改变阵地上的态势，埃克中将和他的作战部长劳里斯·诺斯塔德准将加大力度施展盟军的空军威力，将德国在意大利中部的供给和运输线路作为打击目标。行动的名称——“绞杀”——表明了行动的目标。地中海战区的美国空军部队重组之后，第十五空军部队的重型轰炸机负责“战略行动”——任务距离更远，轰炸德国和意大利北部的工业基地。第十二空军和英国沙漠空军负责“战术行动”，支援盟军的地面行动，破坏敌方铁路编组站、维修设施、补给和通信线路。

古迹保护官赛泽、迈克斯和贝利·雷诺兹12月上旬已经递交给朱克曼教授的标有文化重镇的名单和相关地图，现在被提供给机组人员。但是地图与凌空飞过的飞行员观察到的地形完全不同。为了对地图进行调整，空军对意大利的七十九座市镇实施了一系列的拍照侦察。他们随后与古迹保护官们一道贴上保护目标的数据。这些“欣尼地图”（以地图设计者、考古学家彼得·欣尼的名字命名）于1944年2月发布。2月下旬，诺斯塔德还发布了一条两页纸的命令，更新了意大利城市的名单，并将所有城市分成三类。

A类包括四座城市：罗马、威尼斯、佛罗伦萨和托尔切洛岛（威尼斯附近的一座岛屿，之所以被归在这里可能是因为其在考古学上的重要地位）。这些城市未经诺斯塔德的特别批准不得进行任何轰炸。B类包括拉韦纳、阿西西、科莫和圣吉米尼亚诺。C类包括比萨、锡耶纳、维罗纳、博洛尼亚、卢卡和帕多瓦。飞行员有权对B类和C类城市进行日间和夜间轰炸。命令中的附加规定旨在将轰炸对邻近历史遗迹的破坏降至最低，其中还有一个限制性条款：“机组人员应当明白，破坏责任将由总部承担。”

3月2日，当卡西诺和安齐奥的战斗进入第三个月份，诺斯塔德批准攻击此前受到保护的城市——A类城市之一佛罗伦萨的铁路编组站。[①]诺斯塔德的指令授权，如果飞行员认为任务“对于完成关键军事要求有所必要，可以继续。采取一切可能的预防措施，避免对城市造成损害，尤其是距离维奇奥桥一千码的范围内”。诺斯塔德深知这种任务非常艰难，急切地将飞行员肩上的压力减到最小，他补充道：“可以理解，在不对城市造成损害的情况下攻击佛罗伦萨的主要铁路编组站是不可能的。”

九天后，[②]在撒丁岛的德奇莫曼努空军基地，司机们像每个上午一样，将机组人员从第319和320轰炸大队——都是十八九岁、二十几岁的年轻小伙子——摆渡到主楼。飞行员、导航员和投弹手们分别进入各自房间聆听简令。他们身着沉重的高空夹克、特制头盔、降落伞带和“Mae Wests”（漂浮装备，充气后像歌舞杂耍女演员肥胖的身体一样臃肿）。美军通信兵摄影小组的出现及其开启的摄影机镜头改变了司空见惯的场面。下达简令的指挥官走进来，身后是遮住整面墙壁的意大利和地中海地区地图，机组人员的窃窃私语安静下来。

“先生们……今天的目标是佛罗伦萨的铁路编组站。”屋内响起一阵口哨声，他继续说道：

我们已经对佛罗伦萨周边地区进行了长时间轰炸，但还没有真正攻击城市本身，因为世界上大约百分之十的艺术珍宝就在佛罗伦萨。所以我们要格外小心……它真是通往卡西诺前线和安齐奥滩头所有铁路补给的中

---

① 1943年9月25日，由于既定目标城市博洛尼亚有云层遮蔽，佛罗伦萨被临时选作“机会目标”轰炸过。三十九架B-17空中堡垒轰炸机改变航线，飞向佛罗伦萨，轰炸Campo di Marte铁路编组站。炸弹多数偏离目标，炸死二百一十八人。盟军后来于1944年1月18日和2月8日轰炸了佛罗伦萨市郊。——原注

② 许多资料都将1944年3月23日定为佛罗伦萨首次遭空袭之日，这其实是大多数人的错误概念，原因或许要归咎于美国《国家地理》杂志1945年3月刊登的一篇文章。该文章的作者为本杰明·C·麦卡特尼中尉，他参与了3月23日的空袭，并且说他认为（尽管是错误的）那是佛罗伦萨第一次遭受空袭。——原注

心。所以我们今天必须去那里，我们必须将佛罗伦萨的铁路编组站炸毁，为困在安齐奥散兵坑中的小伙子们减轻压力。

下达简令的指挥官将航拍照片分发给所有投弹手之后，让他们将注意力集中到目标照片上——城市西北的铁路编组站，在必须避开的教堂和文化遗址周围画了白框。一位投弹手忍不住说道："不能炸的东西还真不少。"这句俏皮话解释了摄影工作人员为何会出现。上司们想证明，他们在对佛罗伦萨进行危险轰炸之前已经采取了预防措施。

"西北铁路编组站"，也就是"主要铁路编组站"，指的是城市最主要的新圣母火车站，以只有四百二十六英尺开外的教堂命名。始建于1246年的新圣母大教堂是佛罗伦萨市第一座长方形大教堂。教堂正面具有独特的S形螺旋和宽大的长方形山墙，镶嵌着绿色和白色大理石几何图形。上部是佛罗伦萨所有教堂中罕见的文艺复兴样式立面。内部装饰包括布鲁内莱斯基[①]雕刻的木质十字架以及多梅尼科·吉兰达伊奥和菲利皮诺·利皮[②]画的壁画组图，一直是欧洲哥特晚期最重要的代表之一。

1427年，新圣母大教堂收到艺术史上的神圣礼物之一——也是最珍贵的财富——马萨乔的壁画《圣三位一体》。这幅开创性的作品代表了西欧艺术发展的转折点。其中，马萨乔引入了一点直线透视的概念，这是一项极富创造力的技术，在平面墙上创造出三维景深的假象。早在1550年，乔治·瓦萨里凝视着马萨乔令人吃惊的成就时，解释了艺术家如何"开创了美妙的姿势、动作、生动和活力，以极具特色、浑然天成而又史无前例的方式诠释了浮雕"。多少世纪以来，艺术家和雕塑家们一直研究并推崇这位年轻大师的创造。这也是他最后的作品之一。马萨乔在完成《圣三位一体》壁画一年之后去世，年仅二十六岁。

---

① 菲利波·布鲁内莱斯基（1377—1446），意大利文艺复兴早期颇负盛名的建筑师与工程师。
② 菲利皮诺·利皮（1457—1504），意大利文艺复兴初期画家。

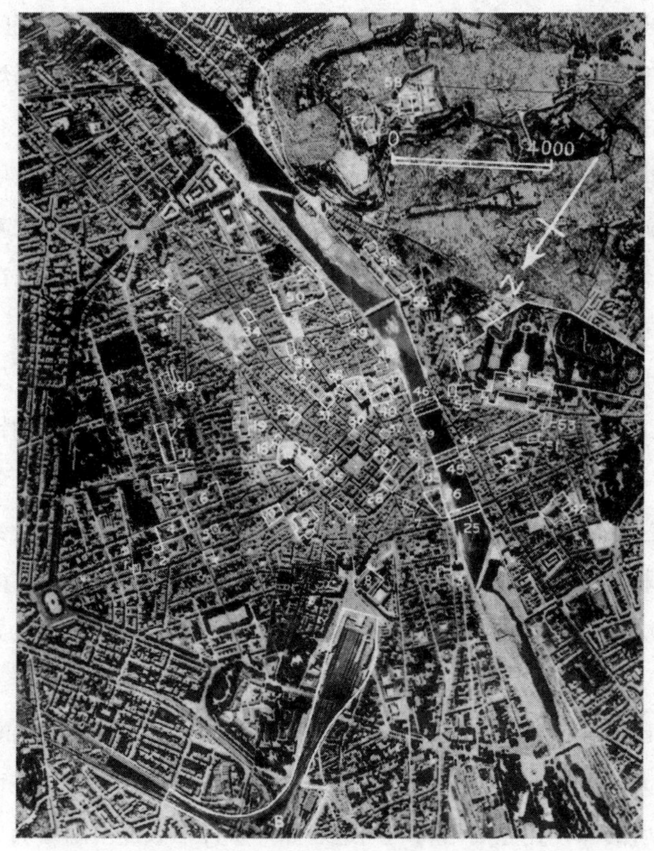

盟军在1944年3月11日对新圣母火车站（框内区域为轰炸中心）的轰炸中使用了这份佛罗伦萨的“欣尼地图”。阿尔诺河纵贯照片中央。每处遗迹均用数字标记。维奇奥桥位于中心以内（第46号），天主圣三桥在其下方（第45号）。[马里兰州帕克学院，国家档案与记录管理处]

第17、319和320轰炸大队出色地完成了任务。来自第319轰炸大队的二十四岁飞行员、华盛顿州一位伐木工的儿子罗伊·西摩中尉，在投弹之前留下一枚炸弹锁销，我们留意到上面悬挂的标签：“第一次轰炸佛罗伦萨——出色完成任务。”[①]对新圣母大教堂的袭击可能是战争期间最精准的轰炸。七十八架B-26掠夺者轰炸机投下了一百四十五吨高爆炸药，所有炸弹均击中目标区域。穿过火车站的城市南北铁路遭受重创，仓库和维修车间受损或被摧毁。至少二十枚炸弹直接击中北端，十二枚击中紧邻教堂的火车站南端。“没有高射炮或者［敌机］。一架B-26轰炸机起飞时坠落，机组人员安然无恙，一架轰炸机失踪。”空军证明了有可能在不毁坏历史遗迹的前提下达到必要军事目的。

同一天，3月11日，第十五空军超过一百架B-17空中堡垒重型轰炸机袭击了位于威尼斯以西约二十五英里处的C类城市帕多瓦的铁路编组站。这是一次战略任务，而不是战术任务。与新圣母大教堂火车站任务采用的方法不同，机组人员关注的是袭击什么，而非不能袭击什么。据飞行后的分析报告称，“炸弹主要落在R.R.火车站及其周边”。对策划者们来说，这次任务也很成功。但在弗雷德·哈特中尉眼中，任务无异于一次灾难。

哈特已于1944年7月14日抵达意大利。他花了三个月时间为第90空中侦察大队解读他们拍摄的照片。部队向他提供轰炸结束、城市上空烟云消散之后的照片，然后哈特利用这些照片来评估轰炸对附近历史遗迹的间接损害。

盟军对卡西诺山轰炸之后，德国电台展开宣传攻势，谴责盟军损害意大利的历史遗迹。这让哈特的任务显得更加重要。然而，他发现工作给他带来了巨大的痛苦。哈特参军是为了保护意大利的伟大杰作，但他对业已毁坏的物品无能为力。他想成为“外科医生”，而不是“病理学家”。惴惴不安而又失去耐心的哈特寻找机会争取被调往古迹保护部门。

帕多瓦袭击的评估照片显示，落在火车站“周边”的炸弹摧毁了多栋

---

① 此刻距离西摩中尉的第一次轰炸任务仅仅过了二十三天。那天的轰炸目标是卡西诺山修道院。在那次任务的标签上，他写着，“任务出色——堪当典范”。——原注

重要建筑。更糟糕的是，两枚任性的导弹击中了伊雷米塔尼教堂及其奥维塔利礼拜堂。哈特客观的报告掩饰了他心里的伤痛：“曼特尼亚礼拜堂及其后殿和整个右边耳堂被直接击中，夷为平地。”教堂正面被直接击中，半边倒塌。东边的寺院建筑也惨遭毁坏。过了一会儿，他所看到的一切让他备受打击。“我简直无法继续工作。我在圣塞韦罗的街道闲逛，意识到‘曼特尼亚的壁画消失了，它们不复存在，我是大洋彼岸唯一知道这个情况的人’。”

与他同时期的许多艺术家一样，安德烈亚·曼特尼亚搬到一座繁荣的城市，寻求一位富有的赞助人或者画室的支持。自 14 世纪早期开始，繁荣的大学城帕多瓦就吸引了许多这样的人才。曼特尼亚被他的老师、一位年长的帕多瓦画家弗朗切斯科·斯夸尔乔内①收养之后，于 1441 年年仅十岁就加入了当地的画家协会。八年之后，他开始在奥维塔利家位于伊雷米塔尼教堂内的礼拜堂创作壁画。壁画描绘了圣詹姆斯和圣克里斯托弗的生活。曼特尼亚对于透视的运用——推进了年轻画家马萨乔的创新——及其对细节的专注使得他的画作栩栩如生。他的名字被 15 世纪意大利诗人卢多维科·阿里奥斯托②摆在另外两位艺术家的身边：乔瓦尼·贝利尼和列奥纳多·达·芬奇。

四个星期之后，哈特依然义愤填膺，给“古迹、艺术品和文献”部门新上任的主任欧内斯特·帝沃德少校写信，恳求转移到别处。他告诉帝沃德，“伊雷米塔尼教堂被严重损毁，奥维塔利礼拜堂以及曼特尼亚所有作品都被彻底灭迹。实际上，你根本看不出那里曾有一幢建筑存在。最后一批炸弹仅仅偏离竞技场礼拜堂一百码。”尽管没有西斯廷礼拜堂那么有名，伊雷米塔尼教堂的毁灭无疑也是同样巨大的损失。

富庶的帕多瓦银行家恩里科·史格罗维尼于 1303 年在一处古罗马竞

---

① 弗朗切斯科·斯夸尔乔内（约 1395—1468 之后），意大利画家。

② 卢多维科·阿里奥斯托（1474—1533），意大利文艺复兴时期诗人。

技场的顶端修建了竞技场礼拜堂。但丁的《神曲》曾使史格罗维尼的父亲、邪恶的高利贷者臭名远扬。为了给父亲赎罪，也为了彰显他本人的品位和孝顺，史格罗维尼雇用乔托——乔托几乎独自一人复兴了中世纪绘画——装饰狭小的祷告间。他的创作激动人心：一系列个人的故事和场景，每个部分都具有叙事性，都反映了戏剧性的人际关系等常见主题。乔托在一个场景中描绘了圣约阿希姆和圣安娜[①]在耶路撒冷的金门亲吻的亲切和热情，在另一个场景中又描绘了犹大之吻的背叛和出卖。这些壁画将墙壁与筒形穹顶紧密连接，乔托在拱顶画上天青色天空和金色的星辰，象征天堂。

在哈特看来，竞技场礼拜堂能免遭毁伤完全是凭运气。哈特在写给帝沃德的信的结尾处警告说："佛罗伦萨、罗马和威尼斯被谨慎对待，而其他城市则没有。如果你不想看到伟大的雕塑和壁画一件件落地，必须迅速采取行动……我只能用绝望一词来形容当前的形势。"两周之后，他终于盼来了给他的指示。

4月15日，哈特提交了一份报告，总结了十六座城市被轰炸后的受损情况。这是一件了不起的工作。他的职业就是检查艺术品的照片，寻找线索，鉴定艺术品的作家或者解读其创作方法。这种职业背景让他成为分析受损照片的合适人选。有一条关于米兰的描述格外引人注目。利用1943年9月5日的一张航拍照片，哈特评估了感恩圣母教堂及其毗连的餐厅受到的损害，评价说："附近的多明我会修道院［餐厅］几乎被高爆炸药彻底毁坏，西北角一小部分，含有列奥纳多·达·芬奇的《最后的晚餐》的地方除外。"

---

① 根据东正教的传说，圣约阿希姆和圣安娜是圣母马利亚的父母，即耶稣基督的外祖父母。

第十一章
避难

1944 年 5 月

1944 年 5 月，来自意大利全国各地博物馆和教堂的最后一批文物被送往梵蒂冈保存。这标志着近四年来的行动告一段落，该行动主要由马尔凯地区艺术督导帕斯夸莱・罗通迪教授和美术总局中央督导员埃米利奥・拉瓦尼诺指挥。

盟军轰炸一开始，美术总局局长就向意大利全体文化部门官员发布了指示："为了保护文化遗产而制定的有关规定应当立即执行。"意大利的博物馆效仿欧洲别的重要机构，如巴黎卢浮宫、伦敦国家美术馆和阿姆斯特丹国家博物馆，将藏品转移到遥远的储藏地。官员们开始将艺术品从意大利城市转移出去，运到各地的乡村别墅和城堡。那些无法移动的文物则通过定制的遮盖物加以保护。

有处地方的安全保护独一无二：具有四百六十八年历史的萨索科尔瓦

罗[1]石头要塞，位于乌尔比诺以北约十六英里处，距离西北方向的米兰超过两百英里，靠近亚得里亚海。在城堡厚重的墙壁里面，巨大的房间为艺术品提供了安全的保存空间。首先抵达的是马尔凯地区的藏品——来自佩萨罗博物馆的贝利尼的圣坛雕刻；提香、鲁本斯和西尼奥雷利[2]的绘画；以及近三百五十件陶瓷和挂毯。1940 年 10 月，又从威尼斯运来七十箱，包括乔尔乔内[3]的油画《暴风雨》。在接下来的两年里，一批批藏品将陆续抵达。

到 1943 年春，萨索科尔瓦罗已经达到了容纳极限，罗通迪只好提前另辟储存地，收纳从意大利各地博物馆和教堂涌来的大量绘画。4 月，来自伦巴第地区的艺术品抵达马尔凯地区新的储藏库——卡尔佩尼亚宫，其中包括来自米兰斯福尔扎古堡的考古发掘。第二批艺术品包括来自威尼斯圣马可大教堂的高大祭坛和装饰——Pala d'Oro（金色围屏）。就连距离南部一百九十英里的罗马的珍宝，也被视为受到战争的威胁。波各赛美术馆的杰作与圣路易・德伊・弗兰切西教堂康塔雷利礼拜堂内卡拉瓦乔的绘画一起，离开"永恒之城"，在罗通迪的密切关注下跟成千上万件其他文物一起运走。米兰市布雷拉和波尔蒂佩佐利美术馆的绘画紧随其后。到夏季结束，罗通迪发现自己守护着三千八百件艺术品和四千份价值连城的档案文件。艺术遗产丰富的托斯卡纳区明显没有任何物品出现在里面。

1943 年 9 月停战之后德军突然涌入意大利，驱使罗通迪采取额外的防范措施。罗通迪将最重要的绘画藏匿在伪造的墙壁后面，移除箱子上的标签，阻止好奇的德国部队检查箱内物品。物品目录却与他形影不离。有一刻，德国部队在萨索科尔瓦罗大量出现，罗通迪被迫将曼特尼亚和贝利尼的绘画藏在他位于乌尔比诺乡下托托里纳别墅的卧室里。他将乔尔乔内

---

① 萨索科尔瓦罗是意大利佩萨罗－乌尔比诺省的一个市镇。

② 卢卡・西尼奥雷利（约 1445—1523），意大利文艺复兴时期画家。

③ 乔尔乔内（1477—1510），意大利文艺复兴时期艺术大师，威尼斯画派画家。

的《暴风雨》藏在床底下。“那时我是真的害怕，”他后来回忆说，“我担心这些艺术品会在我手上失窃，或者更糟糕的是在我手上被毁。”

罗通迪和意大利其他艺术官员虽然采取了众多防范措施，却很少考虑地面战争的可能性。盟军攻占西西里岛以及继之而来的萨莱诺登陆改变了形势。数十万部队很快将在每一寸意大利土地上展开战斗。现有的储藏库无一安全。

随着盟军滩头阵地的建立，这些官员中有很多人希望将丰富的收藏转移地点。但是转移到何处呢？1943年年末，教皇庇护十二世已经提供庇护，允许避难艺术品暂时加入梵蒂冈的大规模收藏。随着德军对卡西诺、罗马和北方地区的控制以及盟军空袭的延续，中立的梵蒂冈城似乎是意大利唯一有望保持安全的地方。

1943年12月，罗通迪和拉瓦尼诺将他们的计划付诸行动。经过搜罗卡车、轮胎以及日渐珍贵的商品汽油，拉瓦尼诺和几位执着的官员展开了一系列痛苦的旅程，穿过布满弹坑的道路，历经雨雪而且通常是在深夜，将珍宝运抵梵蒂冈。“艺术品保护部门”官员，包括其驻罗马主任，提供了大力帮助。有一次，罗通迪的妻子为了转移一位当地纳粹党卫军军官的注意，将他灌醉，让她的丈夫和其他人员将绘画装上卡车。第二天，这位党卫军军官将他们两人拉到一边说：“对于你们昨天对我做的事，我可以马上毙了你们，但是我不想这样做，我会假装什么都没有发生。”

拉瓦尼诺和其他艺术官员被迫于1944年1月1日退休，原因是他们拒绝加入纳粹支持下的墨索里尼傀儡政府。但是他们继续工作，不计报酬。到1944年1月17日，萨索科尔瓦罗的艺术品安全转移到梵蒂冈。接下来是转移罗马周边博物馆和教堂的文物。1944年1月至5月间，拉瓦尼诺十八次进出罗马，“小汽车、卡车、皮卡车，载着雕塑、绘画、法衣……当然，我有极度恐惧的时候，有时我们看到盟军的飞机，我不得不奔跑着穿过田野，但是，毕竟没有出什么大事。”

意大利艺术官员并非唯一为保护藏品担忧的人。六百英里之外，一队卡车接连抵达奥地利正在经营的阿尔陶塞盐矿，位于萨尔茨堡东南大约五十五英里处——距离意大利边境布伦纳山口东北不足两百英里。卡车在崇山峻岭间狭窄的道路上蜿蜒前行。路上积雪严重，有些地方超过十六英尺，必须借助拖曳机才能完成剩下的旅程。自 1943 年 8 月以来，工人们将盐矿转作新的用途。他们在经过数百年开挖的坑洞里建筑了复杂的棚架，有些地方超过两层楼高。邻近矿区的工人也被召集起来从事新的工作，搬运陆续抵达的脆弱货物——成千上万的艺术品，包括伦勃朗[①]、弗美尔和鲁本斯的代表作，很多都是阿道夫・希特勒亲自为林茨的元首博物馆精心挑选的藏品。

希特勒对他自己的艺术收藏品安全的担心达到近乎疯狂的地步。这些物品有些一开始藏在奥地利地上的寺院里，剩余的被藏在地下防空洞中。1942 年 12 月，希特勒曾命令他的私人秘书马丁・鲍曼给一位助手写信，询问“是否已尽一切可能保护我们的艺术品免受战火”。鲍曼接着说焦虑的元首“再次询问这些寺院在空袭中是否真的安全，伪装这些建筑是否是个办法”。

到 1943 年秋，盟军对德国城市的轰炸变得愈加频繁且更具惩罚性。希特勒对欧洲使用的暴力造成了历史上最大的艺术乱局。现在，形势危及他自己的收藏。1943 年圣诞节，希特勒授权将他的收藏转移到阿尔陶塞固若金汤的盐矿。

这些盐矿以及林茨市均位于多瑙河上游区域，由纳粹省长奥古斯特・埃格鲁伯尔管辖。他是上奥地利州希特勒青年团[②]的奠基人之一。埃格鲁伯尔很多年前就宣称了对奥地利同胞阿道夫・希特勒的信仰。纳粹党在德国兴起的早期，在奥地利还属于非法党派，埃格鲁伯尔由于从事纳粹

---

① 伦勃朗（1606—1669），欧洲 17 世纪最伟大的画家之一，也被称为荷兰历史上最伟大的画家。

② 希特勒青年团是 1922 年至 1945 年间纳粹党设立的一个准军事组织。

宣传遭受十八个月的牢狱之灾。埃格鲁伯尔以脾气火暴和冷酷无情著称，很快成为“德国最有权势的纳粹省长之一”。在他眼里，为了效忠元首一切都可以牺牲。

纳粹党卫队上校亚历山大·朗斯多夫博士是新近任命的“艺术品保护”行动意大利负责人，1944 年 5 月 9 日前后抵达佛罗伦萨。他接到命令监督一项重要行动。朗斯多夫“一战”期间曾在德意志帝国陆军担任中尉。他十八岁的生日和接下来的两个生日，都是作为战犯在法国度过的。被释放以后，他在柏林的马尔堡和慕尼黑大学攻读德国史前史、古代史和考古学。对于考古学的兴趣驱使他 1929 年至 1933 年前往埃及、伊朗和伊拉克，并且在乌尔（古城遗址位于今天的伊拉克境内）进行考古发掘时与伦纳德·伍利勋爵——现在是英国古迹高级顾问——相识。

早在 1923 年朗斯多夫就开始支持希特勒，同年 11 月发生啤酒馆政变[①]事件时他就在场，那也是希特勒第一次试图夺权。他 1933 年加入纳粹党和纳粹党卫队，与沃尔夫将军一样是个“九月派”。第二年，他成为纳粹党卫队头目海因里希·希姆莱的“个人艺术和文化顾问”，在希姆莱的个人参谋部一直任职至 1944 年。在此期间，他广泛参与希姆莱的文化遗产工程——德意志祠堂的修建，同时担任柏林国家历史博物馆的策展人。1944 年 2 月，在希姆莱的教唆下，未经德国国防军最高统帅部（OKW）的同意，朗斯多夫成为“艺术品保护部门”驻意大利的负责人。

朗斯多夫在意大利游学期间已经爱上了这个国家。现在，众多德国城市沦为废墟，他很庆幸回到佛罗伦萨的住所。住所离米开朗琪罗广场不远，圣米尼亚托镇迷人的景致一览无遗。“我以从未有过的方式体验意大

---

① 啤酒馆政变于 1923 年 11 月 9 日晚由德国纳粹党在慕尼黑的贝格勃劳凯勒啤酒馆发动，计划推翻魏玛共和国，但最后失败。主要策划者包括纳粹党领导人阿道夫·希特勒、“一战”德军名将埃里希·鲁登道夫等。

利，在饱受威胁但依然挺立的美景中呼吸，充满感激和虔诚之心。”他在日记中写道。

凯塞林的指挥部曾经命令朗斯多夫协助佛罗伦萨、阿雷佐和皮斯托亚的美术馆督导乔瓦尼·波吉，将三组铜门和五十尊雕塑从因奇萨镇附近一条老旧的铁路隧道中移走。德国军队之前曾协助波吉的团队将门藏在隧道中加以保护。现在凯塞林的军需列车需要这些铁轨，艺术品必须让位。

安德烈亚·皮萨诺和后来的洛伦佐·吉贝尔蒂①，分别于14世纪早期和15世纪为佛罗伦萨的圣若望洗礼堂建造了这些非同凡响的大门，门上的浮雕描绘的是《圣经》中的故事场景。最后一组由吉贝尔蒂创作的铜门花费了二十七年的时间。瓦萨里将它们称之为“无可置辩的完美之作”，还说它们“必然位居人类最精美的杰作之列”。米开朗琪罗对吉贝尔蒂的作品给予极高的评价，为这组门铸就了闻名于世的名字：天堂之门。

作为“艺术品保护部门”的负责人，朗斯多夫的职责包括与佛罗伦萨的官员一道转移他们的艺术品。转移如此具有历史价值的美妙文物不仅令“艺术品保护”行动十分光彩，也让德国军队脸上添光。朗斯多夫将这项任务视作自己的荣耀。然而，将这些门运回城市却是十分艰难。转移过程中需要动用起重机、十五节火车车厢和多辆卡车。转移在夜间进行，“由于连续的轰炸，形势令人恐惧”。当最后一组门运抵碧提宫之后，他跟帮手们一起在菲耶索莱镇的露天花园啤酒店里畅饮庆祝。

八个月的占领之后，凯塞林和他的部队准备撤离罗马，此时已不算太早。在前面的几个月里，游击队的抵抗力量对德国占领军发动了越来越大胆的袭击。意大利被占领区的共产党人、君主主义者、社会党人、天主教徒、自由主义者以及无政府主义者1943年秋天参与创立了民族解放委员会。这个“秘密”组织武装起来，与纳粹法西斯主义展开斗争。3月下旬

① 洛伦佐·吉贝尔蒂（1378—1455），意大利文艺复兴初期雕塑家。

的一次袭击造成从上阿迪杰地区[①]派往罗马的三十三名德国警察死亡。德国部队实施了迅速而残忍的报复。遵照希特勒的命令，纳粹党卫军部队针对未来的袭击实施了十比一的打击比例，围捕并杀害了三百三十五名意大利市民，百分之七十五是犹太人。[②]受害者们被带到罗马郊外三英里远的阿迪廷山洞，五个人一组对着脖子枪决。尸体堆在一起，塞满了洞穴，纳粹党卫军部队试图用炸药将洞穴封闭起来。

对罗马市中心厚颜无耻的打击表明德国正在丧失对意大利南部的控制。西西里岛和那不勒斯已经落入盟军手中。德国国防军对卡西诺山和安齐奥的掌控也很脆弱。很快盟军就将逼近罗马。沃尔夫将军镇压骚乱的“得力助手”策略宣告失败，但与天主教会保持良好关系却让他赢得了好几位赫赫有名的神职人员的青睐。现在是时候加以利用了。

5月9日返回罗马以后，沃尔夫从他的助手、纳粹党卫队上校欧根·多尔曼那里得知，他被赐予特别恩惠，觐见教皇。这将是战争期间教皇与纳粹党卫队官员的唯一一次会面，也是沃尔夫面对不确定的未来，赢得影响依然强大的领导人青睐的唯一机会。会见还将为沃尔夫提供机会，利用他前一年12月对教皇的承诺，只要沃尔夫继续在意大利任职，梵蒂冈的所有者就能免遭绑架。纳粹党员兼党卫军第二号领袖沃尔夫——身着黑色纳粹制服，佩戴党卫军毛边徽章，头戴骷髅徽章帽子——面见教皇庇护十二世——身着白色长袍、戴着镶嵌珠宝的银色十字架和渔夫戒指——的照片会引人注意，但双方都无意进行宣扬。沃尔夫匆忙寻找更合适的服装。

第二天上午，沃尔夫身着比他矮很多的助手的西装领带，前往拜见教皇。多尔曼陪伴着他。对话人潘克拉提乌斯·普法伊费尔神父解释说，尽管教皇本人不会过问，但他确实希望德军释放一位左翼青年领袖——教皇

① 特伦蒂诺－上阿迪杰，又称特伦蒂诺－南蒂罗尔，是意大利北部的一个自治区。

② 原来的名单上列了三百三十人。但是德国士兵们计算错误，多杀了五人。——原注

的私交、一位著名牧师的儿子。他已被逮捕并判处死刑。作为意大利境内德国警察的首脑，沃尔夫当然准备好了代为求情，以示友好。（沃尔夫的确做了安排。近四个星期之后，此人被释放，交由普法伊费尔神父看管。）

当沃尔夫进入教皇的接待室时，普法伊费尔神父做了正式介绍，之后退了下去，会见开始。在对话的过程中，沃尔夫与教皇讨论了德军与盟国之间议和的想法。沃尔夫“表达了我的坚定信念，将他——教皇——视作中间人，开始与西方政权结束战争的关系，战争现在已经变得毫无意义”。沃尔夫知道此举非常危险。他写道：“对于刚才表达的目标……我已经将自己和家人的生命置之度外。”

充当交战双方宽宏大量的和谈代表一直以来都是教皇的雄心。然而，1943 年 1 月罗斯福总统和丘吉尔首相在卡萨布兰卡的会晤上已经声明，结束战争的唯一前提就是“无条件投降”。这一姿态没有给调解留下丝毫余地。罗斯福后来面对“轴心国为了分裂联合国正采取一切老旧伎俩的宣传人员”发布广播讲话时，解释了这一政策的重要意义。“……在毫不妥协的政策下，我们无意伤害轴心国的普通民众。但我们确实要对轴心国十恶不赦、野蛮的领导人们严惩不贷。”

尽管原因不同，沃尔夫和教皇都同意“无条件投降”是个错误决策。教皇庇护十二世将这一政策称作“通往和平之路的障碍”。在沃尔夫看来，“严惩不贷”的整个理念对像他自己这样的纳粹党卫队高官来说只是意味着漫长的牢狱之灾——或者刽子手的套索。

这次不同寻常的会面持续了大约一个小时。沃尔夫后来回忆道，会面结束之际，他面对教皇，“本能地抬起胳膊”做了个纳粹的敬礼。“很多年来，我已经放弃了穿便装的习惯，但这个敬礼完全出于自发，以示尊敬。在那一刻，普法伊费尔神父抓起我的胳膊说，教皇会正确理解这个手势的。”

第十二章
途中的生活

1944 年 5 月下旬至 6 月

卡西诺山和安齐奥的僵持将古迹保护官们困在了那不勒斯的办公桌前。尽管那不勒斯变成了修养和娱乐中心，这群人——包括迪恩·凯勒、弗雷德·哈特、欧内斯特·帝沃德和佩里·科特——越发焦急。对于在此休假和驻扎的士兵来说，那不勒斯已经变成“遍布金银与欢乐的仙境……可以在商店里购物，可以开怀畅饮，可以搞女人，可以听音乐”。在这座城市里，有幸找到工作的人通常一天也只能挣到六十里拉（约合六十美分），于是很多女人就出卖自己的肉体，每晚最多能挣两千里拉（二十美元）。她们很成功：有一段时间，驻意大利的盟军士兵超过十分之一染上了性病，于是有些人从黑市上买盘尼西林医治。

凯勒在那不勒斯的大多数夜晚都是一个人度过的。尽管他通晓艺术史，比起没完没了地对艺术评头论足，他更喜欢艺术创作的过程：但是他的很多古迹保护官同事喜欢这种讨论。“今天，我的耐心经受了痛苦的考验，”他写信告诉父母说，“我忍不住常想，米开朗琪罗得费多大的劲才能保持冷静。[①]上帝为何让我成为画家我不得而知。”他写给凯西的信弥补了缺少的细节：“我的两位英国上尉同事今天在我的办公室讨论该死的帷帐就像一对同性恋。”“如果我得跟一些长寿花[②]们一起度日，我宁愿去任何地方——只要能离开他们。”

5月18日，盟军部队最终占领卡西诺山修道院，俘虏剩余的防御人员，包括十六名重伤的德国士兵和两名被战友落下的士兵。“胜利”的成本计算出来之后，数目与第一次世界大战悲惨的战斗惊人地相似：盟军伤亡五万五千人，德军死伤两万人。

古迹保护官诺曼·牛顿在剩余的德军被清理出去之后几个小时，修道院还在德军的迫击炮火下燃烧的情况下，抵达了遍布地雷和陷阱的修道院。修道院西区受到了一些破坏，面对卡西诺城的几面“几乎夷为平地……圣本笃雕像头颅消失，但身体还很完整”。大教堂几乎夷为平地，但他注意到：“整座修道院的重建是可行的，尽管很多地方只剩一堆碎石和尘土。”

古迹保护官们在阅读牛顿的报告时人人心情沉重，因为当初多数人都同意轰炸修道院的决定。约翰·布赖恩·沃德－帕金斯副主任之前一直努力拯救这幢建筑，抵达战场之后态度发生了转变，他发现“盟军士兵在卡西诺废墟中的情形惨不忍睹……仅从士气的角度来说，我以为修道院必须毁掉。”[③]如果罗马、锡耶纳、佛罗伦萨和比萨的战斗赶得上卡西诺山战斗毁灭性的一半的话，那么古迹保护官们将面临痛苦而悲惨的任务。

卡西诺山和安齐奥的胜利使得盟军得以向罗马挺进。随着新的解放区

---

① 米开朗琪罗脾气暴躁，不合群，和达·芬奇与拉斐尔都合不来，也经常和他的恩主顶撞，但他一生追求艺术的完美，坚持自己的艺术思路。

② 俚语，意指同性恋。——原注

③ 他的妻子的叔叔隶属于英国第八集团军，在卡西诺山的战斗中捐躯。——原注

逐个纳入盟军的控制之下，多数古迹保护官需要转移到这些地区。好几位接到新的任务。凯勒的任务超出所有人的期待：他将成为隶属美国第五集团军同盟国军政府的唯一古迹保护官。

第五集团军的士兵来自十几个国家，包括巴西、法国、印度、新西兰、北非和波兰，只有三分之一是美国人，英国士兵占了另外三分之一。前线士兵从占领区继续前进时，第五集团军民政事务官员在新的占领区开展军政府行动，稳定日常生活，帮助当地民众重建家园。凯勒将成为第五集团军的第一位响应者，评估并报告通往罗马及之后的路上每座被占领城镇的历史遗迹的状况。诺曼·牛顿接到了同样的任务，代表的是英国第八集团军。

5 月 19 日，离开那不勒斯加入第五集团军的前夜，凯勒在床前的微弱灯光下卷起军装的袖子。在 3 月份的一封信中，他写道："我还没有戴过绶带和臂章，不知道什么时候能够戴上。我感觉前线的孩子们才应该佩戴这些东西。或许有一天我会觉得我配得上。"现在，两个月之后，在前往罗马的征程的前夜，凯勒觉得是时候了。

当他把针戳进去的时候，凯勒情不自禁地惊羡自己的缝纫技巧。红边蓝底的臂章上有个大大的白色"A"字，在白色"5"字的上方宛如支柱。蓝底实际上是清真寺的轮廓——表明第五集团军是在法属摩洛哥的乌杰达市建立的。臂章并非规定佩戴——他是从那不勒斯街头买来的——但效果一样。

在新岗位任职九天之后，凯勒在一封 V- 信件信封上画了一辆军用吉普车，并在旁边给三岁的儿子写下了留言。[①]"代我亲吻你的妈咪。你是

① "V- 信件"代表的是"胜利信件"。根据国立邮政博物馆的规定，V- 信件的制作需将信纸拍成缩微胶卷，然后邮递出境，再打印给收信人。V- 信件能节约宝贵的货物空间，递送速度往往比普通信件更快。——原注

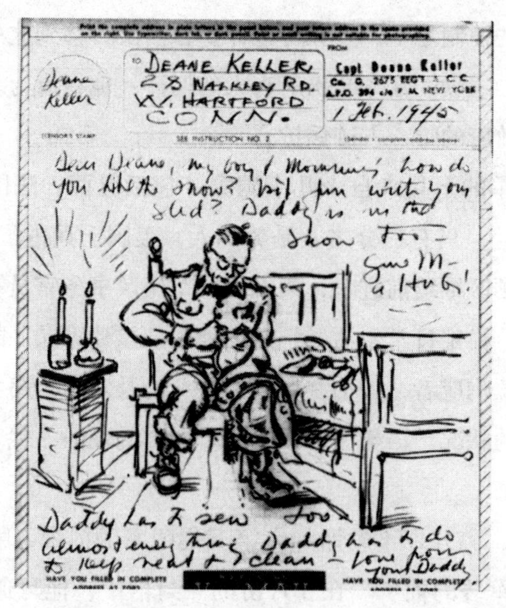

DEANE KELLER
W. HARTFORD
CONN.

Capt Deane Keller

1 Feb. 1945

Dear Deane, my boy!
how do you like the snow? big fun with your sled? Daddy is in the snow too.
a Hug!

Daddy has to sew too
Almost every thing Daddy has to do to keep neat & clean — Love from your Daddy

这幅画展示的是迪恩·凯勒将第五集团军的臂章缝到军装上。这幅画跟几十张画给儿子迪诺的画一起，成为父子之间永恒的纽带。[耶鲁大学，迪恩·凯勒文件、手稿与档案]

个乖孩子，爸爸爱你——再见——爱你的爸爸。”

接到新的安排之后，他一直试图从远方给予孩子父爱。4月份，他开始给孩子寄送亲手创作的卡通画。孩子还不会写字，画画成了他们的沟通方式，一种共享的语言。这种对绘画的热爱将不断勾勒他们之间的关系。

凯勒几乎每晚都睡在不同的地方。跟随第五集团军就是这样。就像他对凯西说的那样，他还比较适应。“在大西洋这一边，在这个组织中，我工作得很开心……我感觉我的工作是一份荣耀。”凯勒极少在信中使用“幸福”这个词。目标足以激励他的斗志。在长久的征程中，他准备好接受每一项新的任务：检查特定区域的所有古迹，进行初步损害评估，采取必要措施保护古迹和文化遗产免遭进一步的损伤，然后前往下一座城镇。通常，他会在一处地方解放之后几小时内到达。

尽管多数人都很乐于助人，一些军官和士兵有时将古迹保护官们称作“胆小的维纳斯修理工”。连后来成为古迹保护坚定支持者的首席民政事务官约翰·希尔德林将军，也曾经将他们称为“‘书呆子和老鼠’……在地中海战区悄悄地闲逛……他们不做半点好事，因为命令并没有像艾森豪威尔将军预想的那样落实到基层部队”。凯勒深知只有执着、艰苦的工作能反驳这样的误解——以为古迹保护官来到意大利只是为了梦幻般的艺术旅行。

凯勒 5 月 20 日已经离开那不勒斯，北行三十五英里到达第五集团军同盟国军政府总部斯帕拉尼塞[①]，“一座位于橄榄园里的帐篷城市”。他抵达时，军队配给了他一件最关键的装备：一辆“万能”汽车，“万能”两个字的首字母——“GP”——变成了它的昵称“吉普”，至少有人是这么解释的。有人评价说吉普“听起来与其说是汽车的名字倒不如说是噪声”。“我的天哪，我想没有吉普我们就无法继续这场战争，”美国最著名的战地记者恩尼·派尔写道，“它无所不能，无处不往。像狗一般忠诚，像驴一般强壮，像山羊一般敏捷。经常装载设计重量的两倍，但仍然一路狂奔。”

凯勒一天之内就得到了梅森·哈蒙德七个月上下求索的装备：可靠的交通工具。不是临时装备的民间车辆——也不是“哈蒙德的危险品”。这辆吉普长十一英尺，宽五英尺，高三英尺，具有六十马力的人力操纵传动，简直是件奢侈品。但是对迪恩·凯勒来说，这很给力。

第八集团军解放卡西诺后，将第五集团军的大部分兵力解放出来，向西北挺进，进入山区。山区道路崎岖，山涧险峻，卡西诺以南的德军采用的行之有效的伏击与撤退战术再次上演。十八年前作为罗马美国学院的学生，凯勒走过这些道路。他知道通往罗马的一百三十多英里路程连接着数

---

① 斯帕拉尼塞是意大利卡塞塔省的一个市镇。

十座小镇，每座都有丰富的历史、古迹和文物。如果他业已经过的断壁残垣能提供些许暗示的话，通往罗马——第一座吸引他的城市——的道路将夹杂极不和谐的“美丽与荒凉”。

凯勒在第五集团军的第一项正式任务，从他抵达距离营地三十四英里的海滨城市加埃塔之后的第二天开始。

道路颠簸，尘土飞扬……路上布满碎石——只容6×6通过。所有其他交通工具，除了十吨重带托架的救援车（坦克）能够通过。铁丝网被推倒，扫雷班在道路两旁的沟中扫雷。“地雷清除+四英尺”的黄底黑字标牌不时出现。路上驻扎着军警和各类军事人员。吉普车敞着篷，在投影亮线区必须卸下挡风玻璃，因为反光可能使其成为直接目标。

经过海边公路的一处转弯之后，凯勒观察到一个悲惨的场景。加埃塔的众多建筑被炮击和空袭损坏，无数的街道无法通行。海滩就像一团带刺的铁丝网。镇上的主水管毁坏。盟军已经向内陆挺进，而在他们身后，数百名意大利平民跌跌撞撞走上街头，肮脏不堪、饥饿难耐。肖像画家迪恩·凯勒对于表现艺术训练有素，但他从未经历过类似加埃塔的惨状。这些人完全迷失了方向。

在主要公路旁，一位民政事务官员正在等待。他为当地面包师傅准备了盐，但是没有交通工具。凯勒和他的司机、卡宾枪手朱塞佩·德·格雷戈里奥到达现场。凯勒明白，意大利的面包不仅是农民的食物：它是一种象征，一种圣餐。“一位意大利中产阶级人士告诉过我，他无法容忍孩子扔掉哪怕一小块面包，浪费粮食。扔掉面包比诅咒一个人还要恶劣。”凯勒毫不犹豫，他们将烤面包所需的物品装上吉普，驶进城里。

他拖拉管子，帮镇上的工程师修复主水管，然后将新鲜出炉的面包运到镇子广场上的一处配送点。凯勒看着意大利人吃面包。这些战败方的人民，惊慌失措。很多是来自南方的难民，几个星期以来，家人和朋友音讯全无。有些是孩子，有些身受重伤。“当我看到一个跟迪恩年纪相仿的小男孩只剩一条腿——另一条被炸弹炸掉了——的时候……我感到格外难受。胃里翻腾，心中酸痛。”凯勒得知，不少人一直住在山洞里，靠山里的昆虫和浆果充饥。田地里到处都布满了德军的地雷，根本无法劳作。再没有别的东西可吃。

同盟国军政府意大利指挥官埃德加·胡默准将的命令很清楚：提供指导，让当地人出力。凯勒在加埃塔践行了这一睿智之举。意大利人民需要做事，不只是参与重建家园，更是重建自信。安静啃食面包的人群那虚弱的脸庞，更证实了胡默建议的明智。

当务之急是找人了解镇上发生的情况。当凯勒听着当地牧师讲述的时候，朱塞佩小心翼翼地在镇上布满车辙和地雷的街道中间穿行。当地人的知识无论是对凯勒的保护任务还是对他的人身安全，都至关重要。

凯勒听到一个故事，在对其他小镇视察的过程中这个故事将变得非常熟悉。故事始于1943年9月的德军占领。1944年5月上旬，盟军部队攻占卡西诺之后不久，德军就开始开挖战壕。他们砍倒树木设置路障，布置大炮和重机枪。然后肆意掠夺商店、教堂、博物馆和民宅。平民知道战斗临近，逃散到山林之中，或者蜷缩在狭窄的地下室里。镇上一片死寂。直到盟军的第一拨炸弹袭来，然后是大炮，最终德军撤退，一栋楼接着一栋楼，且战且退。逃跑之际，他们切断了电线，炸毁了桥梁。

盟军的炮击将建筑炸得粉碎。战斗愈演愈烈，双方将士的尸体面朝下躺在路边，或者悬在窗户外面。轻武器和机关枪的子弹在狭窄的街道上穿梭，随之结束。战斗会持续几天或者仅仅几个小时，但战斗会无端燃起，又彻底消失，留下或伤或死的士兵、弹痕累累的建筑，以及惊慌失措的平民。人们从教堂、山洞或者别的藏身之处爬出来，在断壁残垣之间游走，茫然无措，沉默不语。

起先，凯勒的同僚和有些士兵不理解，在有伤员需要照顾、有战友需要掩埋的时候，他为何对建筑和艺术品如此关切。然而，意大利人从未质疑过他的存在或者任务。当他从人群当中找出当地主管，或者，如果主管是法西斯分子他就从有名望的市民那里寻求帮助时，意大利人总会欢呼雀跃。总是有人对镇上的历史和艺术遗产十分了解，又充满热情。当他检查他单子上的每一幢建筑的残骸时，凯勒会倾听当地人叙述他耳熟能详的破坏过程。当他把手伸进吉普车的后座，抓起一块“禁止进入”的标牌时，一群市民总会聚集起来，看着他把标牌钉到墙上，点头微笑。

解放城镇的市民感激他的付出。意大利政府利用不实消息对人民进行狂轰滥炸，说盟军“只有一个目的，不加分辨地摧毁一切……敌人——上千次的事实证明——要袭击我们的人民，羞辱并摧毁我们的历史和文明”。凯勒在他们村庄的出现和表现出来的兴趣成功地削弱了这种宣传。

多数村民都很乐于提供帮助。有些人——墨索里尼时代的遗老遗少，小官僚们，更注重留下好印象——行使他们的职权而不是做真正有意义的工作。正如凯勒向凯西解释的那样，“或许是我有点儿精疲力竭了，因为意大利人真让我恼火。嘴巴啰唆个不停，手上却效率低下……至少这些小官僚们是这样。我知道他们在受苦，但真是气得人要死。”

加埃塔是凯勒名单上的第一座城镇，但不是损伤最重的。每天他都在造访其他城镇。距离加埃塔以北七十英里的伊特里镇，是坐落在山坡上的一颗古老的宝石。镇子从山崖上坍塌下来，化作石堆。他甚至找不到镇上最负盛名的历史遗迹圣马丁修道院的位置。古迹彻底消失了。

在泰拉奇纳古镇，凯勒发现了德军在公民博物馆前的一块黑板上留下的消息：“无论是谁跟在我们后面，他们什么都找不到。”博物馆引以为傲的罗马雕塑，被遗弃在建筑里面，门洞大开，任人偷窃。但是朱庇特庙后面却留下了截然不同的东西：电话、枪支、床、食物和两百具整齐排列的尸体。凯勒记得那浓厚而又有点儿甜蜜的死亡气息。死的是德国士兵，但这已无关紧要，每个人都有一副面孔。

借助吉普车一路前行，几天以后，凯勒会绕道回到他的新“家”，同盟国军政府在福尔米亚[①]的前线营地。这是一座海滨城镇，大概位于那不勒斯和罗马中间。他在这里重新补给，并借助打字机准备他的正式报告。这些夜晚，给凯西写信或者给迪诺画画都得暂停，同样，在一位友好的意大利年轻人开的小酒吧喝杯啤酒或者威士忌也得作罢。他喜欢趁自己对细节的记忆还很深刻的时候准备报告。准备好野外记录本和视察过的古迹名单之后，凯勒开始打字，“按照常规来”。他历来如此。

加入同盟国军政府第五集团军两个星期以来，发生了很多事情，而且发生得如此之快，凯勒很难在报告中一一兼顾。他想到瓦尔蒙托内，一座位于罗马东南仅三十英里的山区城市，被无情地炮击。教堂的穹顶被炸裂，门被炸碎，墙壁凹陷，墙壁像晚期麻风病人的皮肤一样成片剥落。教堂后面，凯勒发现数百名平民蜷缩在一处山洞中，身边堆放着少得可怜的物品。

凯勒见到第一位牺牲的美国步兵，士兵躺在附近帕莱斯特里那镇街道上的记忆久久挥之不去。当他低头看着尸体时，他留意到步兵头盔的衬套从钢板上扯开了一半。凯勒发现里面有一封写给母亲的信。对于一个相信“一位美国男孩的生命价值远远超过我知道的任何古迹”的人来说，这是十分痛苦的经历。

但是并非所有经历都是悲痛的。一份持久的快乐记忆发生在伟大的福萨诺瓦修道院，“一处典型的法国哥特式建筑，意大利最美丽的教堂之一”——也是托马斯·阿奎那 1274 年离世的地方。德国人在这一地区盘桓的时间里占领了这座修道院并于 1943 年圣诞前夜在它的餐厅里举行了一场盛大晚会的报告令凯勒对它的状况非常担忧。

他沿着蓬蒂内沼泽边缘驱车前往福萨诺瓦，一想到安齐奥的胜利者获得的奖赏就是穿过地势低洼、瘴气弥漫的平原，就连美丽的下午也蒙上灰色。从很远的地方，他第一眼见到修道院的景象，白色的围墙闪耀着光

① 福尔米亚是意大利拉蒂纳省的一个市镇。

芒。十吨重的卡车在主要公路上隆隆行驶，远处的大炮发出轰隆的声响，但是古老的石墙矗立在一边，似乎要起身迎接他的到来。

凯勒进入毫发无伤的寺院，见到了寺院的牧师。唐·彼得罗——“一位很能干的人”——他一直为盟军士兵和难民提供食宿。凯勒注意到祭坛后面有架管风琴之后，请他演奏了舒伯特[①]的《圣母颂》。大约五十位盟军士兵痴迷地聆听了演奏。当最后的音符在空中回响时，士兵们跺脚欢呼，请求他继续演奏。战争为士兵们带来了很多新的声音。在长达数月的炮火、枪声、卡车、飞机、发动机和收音机的嘈杂之后，音乐之声带来超凡脱俗的优雅。那美妙的一刻将在未来的几个月里鼓舞凯勒。

---

① 弗朗茨·舒伯特（1797—1828），奥地利作曲家，早期浪漫主义音乐的代表人物，被认为是古典主义音乐的最后一位巨匠。

第十三章
寻　宝

1944 年 6 月至 7 月

盟军部队的进击迫使帝国元帅凯塞林确定撤离罗马的计划。他首先于 1944 年 2 月 4 日向国防军最高统帅部递交了建议。尽管凯塞林无意破坏古迹和其他重要建筑，拖延敌人的前进步伐却是当务之急。为了达到这一目的，他主张破坏台伯河上的城市桥梁。计划得到认可，但有个障碍：元首认为罗马的桥梁具有“巨大的历史和艺术价值”，要避免损伤。6 月 3 日，国防军最高统帅部指示凯塞林：“根据元首的决定，绝不能发生罗马战役。”

希特勒对 1938 年和 1940 年造访罗马的经历回味不已。他第一次访问期间，在欣赏完波各赛美术馆的绘画和雕塑之后，“继续想象着有朝一日能重返意大利，‘等德国的局势稳定下来’，搬到罗马郊外的一所小房子里，隐姓埋名，畅游各大博物馆”。希特勒明白，破坏罗马的历史和艺术遗迹无疑是极其糟糕的宣传，不仅如此，他本人也热爱这座城市。

6月4日，星期天，盟军涌向诺曼底海滩之前两天，美国第五集团军成为“十五个世纪里第一支从南方进攻罗马的部队”。接下来的几个星期里，接连不断的显贵要人——外交官、情报官员和军官——前往梵蒂冈觐见教皇，其中包括高个子、银头发的欧内斯特·帝沃德中校，“古迹、艺术品和文献”部门驻意大利主任。他五十二岁，是“一战”老兵，普林斯顿大学教授，中世纪泥金写本和早期意大利绘画的世界顶级专家，精通德语、意大利语和法语，酷爱歌剧，曾短暂地追求过歌唱职业。一位古迹保护官注意到，有时人们能看到他“一边拄着手杖走路，一边唱莫扎特的咏叹调”。

帝沃德的副主任约翰·布赖恩·沃德-帕金斯是位英国考古学家，曾在那不勒斯负责安排将“古迹、艺术品和文献”行动转移到罗马。帝沃德没有古迹保护的经验，但沃德-帕金斯在北非行动中表现优异。用梅森·哈蒙德的话说，他为保护古老遗迹免受好奇的部队侵害的努力让他成为“无论是在英国还是美国，第一位实际从事古迹保护工作的官员”。

沃德-帕金斯1939年加入英国军队之前任职于伦敦博物馆和马耳他大学。同事们认为他很有魅力，喜欢与他共事。在北非行动中，他的摩托车出事，他住进了埃及的一所医院。康复期间，他爱上了玛格丽特·朗，一位在志愿救护队任职的英国护士。他们很快结婚并在卢克索[①]度了蜜月。1943年1月回到岗位后，沃德-帕金斯和爵士莫蒂默·惠勒中校自发地说服指挥军官们应当禁止部队进入遗址，从而使古罗马遗址大莱普提斯和塞卜拉泰（位于利比亚）免受损害。他们还立起防护板，并着手向官兵宣传遗址的重要性，争取他们的支持。很快，意大利和西欧的古迹保护官们都会采用沃德-帕金斯率先使用的策略。

为了避免在那不勒斯出现的令他们烦恼的征用宿舍和抢夺文物的问题，帝沃德安排了三位古迹保护官——佩里·科特少校、英国汉弗莱·布

① 卢克索是埃及的古都、历史名城及著名旅游景点。

鲁克上尉和弗雷德·哈特中尉——随部队进入罗马。几天之内，哈特就完成了对城市和重要古迹的损害评估。圣洛伦佐教堂在1943年7月19日的盟军空袭中被直接命中，严重受损——但可以修复。实际上，哈特报告说当地艺术官员已经竖起脚手架开始修复屋顶。“尽管奥斯迪恩斯、迪布蒂纳和圣洛伦佐郊区的民房大面积受损，”在盟军1943年7月至8月的空袭中轰炸的编组站和飞机场周围区域，“从检查或者报告的情况来看，还没有发现罗马的文化古迹受到进一步的破坏”。

像其他意大利城市一样，罗马所采取的大规模保护措施，得益于该国的文化官员。在撤离可移动艺术品之后，官方着手保护永久艺术品。官员们用衬布包裹位于罗马的圣彼得镣铐教堂前厅八英尺高的米开朗琪罗雕塑《摩西》，然后用砖将其包裹起来。君士坦丁凯旋门——近七十英尺高、八十四英尺宽的三重拱门——被沙袋和脚手架包围着。罗马官员甚至用砖包裹了图拉真柱，当地工匠将工程完成得异常巧妙，第一眼看去，保护措施甚至难以发现。

意大利人未雨绸缪，为保护自己的文化付出了巨大努力，除此之外，最艰难的工作却落到了佩里·科特肩上。帝沃德对他非常了解。从普林斯顿大学拿到研究生和博士学位之后，他成为一家规模不大但相当重要的博物馆——马萨诸塞州沃切斯特艺术博物馆的副馆长和研究馆员，后来开始了海军预备队军官的生涯。他的艺术知识和语言天赋让他成为古迹保护人员的首选。

科特接到命令，确认城市的博物馆的安全，而后在“古迹、艺术品和文献”部门“保护”清单上的所有建筑上张贴“禁止进入”的标牌，防止部队进入。他搭车爬上贾尼科洛山，到达在意大利执勤的四位古迹卫士[①]

---

① 古迹保护官迪恩·凯勒、诺曼·牛顿、悉尼·沃和伯纳德·皮布尔斯都得过罗马奖学金。还有凯勒的朋友、在北欧服役的古迹保护官沃克·汉考克。古迹保护官帕特里克·凯莱赫、梅森·哈蒙德和克雷格·休·史密斯战后获得这一奖学金，于是在罗马美国学院学习过的古迹保护官人数达到八人。——原注

的母校——美国学院。他在那里会见了阿尔贝特·范·布伦教授。教授于1941年学院暂停正常运转之后坚持留在罗马照管学院。范·布伦简单告知科特城市的总体情况和德军占领的有关情况。他第一晚在罗马波各赛别墅的花园里露营。第二天，科特会见了罗马美术馆督导阿尔多·德·里纳尔迪斯教授，讨论了罗马博物馆的安全，除了一座博物馆以外其他早已全部关闭。德·里纳尔迪斯告诉科特说罗马的多数艺术品都被安全储藏在梵蒂冈，不过是在罗通迪和拉瓦尼诺制造的令人难以置信的冒险之后，艺术品被他们转移到乡下，又艰难地转移回来。

即便在罗通迪和拉瓦尼诺的货物抵达之前，梵蒂冈已经拥有世界上最丰富的艺术珍藏。临时加上米兰布雷拉画廊、威尼斯美术学院馆、罗马波各赛美术馆、那不勒斯国家博物馆的艺术品，几十家大大小小的博物馆的珍藏，还有各大教堂众多价值连城的珍宝，梵蒂冈的收藏现在变得无可匹敌。这些令人叹为观止的收藏包括——聊举几例——人民圣母教堂和圣王路易堂的卡拉瓦乔的画作，威尼斯的提香、委罗内塞①、丁托列托和提埃坡罗②的大幅油画。创造天才们的杰作空前绝后地共聚一堂。

向教皇出示自己的证件之后，帝沃德解释了古迹保护行动的目的，提出为教皇的收藏和梵蒂冈效劳。这标志着古迹保护行动与梵蒂冈之间紧密联系的开始，帝沃德随后与教皇的多次会面也证明了这一点。帝沃德和他的团队随即开始编制赫尔曼·戈林上一年冬天运抵罗马的货箱的目录。

6月26日，帝沃德、科特和拉瓦尼诺开始了六次检查中的第一次。团队依赖的是帝沃德从那不勒斯督导手中得到的目录。在他们的工作过程中，拉瓦尼诺向大家叙述了六个月前寒冷1月的一天，当赫尔曼·戈林师的卡车停到威尼斯宫并开始卸下一百七十二箱那不勒斯文物时发生的事件。拉瓦尼诺无意间说出他怀疑德国人在将箱子运到罗马之前动过

---

① 保罗·委罗内塞（1528—1588），意大利文艺复兴时期画家。

② 乔凡尼·巴蒂斯塔·提埃坡罗（1696—1770），意大利著名画家。

箱子里的绘画。他告诉帝沃德，尽管有位德国军官一开始告诉他护送出现“耽搁”，但是失踪的箱子再也没有到达。1月下旬，拉瓦尼诺急于亲自验证内容，他开始检查箱子，并注意到“几乎所有箱子都被打开过，因为包裹绘画的封纸都被撕开了，很可能是为了遴选绘画”。盟军在罗马以南三十五英里的安齐奥登陆的消息突然传来，迫使拉瓦尼诺暂停调查赫尔曼·戈林师在运送过程中作弊的谜团。

帝沃德和科特只检查了几分钟，小组就得出结论，结论跟德国军官贝克尔博士八个月前阻止掠夺者在斯波莱托从事“让人不敢相信的肮脏交易”得出的结论相同。根据那不勒斯督导的清单，1号箱本该装有的世界名画包括老彼得·布吕赫尔的《盲人的寓言》以及安东尼·范·戴克[①]和托马斯·德·凯泽[②]的两幅绘画，然而该箱子却不翼而飞。当帝沃德随后打开29号箱时，他发现有人将属于1号箱中德·凯泽的绘画塞了进来。之后又在58号箱中找到了属于1号箱的范·戴克的绘画。但布吕赫尔的绘画，到目前为止三幅画作中最重要的一幅，却在所有的箱子中都没有见到。显然有人拿走了。窃贼不仅知道它的重要地位，还知道撇下范·戴克和德·凯泽不太重要的画作，将它们装进剩余的空箱里。

不仅如此。3号箱：“彻底消失。”帕尼尼[③]和巴蒂斯泰洛[④]的画作，以及举世闻名、价值连城的艺术品之一——提香的《达娜厄》不见了踪影。“8号箱：三幅绘画中的两幅不见踪影，分别是：菲利皮诺·利皮的《天使报喜》和朱斯·范·克利夫[⑤]的《三联画》。第三幅画，B·卡瓦利诺的《该隐》，被发现与29号箱的画作放在一起。”帝沃德在他的报告中总结了

---

① 安东尼·范·戴克（1599—1641），比利时弗拉芒族画家，是英国国王查理一世时期的英国宫廷首席画家。

② 托马斯·德·凯泽（约1596—1667），荷兰画家、建筑师。

③ 帕尼尼（1691—1765），意大利画家、建筑师。

④ 巴蒂斯泰洛（1578—1635），那不勒斯画派的重要奠基者之一。

⑤ 朱斯·范·克利夫（1485—1540/1541），1511年至1540年间活跃在佛兰德斯首府安特卫普的画家。

他们的工作，“上面的证据足以证明箱子在抵达罗马之前被动了手脚。1号箱、8号箱和38号箱的具体证据证明这些绘画被人蓄意窃取。”

帝沃德和他的团队，包括拉瓦尼诺，对此毫不怀疑，是赫尔曼·戈林师窃取了失踪的那不勒斯绘画。他们厚颜无耻的窃贼行径令美国人惊恐不已。窃取一些并不引人注意的艺术品是一回事，但是从卡西诺山修道院窃取的艺术品是世界上公认的艺术珍品。从实际的角度来看，赫尔曼·戈林师原本可能驱车到那不勒斯，把车倒到国家博物馆的门口，将这些杰作从墙壁挂钩上直接取下来。

有关纳粹在东欧和西欧肆意掠夺的报告扩散开来。到目前为止，失踪的艺术品很可能就在德国，甚至悬挂在帝国元帅戈林的一处豪宅里。那不勒斯已经向古迹保护官们展示了德军的肆意破坏，但是梵蒂冈货箱的编目工作却向他们提供了纳粹分子在意大利行窃的第一批证据。现在德国人已经向北撤离，经过艺术遗迹丰富的锡耶纳、佛罗伦萨和比萨，似乎肯定还将有更多的证据。

第十四章
惊 讶

1944年7月

奇怪至极，帝沃德和他的团队在梵蒂冈编目的数百件艺术品中，没有一件来自托斯卡纳大区抑或它的首府佛罗伦萨。在德国部队撤退路线上的某处地方，存放着列奥纳多·达·芬奇、米开朗琪罗、拉斐尔、波提切利和其他艺术家著名的画作和雕塑。尽管罗马官员有清单显示佛罗伦萨储藏库的位置，他们认为名单已经过时。但他们看起来并不那么担心。佛罗伦萨督导乔瓦尼·波吉是世界上战争期间文化遗产保护方面最有经验的专家。很可能它们已经被从储藏库运回佛罗伦萨，安全存放。

当帝沃德、科特、哈特和那不勒斯办公室的其他人员在罗马忙得不亦乐乎的时候，凯勒却继续他在北方新解放城镇乡村的探察。在美国第五集团军任古迹保护官的六个星期已经让他备受教育，正如他向凯西解释的一样："在小镇上，总有一所教堂，比起别的教堂来更受人们钟爱，通常是城镇的守护神……现在，当我来到一处新的地方，我总是立即着手找到保护神，以便跟当地人民站到一起。这种与意大利人打交道的方法有点儿像戴尔·卡耐基[①]的味道。”

他的吉普已经变得像牛仔的马一样重要。“我一直越来越小心，照料我的吉普就像你照顾我们心爱的迪诺一样小心……吉普车容易失窃，或者遭遇各种各样的情况。我需要它，因为它就是我的工作和生命。”道路的状况令人沮丧，通常只是滑石粉般细腻的灰土。“我在窗户上抖抖裤子就会出现一片乌云。我已经学会像孩子一样珍惜我的浴布。”尽管被工作占据，凯勒还是记得即将来临的结婚六周年纪念日。他写信安排弟妹送花给凯西，并确定至少有一枝黄色的花。

7月3日凌晨，盟军解放了托斯卡纳大区的第一座城市——锡耶纳。城市遭受了最小限度的破坏，用凯勒的话说，被德国部队“艺术地迂回”。更准确的解释是，凯塞林决定将锡耶纳作为“不设防城市”。这就意味着德国放弃防御力量之后，盟军不会攻击该城。交战双方之间的距离几乎为零。盟军部队在德国部队撤离仅两个小时之后就抵达锡耶纳。

凯勒第二天到达，发现“古迹、艺术品和文献”部门清单上受保护的五十座建筑和教堂上多数已经悬挂古迹保护的标牌。清单是一位尽责的民政事务官员爱德华·瓦伦丁上尉拟订的。这收到了既定的效果，就像凯勒在他的一份报告中所说，“我们被称作‘野蛮人，刽子手’，还有语汇丰富的意大利语所称的各种恶人。现在锡耶纳人可以读英语或者意大利语，因为我们有些‘禁止进入’的保护牌标有两种语言，‘英国刽子手’根本不是那样。随着我们开始保护他们丰富的艺术遗产，他们也能相信我们会带给他们食物、法律秩序、药品，带他们回到正常的和平生活。”

锡耶纳的艺术繁荣早在14世纪就已出现。其教堂和博物馆中令人叹为观止的14世纪艺术品已经跟邻近城镇的艺术品一起，被送到乡下的别

---

① 戴尔·卡耐基（1888—1955），美国著名的人际关系学大师，1936年出版著作《如何赢取友谊与影响他人》，数十年来始终被西方世界视为社交技巧的圣经。

墅和宅邸。7月8日，凯勒抵达了锡耶纳三处最重要的储藏库，位于附近蒙萨耐洛的主教宫。法国大炮捶打着附近的德国阵地。

凯勒进入宫殿，发现一处临时的急救站，一位法国军医正在治疗三名法国殖民地的士兵。连续的炮火淹没了凯勒的自我介绍。医生打量着这位学者气质、站在他面前的第五集团军中年军官，确定他为什么会来这里之后，指了指靠墙放着的两个大箱子。当凯勒走近细看时，他注意到已经有人在每个箱子的边上挖了头盔大小的洞，并撕开刨花和包裹的法兰绒查看里面的内容。

当凯勒从第一个洞往里看时，时间停滞了下来。一时间，他已经遗忘了炮火的轰响、地上的血迹以及受伤的士兵。箱子里面装着的是一位老朋友，《宝座上的圣像》——《圣母马利亚荣升主教》——来自锡耶纳大教堂高大的圣坛装饰画，锡耶纳最重要的艺术品。凯勒上次看到这幅画还是差不多二十年前他做学生的时候。

锡耶纳艺术家杜乔·迪·波尼赛尼亚[①]1308年到1311年间创作了无比精美的圣母和圣婴的油画，旁边围绕着天使和圣徒。杜乔采用了生动的色彩，精巧而又柔和地描绘人物，这种风格影响了此后两个世纪的艺术家。现在，时隔六百六十三年之后，凯勒在战区找到了它。远处的炮火在继续，但圣坛绘画似乎很安全，在他看来，毫发无伤。“负责的法国上尉很友好，给［我］五分钟时间让［我］解释房间里的医疗状况和存放的物品的重要性。”这位法国上尉很配合地说，他的小队和美国人那天晚上七点将会离开。

医生匆匆补充说，由于德国人逃离时将财产的监督人带走了，《宝座上的圣像》和另外四十件较小的作品到了负责宫殿神学院的牧师唐·卢恰诺的手中。在炮火的不断轰击之下，唐·卢恰诺将很多小幅画作藏在了宫

---

① 杜乔·迪·波尼赛尼亚（约1255/1260—1318/1319），中世纪意大利最具影响力的画家之一，被称为锡耶纳画派的创始人。

殿的礼拜堂——有些装在一口箱子里，有些存放在衣柜的抽屉里。凯勒与唐·卢恰诺一起检查了毫无保护的绘画之后，小心地将每幅绘画用毯子和布片包裹起来，避免炮击的震动造成损伤。

尽管艺术品非常零散，包装也十分简陋，德国部队总体上还算尊重凯塞林下令张贴的保护古迹的标牌。情况本来会非常糟糕——依然有可能变得非常糟糕。由于无法安排警卫，凯勒便将自己的发现通知了锡耶纳督导，并希望在援助到达之前，唐·卢恰诺能保护艺术品的安全。

仅7月份，凯勒就视察了五十五座城市，几乎每天两座。疲惫并没有减轻他对这项重要任务的感激之情。他给凯西写道：

> 对我的工作，我感到非常幸运，非常光荣……它赐予我机会见证我们伟大军队的行动……见证令人恐惧的形势，以及人们如何面对死亡和破坏。这听起来有点儿戏剧性，但是当一辆坦克从一团灰云之中突然进入视线，上面出现一位严肃的美国人的脸庞——年轻而又伶俐，从炮塔中钻出来，头戴耳机，一队士兵和枪炮从头到尾经过——发出哗哗啦啦震耳欲聋的履带声响——就没有什么戏剧性了。这就是真实，现实，不是好莱坞电影。

7月4日，凯勒抵达锡耶纳的同一天，佛罗伦萨美术馆督导乔瓦尼·波吉接到命令向德军托斯卡纳大区指挥官梅茨纳上校报告。梅茨纳没有敬礼，直接问“蒙塔尼亚纳[①]的博西-普奇别墅内是否有重要的艺术品需要转移到亚平宁山脉另一侧”的意大利北部？波吉精通德语和法语，对梅茨纳突然提起蒙塔尼亚纳非常惊讶。博西-普奇别墅所在的蒙塔尼亚纳是托斯卡纳三十八处储藏库之一。

战场的不断转移让波吉和他的团队无法到达托斯卡纳的很多储藏库，

---

① 蒙塔尼亚纳是意大利帕多瓦省的一个市镇。

但是德国人却没有这种障碍。梅茨纳对博西–普奇别墅——里面存放了近三百件来自乌菲兹美术馆和碧提宫帕拉蒂纳画廊的杰作，包括波提切利的《弥涅耳瓦①和半人马》、乔瓦尼·贝利尼的《圣母怜子图》和卡拉瓦乔的《熟睡的爱神》——突如其来的兴趣值得密切关注。

1944 年 7 月，在艺术品保护方面世界上还很少有人比波吉更有实战经验。波吉是佛罗伦萨当地人，哈特说他是“从吉兰达伊奥的壁画中走出来的一个人物”。波吉监督包括佛罗伦萨省、阿雷佐省和皮斯托亚省在内的广大区域。六十四岁的他已经两次见证战争席卷他的家乡。

命运选择波吉作为艺术品的守护者。作为一位杰出的鉴赏家和保管员，他 1912 年三十二岁时被任命为大名鼎鼎的乌菲兹美术馆馆长。第二年，他协助复原了世界上最有名的画作，列奥纳多·达·芬奇的《蒙娜丽莎》。该画作 1911 年从卢浮宫被窃，失踪两年后在佛罗伦萨的一家汽车旅馆现身。在乌菲兹美术馆进行短暂的展出并在意大利巡展之后，1913 年 12 月波吉陪伴着画作回到巴黎。

就在六个月之后，“一战”的爆发毁灭了欧洲。勒芬图书馆的焚烧警醒了全欧洲的艺术官员。很少有国家比意大利所处的危险更大，没有哪座城市比佛罗伦萨的处境更加凶险。波吉保护乌菲兹珍藏的快速举动引起了罗马官员的注意。很快，罗马官员便得到了他的帮助，保护意大利其他城市著名艺术杰作的安全。如今，二十六年之后，波吉第二次负责在世界大战中保护托斯卡纳的珍宝。

波吉冷静地回答梅茨纳的问题，告诉他蒙塔尼亚纳的确有来自国家美术馆和博物馆极为重要的艺术品。但是“由于与美术总局和朗斯多夫上校领导的办公室达成的协议规定，跟其他的储藏库一样，只有形势非常危险才能转移文物。在那种情况下，画作会被转移到佛罗伦萨，而不是亚平宁山脉另一侧”。梅茨纳带着恐吓的语气继续追问波吉，“那你是要拒绝我们

① 即雅典娜，希腊奥林匹斯十二主神之一，罗马名字为弥涅耳瓦。

的提议?”跟德国军官打了十个月的交道已经教会波吉尊重上司——和他们的自尊心。他解释道:“我们不是拒绝，相反，我们很感激。我们接受在情势需要的情况下，将这些文物转移到佛罗伦萨。”会见很快结束。波吉认为他的回答已经将这件事摆平。

1940 年爆发的战争迫使意大利的督导们将藏品转移到市中心以外的区域。波吉和他的团队“思路异常清晰”，在不到两个星期的时间里把近六百件重要艺术品转移到托斯卡纳乡下的私人别墅和宅邸。这一数字在六个星期之内增加到超过十八倍——共计一万一千一百三十九件各种艺术品。那些由于体积过大或者过重而无法移动的艺术品，则必须在原址巧妙地加以保护。当地工匠在米开朗琪罗高耸的雕塑《大卫》像上建了一座砖墓，邻近的每件艺术品也都建了一座小墓，谎称是奴隶墓。波吉希望这些砖垛能保护雕塑免受炮弹碎片的攻击，甚至当炮弹直接命中建筑、屋顶坍塌时也能起到保护作用。

随着 1942 年秋季盟军对意大利城市轰炸的疯狂升级，波吉和其他督导接到命令继续从城市撤离文物。这就要求他寻找更多安全的别墅存放文物。艺术品的分组按照历史顺序。托雷卡纳别墅不仅藏有圣洛伦佐教堂的美第奇家族陵墓中米开朗琪罗的雕塑，还有这位大师的一处房产博纳罗蒂之家里的所有藏品。这批藏品包含他最早的两件作品、大量书信和素描。从来没有如此众多的米开朗琪罗作品共聚一地。旁边摆放的是委罗基奥[①]、多那太罗[②]、德拉·罗比亚[③]、洛伦佐·莫纳科[④]的代表作，以及佛兰德

① 委罗基奥（约 1435—1488），意大利画家和雕塑家，达·芬奇和波提切利等著名画家都是他的学生。

② 多那太罗（1386—1466），15 世纪意大利佛罗伦萨著名雕刻家，文艺复兴初期写实主义与复兴雕刻的奠基者。

③ 德拉·罗比亚（？—1482），文艺复兴时期欧洲艺术家。

④ 洛伦佐·莫纳科（约 1370—1425），意大利佛罗伦萨晚期哥特风格的代表之一。

斯画家雨果·凡·德·古斯[1]最重要的存世之作《波提那利祭坛画》。艺术品的质量和罕见度令人惊愕。

蒙特古福尼城堡储藏了乌菲兹美术馆和碧提宫的二百四十六件杰作，包括契马布埃[2]、乔托、波提切利、拉斐尔、安德烈亚·德尔·萨尔托、蓬托尔莫和鲁本斯这些大师的作品。波皮亚诺的储藏库收容了蓬托尔莫充满感情的杰作——来自圣费利西塔教堂卡博尼礼拜堂的《耶稣被解下十字架》，和罗索·菲奥伦蒂诺[3]的登峰造极之作——来自沃尔泰拉[4]镇的《下十字架》。波皮[5]的普雷托利奥宫收纳了汉斯·梅姆灵的《年轻男子肖像》和米开朗琪罗的《牧神面具》。迪科马诺[6]的圣奥诺弗里奥教堂的演讲堂收藏了罗马雕塑和石棺。波焦阿卡伊阿诺[7]的别墅收藏了多那太罗的《圣乔治》和卡拉瓦乔的《酒神巴克斯》。每处别墅内文物的地位和重要性都超过前者，每处地点都装着文明进程中最富创造力的灵魂们的杰作。

随着巴多格里奥领导的政府垮台以及1943年德国部队占领意大利，多数意大利艺术官员（包括拉瓦尼诺和罗通迪）被迫将他们的藏品转移到梵蒂冈，而波吉则下定决心将托斯卡纳的艺术品放在现有的距离不远的乡村储藏库中。他坚信，这些别墅比城市的堡垒更能在空袭中发挥作用。当他意识到托斯卡纳的仓库位于即将到来的地面战斗的路径上时，将所有艺术品运回佛罗伦萨已经为时太晚。这就带来另一重担忧，对此他无能为力：波吉很可能是过度自信，他已经允许很多艺术品在没有装箱的情况下运出佛罗伦萨。

波吉当然清楚，对于一幅画作而言，最安全的地方是悬挂在博物馆的

---

① 雨果·凡·德·古斯（1440？—1482），佛兰德斯画家。
② 契马布埃（1240—1302），意大利佛罗伦萨最早的画家之一。
③ 罗索·菲奥伦蒂诺（1494—1540），意大利文艺复兴时期画家。
④ 沃尔泰拉是托斯卡纳大区比萨省的一个市镇。
⑤ 波皮是意大利阿雷佐省的一个市镇。
⑥ 迪科马诺是意大利佛罗伦萨省的一个市镇。
⑦ 波焦阿卡伊阿诺是意大利普拉托省的一个市镇。

墙壁上。一旦开始搬运，受损的风险急剧增加。用卡车运送未装箱的绘画作品会将它们暴露在灰尘之中。油画很容易撕破、戳穿或者划伤。光是震动就可能导致版画碎裂。波吉也十分清楚版画对湿度的突然变化非常敏感。冬季湿度较低会减小木板的湿度，增加开裂的风险。对于雕塑来说，无论是大理石雕塑（更加结实）还是陶塑（更加脆弱），总会有出现缺口，甚至摔落毁坏的风险。随后的搬运会加剧这种风险，尤其是军人搬运这些艺术品。对于这些脆弱而珍贵的物品，他们没有受过训练，动作粗鲁。

1944 年 6 月 18 日，波吉曾经出席过一场会议，与会的还有墨索里尼社会共和国美术总局局长卡洛·安蒂和纳粹党卫队上校、“艺术品保护部门”的负责人亚历山大·朗斯多夫，他们共同商讨如何更好地保护佛罗伦萨的储藏库免受日益迫近的战争威胁。安蒂坚称将珍宝继续往北转移，但这一建议忽略了交通工具的短缺和敌军逼近托斯卡纳的速度。经过一番激烈的争论，波吉说服了众人。艺术品继续存放在目前的储藏库。“太迟了，”安蒂在他的日记中预感不祥地写道。

7 月上旬，社会共和国官员们再次敦促艺术品向北转移。波吉当然知道怎么做才对“他的”艺术品最有利，他机灵地套用 1737 年的《美第奇家族公约》避开这一请求。根据这一公约的规定，他们的藏品（乌菲兹和碧提宫藏品的核心部分）“永远不得带离首府和托斯卡纳大公国”①。战争进行到这个阶段，波吉并没有真正的权力阻止法西斯官员或者德国人转移艺术品。聪明的借口和技巧是他唯一的工具。

几天之后，波吉接到德国领事格哈德·沃尔夫博士令人震惊的电话，告诉他德国部队已经从蒙塔尼亚纳的博西－普奇别墅储藏库将二百九十一幅画作装上卡车，运抵摩德纳②附近的小镇帕纳罗河畔的马拉诺，小镇距

---

① 托斯卡纳大公国为一个在 1569 年至 1859 年间，存在于意大利中部的国家。托斯卡纳大公国最初由意大利著名的美第奇家族所统治。

② 摩德纳是意大利北部城市，艾米利亚－罗马涅大区摩德纳省省会。

离佛罗伦萨以北约九十英里。这正是几天前梅茨纳上校追问波吉的别墅。“乌菲兹和碧提宫最珍贵的文物中近八分之一瞬间消失。”沃尔夫领事进一步的质问暴露了这场阴谋：这些画作早在7月4日梅茨纳与波吉的“鸿门”聚会之前就已经被夺走——并已经在北上的路上。

格哈德·沃尔夫请求朗斯多夫向佛罗伦萨报告，以解决这个问题。在没有交通工具的情况下，波吉无能为力。7月16日，星期天晚上，波吉接到沃尔夫领事助理的电话，告知他另一拨德国部队从第二处还未查明地点的储藏库劫走了艺术品。波吉应该在第二天上午八点在佛罗伦萨圣马可广场的德国军事指挥部监视他们。既没有朗斯多夫的影子，又没有有关博西－普奇别墅的艺术品如何处置的消息，这最新的消息让波吉既恐惧又愤怒。

第二天早上，波吉和其他官员看到三辆德国卡车准时开进圣马可广场。负责行动的军官霍夫曼上校告诉他们，“由于奥利韦托城堡遭受盟军的炮击起火，该地区的军事指挥部决定立即将艺术品转移到佛罗伦萨”。绘画的卸载随即开始。很明显，这些是来自霍恩基金会博物馆的绘画和佛罗伦萨教堂的圣坛装饰画，共八十四幅，二十三箱，外加五个画框。超过一百件绘画没有运来，原因霍夫曼没有说明。当波吉想弄清整个情况时，陪伴卡车到达佛罗伦萨的奥利韦托的圭恰迪尼古堡储藏库的管理人奥古斯托·孔蒂小心地告诉他，霍夫曼的解释纯属谎言。城堡附近区域非常安宁，并无任何战斗。

孔蒂随后分享了更令人悲痛的消息。德国文艺复兴时期画家老卢卡斯·克拉纳赫的两幅版画——《亚当》和《夏娃》——被装进了一辆救护车。他不知道这两幅画下场如何。波吉深知这两幅画——他清楚希特勒也知道。元首1938年访问乌菲兹时，波吉记得他看到希特勒无比欣赏德国画家的作品。这些18世纪晚期进入美第奇家族收藏的杰作的失踪，引起了佛罗伦萨官员的异常警觉。

朗斯多夫最终于7月17日抵达佛罗伦萨。波吉以为自己可以依赖“艺术品保护部门”的高级代表，就像在5月份他依靠朗斯多夫提供起重机、卡车和人手将吉贝尔蒂洗礼堂大门送回碧提宫一样。波吉首先告知朗斯多夫，霍夫曼上校几个小时之前运来的从奥利韦托的圭恰迪尼古堡拿走的艺术品，并告诉他奥利韦托储藏库的部分文物，尤其是克拉纳赫的两幅绘画《亚当》和《夏娃》，并未运到佛罗伦萨，这让他非常担忧。拿走艺术品违反了波吉、卡洛·安蒂和朗斯多夫 6 月 18 日会议达成的协议：遇到任何紧急情况，储藏库的艺术品需要转移时，必须转移到佛罗伦萨。这种情况无论如何不能再次发生。

朗斯多夫向波吉保证说，他不仅会调查文物失踪的原因，还会全力负责寻找失踪文物的下落并将克拉纳赫的绘画送回佛罗伦萨。作为调查的一部分，朗斯多夫请波吉准备一份备忘录，总结他对博西－普奇别墅文物被窃所了解的情况。报告完成时，他希望将报告寄到怡东饭店，他在那里有一个房间，俯瞰着天主圣三桥和维奇奥桥。波吉对这种答复并不满意，但是，此情此景下，他无计可施。

盟军持续推进的消息迫使朗斯多夫重新评估他三天以前从陆军最高统帅部（OKH）接到的命令，命令的内容是“部队拯救艺术品的行动总体上必须结束”。其中有一项指令说的是，已经移动的艺术品应当交给“博洛尼亚或者摩德纳的主教们”。实际上，德国军队曾经试图转移蒙塔尼亚纳的文物，但是遭到了主教们的阻止。主教们辩解说没有足够的空间存放文物，也没有权力承担责任。

在朗斯多夫看来，这些命令出了一道难题：执行命令就意味着佛罗伦萨的珍宝将留在原来的储藏库，无人守护地待在即将成为交战地带的地方。然而，将它们从乡下的别墅转移出来不仅违反了他的命令，还会将这些艺术品暴露在盟军的空袭之下。朗斯多夫自信他会得到纳粹党卫队卡尔·沃尔夫将军的支持，决定忽略他跟波吉和安蒂事先的约定，继续转移储藏库中的文物。

为了将他的决定通知给德国军政府，他发了一则消息：“乡村别墅里的一些艺术品储藏库目前处于炮火的射程之内。两个星期之前，当我得到一辆卡车将文物运回佛罗伦萨时，意大利督导们请我停止行动，避开空袭的危险。我准备立即接手，对我们部队采取的转移措施进行监督和指导。”将艺术品向北转移到安全地带的时机已经到来。

朗斯多夫那天晚上晚些时候开车前往奥利韦托，在检查尚未被转移的近百件艺术品之前确定圭恰迪尼古堡，尤其是克拉纳赫的作品的遭遇。午夜之前，他打电话给波吉，告诉后者他已经检查了城堡的情况，并将剩下的绘画转移到地下室中以保安全。现在那里一切顺利。他坚持说他还会继续追踪失踪的克拉纳赫绘画的下落，并重申了寻找画作并将其归还佛罗伦萨的承诺。

朗斯多夫没有告诉波吉的是，克拉纳赫的绘画已经安全了。实际上，绘画就在他的掌握之中，“由部队转交给他……请他带到北方，避免落入英国人和美国人的手中”。在他对第 71 步兵团驻奥利韦托中尉菲尔德胡森的讯问过程中，朗斯多夫得知克拉纳赫的绘画被“与剩余的绘画分离开来，因为他们是‘德国艺术品’，不能置于归还给佛罗伦萨的风险之中”。他丝毫没有顾忌第 71 步兵团两天前晚上进入佛罗伦萨时布满弹坑的道路有多么凶险，只是写了一张收条，“两件没有受损的绘画，卢卡斯·克拉纳赫的《亚当》和《夏娃》，被带到德国，签名如下：MV Abt. 负责人朗斯多夫”，递给中尉。在救护车的安全掩盖下，朗斯多夫和他的“乘客”——《亚当》和《夏娃》出发前往佛罗伦萨，正如他向波吉保证的那样。

星期三晚上，7 月 19 日，波吉顺便去了怡东饭店，想与朗斯多夫会面并递交要求他准备的有关蒙塔尼亚纳文物被转移的备忘录。令波吉大为吃惊的是，朗斯多夫已经退房并离开了佛罗伦萨。如果波吉想到问门房的话，他可能会得知朗斯多夫离开酒店时携带着两个真人大小的包裹，而且非常奇怪，包裹是两个晚上之前用救护车运过来的。

仅仅两个星期之后，波吉先后被佛罗伦萨德军指挥官梅茨纳上校和从奥利韦托转移艺术品的军官霍夫曼上校欺骗。但是这些背叛与他对朗斯多夫的愤恨相形见绌。与其他两位军官不同，朗斯多夫是德国“艺术品保护部门”驻意大利的高级官员。他有义务保护艺术品，而不是肆意窃取。

第十五章

守护天使

1944 年 7 月下旬至 8 月 3 日

佛罗伦萨拥有无数世纪的艺术天才们留下的遗产。佛罗伦萨由公元前 1 世纪罗马早期殖民地演变而来，当时，比较发达的伊特拉斯坎社会①从菲耶索莱②附近的山中搬迁下来，沿着阿尔诺河定居。1115 年成为自治城邦。到 14 世纪初，佛罗伦萨城已经成为国际商业中心。它的货币——弗罗林金币③，以及它催生的银行业统治集团家族——美第奇家族——在欧洲名噪一时。在他们对艺术的支持中，美第奇家族支撑了意大利的文艺复兴——西方文明史中自希腊雅典民主时期以来艺术成就最丰富的时期。佛

---

① 伊特拉斯坎文明是伊特鲁里亚地区（今意大利半岛及科西嘉岛）于公元前 12 世纪至前 1 世纪所发展出来的文明，其活动范围为亚平宁半岛中北部。

② 菲耶索莱是意大利托斯卡纳大区佛罗伦萨省的一个市镇。

③ 一种最先由意大利佛罗伦萨于 1252 年制造的金币。

罗伦萨涌现的大批博学之士——包括画家、建筑师、作家、哲学家和发明家——在有记载的历史中前所未有。

米开朗琪罗一生的大部分时光都在佛罗伦萨度过。乔托、马萨乔、波提切利、多那太罗、列奥纳多·达·芬奇和拉斐尔都在此得到过赞助。菲利波·布鲁内莱斯基[①]将数学应用于古代建筑，并构思了该城宏伟的教堂——圣母百花大教堂，通常简称为“主教座堂”。洛伦佐·吉贝尔蒂为大教堂的洗礼堂锻造了世界上最精美绝伦的大门。圭多·迪彼得罗，也就是闻名的弗拉·安杰利科[②]，创造了定义文艺复兴早期艺术的壁画和木板油画。作家和哲学家，包括但丁、彼特拉克[③]、薄伽丘[④]和马基亚维利[⑤]，创作了有关天堂与地狱、欧洲文化以及人类本性的权威著作。现代科学之父伽利略从他的众多住所，包括贝罗斯伽多山顶的盎布瑞利诺别墅凝望星空。

20世纪的佛罗伦萨，一座“传统与现代竞相绽放”的城市，依然以蜿蜒曲折的鹅卵石街道为傲。很多街道的宽度令交通工具几乎无法通行，但正是在这些街道上，这些不朽的学者和艺术大师留下了足迹。他们的雕塑点缀着城市的广场，他们的绘画装饰着城市的教堂，他们的才思充盈着图书馆和文献。城市的两座最重要的桥梁之一——天主圣三桥，“代表着两岸之间爱与信仰的誓言”。穿越维奇奥桥——但丁曾在这座著名的双层桥梁上梦想《神曲》中的“缪斯女神”贝雅特丽齐[⑥]——就是穿越另一处时空。

---

① 菲利波·布鲁内莱斯基（1377—1446），意大利文艺复兴早期颇负盛名的建筑师与工程师。

② 弗拉·安杰利科（？—1455），文艺复兴时期欧洲艺术家。

③ 弗朗切斯科·彼特拉克（1304—1374），意大利学者、诗人和早期的人文主义者，亦被视为人文主义之父。

④ 乔万尼·薄伽丘（1313—1375），文艺复兴时期的意大利作家、诗人，代表作为故事集《十日谈》。

⑤ 尼可罗·马基亚维利（1469—1527），意大利政治哲学家，代表作为《君主论》。

⑥ 但丁《神曲》中的人物，据称为他毕生所爱的同名邻家姑娘。

作为航运和商业往来的河流，阿尔诺河成为城市早期发展过程中的活力源泉。当时的主要建筑聚集在Lungarno（沿阿尔诺河区域）特别是靠近维奇奥桥的地方，以及两端散开的街道——南边的圭齐亚蒂尼街，以及北边的圣马利亚街。在那里，历代皇族建造了他们的宫殿和中世纪城堡，将城市的未来发展与辉煌历史编织在一起。

没有哪个家族的权力和声望能与美第奇家族相媲美。家族成员的资助为各个领域的艺术提供了资金，包括绘画、雕塑、建筑和园艺。他们还扩建了私宅碧提宫及其气势恢宏的波波里花园。1560 年，科西莫一世[①]授权在阿尔诺河北岸建造城市的办公大楼。二十一年之后，他的儿子弗朗切斯科一世[②]开始将建筑——乌菲兹（办公大楼）——转变成美术馆，收纳家族急速增长的艺术珍藏。

在维奇奥桥上方无数的珠宝店铺之上，是人迹罕至的瓦萨里长廊。这条 1565 年建造的秘密通道连接乌菲兹和碧提宫，为美第奇家族在政治动荡期间提供逃生通道。狭窄的长廊装饰了超过一千件绘画，多数都是自画像，其作者的作品装饰着佛罗伦萨的博物馆和教堂。再往北就是维奇奥宫（佛罗伦萨市政厅）、主教座堂和世界上最著名的大理石雕塑、米开朗琪罗的《大卫》像所在地——学院美术馆。1944 年夏天，战争将这座传奇般的城市及其无数世纪的成就，置于彻底毁灭的危险之下。

1943 年 11 月 10 日，阿道夫·希特勒对鲁道夫·拉恩大使说道："佛罗伦萨太美了，不能毁坏。尽力保护她：你会得到我的许可和帮助。"希特勒对该城的热爱一开始令佛罗伦萨督导乔瓦尼·波吉和其他市政官员满怀希望，以为佛罗伦萨会免遭那不勒斯的厄运。罗马和锡耶纳免遭战争的

---

① 科西莫一世·德·美第奇（1519—1574），1537 至 1574 年担任佛罗伦萨公爵，并在 1569 年担任第一代托斯卡纳大公。

② 弗朗切斯科一世·德·美第奇（1541—1587），美第奇家族的第二代托斯卡纳大公（1574—1587 年在位）。

严重创伤更令他们欢欣鼓舞。然而，当盟军士兵日益紧逼，一小股执着的灵魂——现在被视为佛罗伦萨的守护天使——日益担心即将到来的战斗会摧毁他们的城市。他们的资源非常有限，选择越来越少。

这些行善者们最大的希望就是德国和同盟国能共同声明将佛罗伦萨作为“不设防城市”，这一概念最早是由艺术史研究所主任弗里德里希·克里格鲍姆提出的。但是，要想“不设防”，必须撤销防御力量，不能有军事目标，双方必须有自由进入权。在佛罗伦萨，德国部队已经在德拉盖拉尔代斯卡花园和平民花园中部署了两个炮兵中队，还在城市的无数个迫击炮点驻扎士兵。此外，佛罗伦萨与落入盟军手中之前的罗马一样，是德国部队重要的铁路运输枢纽。甚至在盟军对新圣母大教堂和练兵场编组站发动空袭之后，人力和物资还在城中往来穿梭。

市政官员相信，已经被波吉藏匿在托斯卡纳别墅中的可移动艺术珍宝安全无虞。但是，保护城市的建筑遗迹依然依靠官方明确声明将佛罗伦萨确定为“不设防城市”。为这一目标努力的成员主要包括德国领事沃尔夫将军、佛罗伦萨大主教埃利亚·达拉·科斯塔、圣马力诺[①]驻圣座特使及全权大使菲利波·塞卢皮·克雷申齐侯爵以及瑞士驻佛罗伦萨领事卡洛·亚历山德罗·施泰因霍伊斯林。这四位为拯救佛罗伦萨确实付出了异于常人的努力。

在德国军队服役四年之后，格哈德·沃尔夫上了海德堡大学，在学校遇到了将成为他一生挚友的鲁道夫·拉恩。毕业之后，两人都会进入德国外交部。为了远离纳粹党，沃尔夫接受了德国驻佛罗伦萨领事的职位。

红衣主教达拉·科斯塔是一位七十二岁的高级教士，也是佛罗伦萨的另一位守护者。他言辞温和但底气十足，在保卫城市的过程中发挥了日益显著的作用。1938 年希特勒访问期间，他命令将他所在宫殿的窗户关闭，

① 圣马力诺共和国位于欧洲南部，意大利半岛东部，整个国家被意大利包围，所以圣马力诺属于国中国。

象征性地表示抗议。他拒绝参加官方的庆祝活动，声称他不会崇拜“耶稣之外的任何十字架”。当形势变得更加绝望时，这位主教同意发布通知，通知上说，“埃利亚·达拉·科斯塔主教阁下，佛罗伦萨的大主教，宣布这幢建筑及内部的艺术品，处于圣座的保护之下”。他一边恳求德国指挥官将佛罗伦萨作为不设防城市，与此同时，他也深知，“要想真正地保护佛罗伦萨的艺术珍品，有必要用坚不可摧的钢铁和牢不可破的青铜制作巨大的罩子将整座城市覆盖起来”。

红衣主教达拉·科斯塔不是天主教会中拯救佛罗伦萨的唯一代表。菲利波·塞卢皮·克雷申齐侯爵得到教皇庇护十二世和达拉·科斯塔的支持。这种特权给乔瓦尼·波吉提供了诸多帮助。“我必须请塞卢皮利用他跟梵蒂冈城高层的关系，”波吉后来说道，“让教皇对托斯卡纳的历史遗迹和文化珍宝产生兴趣，并将其置于圣座的保护之下。”

身为律师的塞卢皮，在幕后冒着生命危险采取行动，帮助需要帮助的朋友。塞卢皮利用他的外交身份作为掩护，向被纳粹和法西斯通缉的个人提供援助，这些个人包括美国犹太人、著名的艺术学者和收藏家伯纳德·贝伦森。七十九岁高龄的贝伦森拥有一处宅邸——塔蒂别墅，里面装满了意大利早期绘画，并包含一座收藏丰富的美术图书馆。该图书馆业已成为全世界收藏家、文物商和艺术学生的聚会场所。据贝伦森说，“塞卢皮侯爵随时提供帮助”。

卡洛·施泰因霍伊斯林作为佛罗伦萨本地人和私营银行的继承人，提供了来自贵族的关切。作为瑞士领事，他的外交特权——跟塞卢皮和他的密友沃尔夫领事一样——为帮助他人创造了机会，尽管其中隐藏着巨大的风险。施泰因霍伊斯林尤其关注保护城市从桥下穿过的供水管线。他作为最有名的中立国的外交官的身份赢得了最近任命的佛罗伦萨指挥官德国上校富克斯的好感。

尽管元首 1943 年 11 月向拉恩大使承诺保护佛罗伦萨，该城的武装却不仅没有松懈，反而有所增强。1944 年 1 月下旬，英国官员通过梵蒂冈打听德国官方是否会就不设防城市的地位发表声明。德国派往圣座的大使恩斯特·冯·魏茨泽克只能做出“非官方的口头而非书面的正式声明”。沃尔夫领事随后四次会见帝国元帅凯塞林，请他协助提议限制军队进入城市中心。凯塞林表示同意，并评价说“来到意大利之后，我才真正意识到在博物馆里打仗是什么滋味”。

6月3日，格哈德·沃尔夫接到国防军最高统帅部作战部部长阿尔弗雷德·约德尔大将的一封信，内容令人非常烦恼：“我非常抱歉地说——佛罗伦萨免遭战火的可能性，只能是微乎其微。”这个回复彻底击溃了德国驻佛罗伦萨非军事代表沃尔夫，以及红衣主教达拉·科斯塔和瑞士领事施泰因霍伊斯林。

沃尔夫领事坚持不懈的外交努力赢得了佛罗伦萨名流的信任。在无数场合，他利用职务的便利从政治调查办公室负责人、丧心病狂的意大利人马里奥·卡里塔手中解救重要的市民和游击队员。卡里塔曾经一度表示要成为“意大利的希姆莱”，在他的官邸——博洛尼亚大街的Villa Triste（伤心之宅）——建造了一处地下酷刑房，骇人程度连纳粹党卫队军官都十分不安。卡里塔及其追随者用令人发指的手段在执行死刑之前对受害人进行逼供。多尔曼上校描述“桌上摆满皮鞭、铁条、铁钳、镣铐以及20世纪中叶所有的刑讯工具”。

到7月下旬，巨大的压力让沃尔夫的健康受到了严重影响。随着德国部队即将从佛罗伦萨撤军，拉恩温和地命令他的朋友离开城市，前往靠近凯塞林指挥部的德国驻法萨诺大使馆。佛罗伦萨有人担心沃尔夫的安全，恳求他留下来，特别是他的好朋友卡洛·施泰因霍伊斯林。但是7月28日，格哈德·沃尔夫在他的同胞的控制下离开了这座城市，“对德国士兵的肆意胡为深感羞耻”。

7月29日，星期六，德国指挥官们联系佛罗伦萨市政官员，索要一份城市中央桥梁的详细地图，包括天主圣三桥、维奇奥桥及其邻近建筑。等到波吉查明这次来者不善的行动并告知达拉·科斯塔时，德国部队已经在建筑上张贴了富克斯上校下令发布的告示，阿尔诺河周边三百三十到六百六十英尺范围内的所有居民——超过五万人——第二天中午之前必须从家中撤离。[①]富克斯还虚情假意地保证说，这项命令纯粹是为了防止市民受到敌军袭击而采取的预防措施。命令还明确说所有个人物品都必须留下。

等到星期天，位于城市中心以南的英国第八集团军准备向佛罗伦萨挺进。困在德方阵线上的波吉、达拉·科斯塔和施泰因霍伊斯林向富克斯上校写了一封信，重申了德国此前将佛罗伦萨视作不设防城市的很多保证，并请示与盟军联系，继续就不设防城市进行磋商。在接到亲手交付的信件之后，曾经表示"对我来说一座桥就只是一座桥"的富克斯说他没有权限放任何人穿越界线。在他看来，没有证据表明盟军有意将佛罗伦萨作为不设防城市。

佛罗伦萨避免沦为战场的最后一个现实机会，实际上在德国陆军上校克劳斯·申克·冯·史陶芬柏格在拉斯滕堡狼穴总部刺杀阿道夫·希特勒失败之前十天就已经丧失。正如沃尔夫领事后来观察到的一样，"任何人都不可能请求［元首］，更不要说与敌人进行直接接触。如果发生这种接触，希特勒会将其视作凯塞林或者拉恩的背叛行为。"

7月30日，拉恩大使最终抵达位于雷克阿洛的凯塞林指挥部，代表城市做了似乎是最后的一次请求。拉恩站在愤怒而又无情的凯塞林面前，凯塞林正握着盟军头一天空投的成千上万份传单中的一份。传单上印有盟军哈罗德·亚历山大将军致所有托斯卡纳人的"特别消息"。其中有句话格外引人注目："对盟军部队来说，毫不耽搁地穿过佛罗伦萨，彻底摧毁北逃的德国部队是至关重要的。"

对于佛罗伦萨桥梁的命运，凯塞林从希特勒处感到了巨大的"心理压力"。他感到无论做何决定都将受到指责。一方面，他由于命令部队从罗马撤退之前没有摧毁罗马的桥梁——尽管国防军最高统帅部命令他避免损

① 施泰因霍伊斯林随后说服富克斯将时限延长至下午六点。——原注

毁桥梁——已经招致了元首的愤怒。命令乱七八糟甚至相互矛盾也并不少见，特别是对善变的德国领导人来说。然而，凯塞林再也不想犯同样的错误。

7月19日——在希特勒自己的手下试图暗杀他之前——凯塞林在会见希特勒的时候，接到命令“让他撤退，尽量在佛罗伦萨以南咬住敌人，尽最大的努力阻止敌军前进。佛罗伦萨市不用防卫，目的是保护她的艺术珍宝”。希特勒说得很明确，在任何情况下都不能摧毁城市的桥梁，并且补充说：“要尊重这些桥梁的艺术和历史价值，不应过高估计军事上的弱势，但要接受弱势。”

凯塞林将盟军的传单视作是在叫阵，他联系希特勒的总部请求对命令进行澄清。他得知元首想确保“是敌人忽视了佛罗伦萨不可替代的文化价值”，除非有希特勒的特别命令，不得摧毁城市的桥梁。根据凯塞林对形势的理解，不可能将佛罗伦萨宣布为不设防城市。他只能向拉恩大使保证维奇奥桥不会受到毁损。

随着盟军的步步逼近，形势日趋紧张。星期一，7月31日，德国第十四军司令部向佛罗伦萨的第1伞兵师发布书面命令，通知他们“准备‘集中射击’行动”。该行动要求摧毁“佛罗伦萨城内及周边”除维奇奥桥之外的所有桥梁。所有人都知道只有得到凯塞林的明确授权才能进行。然而，靠近桥梁的任何地方都禁止通行。拉恩、波吉和其他人依然紧张。佛罗伦萨已经变成被分割的城市。

佛罗伦萨唯一获准乘坐私车过桥的平民是瑞士领事施泰因霍伊斯林，他后来叙述了这段经历：“正当我们跟警卫们争论，请他们让我们通过卡瑞拉桥时，一辆轿车驶来。佐伊贝特上校告诉我说，比起无与伦比的天主圣三桥，‘士兵们’更青睐浪漫的维奇奥桥。”一位地方警卫告诉他德国人已经在桥上埋设地雷，施泰因霍伊斯林万分难过。他再次请求德国指挥官至少保留中间的桥梁之后，穿过天主圣三桥，发现“五排70厘米×50厘米×30厘米（28英寸×20英寸×12英寸）的箱子”已经摆放在这座桥梁巨大的桥拱下面，还有电导线。除了军官们之外，施泰因霍伊斯林很有可能是最后一个通过具有三百七十四年历史的建筑杰作之人。

那天晚上，南方的天空闪烁着火光，盟军对附近的德国阵地进行了炮击。由于德军破坏了城市中央电厂，佛罗伦萨人经历了连续第三晚黑暗。爆炸从后面照亮了波乔皇帝山、圣米尼亚托、贝尔维德勒和阿切特里。德军已经从南部的防御阵地撤离，此刻正在城中准备实施撤退。

8月3日，德国第十四军司令部报告称："敌军炮火现在正瞄准城市南部和城市的桥梁……很明显，敌军将阿尔诺河上的桥梁作为军事目标。"经过几周的内心挣扎，加上第十四军汇报的情况，①凯塞林做出了决定，内容是："我不能答应放弃保卫城市的请求，同样又得不到敌军的让步，于是利用各种废墟阻塞通向城市的道路，很不幸，也包括摧毁阿尔诺河上完美的桥梁。"

星期四，8月3日下午两点，德国军官宣布进入紧急状态。在死亡的威胁下，发布了通知，命令所有市民待在屋内，远离窗户，最好是进入地下室。所有人不得外出，等待进一步通知。接近晚上十点时，两次爆炸中的第一次震动了碧提宫及其波波里花园下方的大地。住在碧提宫里面的数千名市民——现在是难民——中有位艺术官员，佛罗伦萨督导乌戈·普罗卡奇博士，他描述了这次经历："大地似乎在颤抖，宏伟的宫殿似乎在下一刻就会被攻克。与此同时，四面的玻璃和窗户碎片像暴雨般砸向人群，空气变得无法呼吸。恐惧淹没了人群，有人开始哭喊'桥被炸了，桥被炸了'。"

午夜前后又开始一轮爆炸，这一次爆炸不如前一次猛烈，但持续了很久。伯纳德·贝伦森从城市北部的一处别墅看到"暴力的景象，一团巨大的火光突然燃起，像一根巨大发光火柱，中间稀薄，上面浓密。与此同

① 凯塞林信赖的报告是错误的。盟军炮火针对的是阿尔诺河南岸，目的是驱离德国部队。无意之中，炮击的确损坏了城市建筑，对其中的一座桥梁——Ponte alla Vittoria造成轻微伤害。即便在这种情况下，那座桥作为城市六座主要桥梁中最西边的一座，距离市中心也超过一英里远。

时，一声巨大的爆炸仿佛从佛罗伦萨市中心传来”。

8月4日凌晨两点左右，天主圣三桥的天才设计却以最悲伤的方式呈现。伟大的工程学造就了这座精巧优雅、线条优美的桥梁，屹立了好几个世纪。它经受了阿尔诺河咆哮的河水，承受了现代交通工具的重压。在短短的一瞬间，不可思议的桥梁似乎能够在德国摧毁专家们的手下幸存下来。第一次爆炸导致桥梁“耸起肩膀”——但依然矗立，完整无缺；第二次爆炸紧随其后，桥梁依然存留了下来。然而，黎明之前，第三次爆炸过后，桥梁只剩下了船艏形状的桥墩。很快太阳就会升起，但再也不会将同样的阴影投射在阿尔诺河上。

乔瓦尼·波吉是佛罗伦萨第一批见证被毁遗迹的人。“黎明时分，从我位于圣菲里奇广场的家，我终于走近大公街旁边的阿尔诺河，穿过躺满尸体的废墟，雾气和灰尘依然在阿尔诺河上降落。泪水模糊了我的双眼，我带着难以忘怀的恐惧，看见天主圣三桥的桥拱已经不复存在。”

早上七点之前，疲惫不堪、精神崩溃的格哈德·沃尔夫领事醒来听到德国部队已经摧毁天主圣三桥的噩耗。他“哑口无言”，呆呆地站着，想的不是桥梁，而是当他来到佛罗伦萨市第一次向他介绍桥梁的人，他的好朋友弗里德里希·克里格鲍姆教授，教授在1943年佛罗伦萨空袭期间丧生。克里格鲍姆曾经对沃尔夫说过，“我宁愿去死，也不愿意看到我所热爱的一切惨遭毁灭！”令人痛心的是，他竟然实现了自己的愿望。

第十六章

“小天使们，帮帮我们！”

1944 年 8 月

7 月 31 日，驻托斯卡纳地方古迹保护官弗雷德·哈特等人在英国第八集团军同盟国军政府总部听到了英国广播公司令人震惊的广播。一位经验丰富的记者温福德·沃恩·托马斯在皇家工兵军团埃里克·林克莱特少校的陪同下，在造访位于主要作战地带中心的一处别墅——蒙特古福尼城堡——的过程中，无意间发现了一处储藏库，里面藏有佛罗伦萨乌菲兹美术馆和碧提宫的艺术杰作。这项发现极大地警醒了古迹卫士们。6 月，罗马官员让他们以为佛罗伦萨储藏库已经清空，藏品已经运回城里。但是这突如其来的广播又让人们对原先的看法产生了怀疑，零星分布在托斯卡纳乡下的那些毫无保护、装满艺术品的别墅形象不时掠过人们的心头。

接到尽快驱车赶往蒙特古福尼的命令之后，哈特“带上装备和头盔”，跳进北非和西西里战斗中幸存下来撞“扁”了的吉普车。“挡风玻璃已经破碎，只有四只老旧的轮胎，散热器漏水，弹簧失去弹性，减震器也出了毛病。既没有车镜也没有顶篷，车身嘎嘎作响，似乎随时都会解体。”但是，与凯勒的车不同，哈特的吉普有名字。有人在挡风玻璃原来所在的金属撑板上刷上了“13 幸运 13”。

密集的炮火阻断了哈特的线路，迫使他走地图上没有标记的小路。几个小时以后，他到达了位于波吉奥镇圣多纳托教堂的第八集团军新闻中心。夜幕已经降临。“远处的山脉向佛罗伦萨延伸，在夜色掩盖下的炮火中不停震颤，山脊在炮火的连续闪光中断断续续地显现出魅影。”

林克莱特和沃恩·托马斯在附近另外三处储藏库视察了一天，刚回到营地就遇上“一位身材高大、戴着眼镜、既焦急又激动的美国中尉。这是一位美术专家，被盟国军政府派来负责绘画。他没有携带露营装备包，但是，他太激动了，也睡不着，并没有因为缺少睡眠而感到难受”。林克莱特和沃恩·托马斯赶紧告诉弗雷德·哈特中尉他听过的最震惊的消息。

林克莱特受命编写第八集团军的官方作战史，他急切想参观第八印度师——英国第八集团军多国编制中的一支。他和沃恩·托马斯 7 月 30 日下午来到奥斯伯特·西特韦尔爵士的宅邸蒙特古福尼城堡。城堡被具有一百多年历史的印度马拉塔轻步兵第一营用作战地指挥部。敌方前沿阵地现在距离城堡只有一英里多。在等待采访高级指挥官的间隙，林克莱特和沃恩·托马斯在宽敞的建筑内闲逛了一番。这幢建筑让他们想起了佛罗伦萨的维奇奥宫，他们留意到墙上靠着一组组数量不等的木板油画，表面就暴露在空气之中。

“太棒了！”其中一个人感叹道。“这些肯定是复制品！”当他们进入另一间房间后，林克莱特看到了更多的绘画——有些装在箱子里，有些没有——随后听到沃恩·托马斯发出一声惊叫。“整栋楼都是画作……是乌菲兹和碧提宫的画作！”听到他们如此激动，一群在城堡内避难的村民将两人围拢起来，跟着他们从一幅画走到另一幅画。

这群人随后走进宽敞高大的客厅，中间被一排绘画分隔开来。令他们惊讶的是，保罗·乌切洛的《圣罗马诺之战》就在他们面前。这幅木板油画描绘的是1432年佛罗伦萨和锡耶纳之间爆发的战争，画作超过十英尺长。旁边，他们发现了乔托的《宝座上的圣母》，一幅1310年前后创作的金底木板油画。油画近十一英尺高，七英尺宽。

过了一会儿，走到这排绘画另一边的沃恩·托马斯惊叫道："波提切利！"更多的难民涌进客厅，冲进来看他盯着《春》，一眼就能认出的艺术品。突然，一位身穿灰色粗花呢西装、身材矮小的中年男子走进房间。男子激动得近乎发狂——不是因为这些艺术品，而是因为解放者们终于来到。

乌菲兹美术馆资料员切萨雷·法索拉7月20日已经抵达蒙特古福尼。他从佛罗伦萨一路步行，走了十七英里的路程，穿过战场，来保卫乌菲兹的珍藏。他首先在蒙塔尼亚纳的博西－普奇别墅做了停留。等他到达的时候，德国部队已经带走了二百九十一件杰作——除了卡车装不下的大件艺术品外悉数带走。别墅的门被撬开，窗户大开，图书馆的书被扔到地上，上面还留有士兵们的靴印。

法索拉在博西－普奇别墅没有更多的事可做，于是走到蒙特古福尼城堡，担心他会发现类似的场面。尽管绘画还在城堡里，但敌军士兵也在里面。场面很肮脏："包装箱已经被打开，绘画被取出，四处散落。有些被堆在黑暗的走廊上，一股恶臭传来，走廊曾经的用途不言自明。"

法索拉来时已晚，无法阻止蒙塔尼亚纳绘画被劫，但他希望阻止德国人和纳粹党卫军损坏蒙特古福尼的艺术品。时间流逝，他像对待朋友一样对待士兵们，想阻止他们接触绘画。有时他能够成功，有时又惨遭失败。德国士兵将15世纪佛罗伦萨多梅尼科·吉兰达伊奥的圆形木板油画《三博士来朝》当作桌面就让他异常沮丧。当法索拉请求士兵们把酒和酒杯拿开时，其中一位士兵掏出匕首扔向木板，凿伤了表面。

由于没有权力，法索拉能做的只有陪同城堡的管理员进行夜间巡逻。这种感觉很无奈，但又不是那么绝望。有天晚上，管理员盯着一组宗教绘画时，法索拉在一边看着，喃喃自语："小天使们，帮帮我们！"

第二天，8月1日，哈特在林克莱特和沃恩·托马斯的陪同下，从邻近的圣多纳托教堂新闻中心来到蒙特古福尼，“英国大炮在我们身边轰鸣，偶尔还有德国的炮弹从头顶呼啸而过，在附近的葡萄园和柏树丛中爆炸”。哈特了解每一件艺术品：为新圣母大教堂绘制的《鲁切拉的圣母》，来自碧提宫的安德烈亚·德尔·萨尔托的《天使报喜》，鲁本斯的《仙女与森林之神》，来自碧提宫和乌菲兹美术馆的拉斐尔的《巴达齐诺的圣母》和《下十字架》，当然还有令沃恩·托马斯震惊的波提切利的《春》。正如他后来所评论的一样，“描述一下这些绘画，就能构筑一部意大利绘画史。”房间内总共存放了二百四十六件艺术品。

这群人离开蒙特古福尼，去了邻近位于波皮亚诺的储藏库，哈特在那里查看了几件艺术品遭到的破坏。看到蓬托尔莫的代表作《下十字架》——来自佛罗伦萨的圣费利西塔教堂——完好无损，跟他上次见到时一样漂亮，他欢欣鼓舞。但是继续查看依然留在蒙特古福尼艺术品的数量和质量之后，他确信托斯卡纳储藏库内的艺术品还没有被转移回佛罗伦萨。

哈特敲响了警钟。他发给欧内斯特·帝沃德的电报直言不讳又一语中的：“找到五处储藏库。建议BBC播报。情势已控。蓬托尔莫《圣母的探访》和布龙齐诺[①]《肖像》之外全部安全。”他随后为第八集团军指挥官奥利弗·利斯中将准备了一份备忘录，并且标上“机密”两字，里面包含了地图、十二处储藏库的名单以及对情况的简要总结：“这些无价之宝的命运掌握在第八集团军的手中。”

那天晚上，哈特驱车九十英里返回第八集团军指挥部。几个小时之后，他找到同盟国军政府第八集团军古迹保护官诺曼·牛顿，请求“派他去储藏库，在部队造成严重伤害之前率先到达每一处储藏库”。牛顿意识到眼前的危险，很快同意了他的计划。数小时内，哈特又回到蒙特古福尼和其他储藏库，设立防护装置，重新安放众多绘画，在战场局势稳定下来

---

① 布龙齐诺（1503—1572），意大利佛罗伦萨画家。

之前让艺术品更加安全。几天之后，亚历山大将军来这里视察时敦促说：“尽一切努力［保护这些艺术品的安全］。”现在，五位古迹保护官涌进蒙特古福尼地区。迪恩·凯勒正在海滨城市里窝那，面对令人恐怖的破坏，因而没有和他们在一起。

8月4日凌晨五点，八辆卡车载着从迪科马诺储藏库运回的更多佛罗伦萨珍宝，返回北部城市维罗纳。为时五天的行程最后一段尤其痛苦。穿越波河时，德国车队遭到盟军飞机的袭击。炮弹的碎片击中了一辆卡车的驾驶室，炸伤了司机，但是艺术品安全抵达。自从纳粹党卫队上校亚历山大·朗斯多夫通知德国军政府他打算协调“我军在前线对艺术品的拯救行动”以来，差不多已经过了三个星期。朗斯多夫一开始既没有卡车，也没有燃料来支撑这项行动，但他知道谁有。

7月21日下午，拥有克拉纳赫两幅绘画的朗斯多夫来到纳粹党卫队卡尔·沃尔夫将军的指挥部——加尔达湖畔加尔多内的贝萨那别墅，请求他的帮助。沃尔夫即将被任命为德国国防军“前线背后”的将军，将军政府的下属部门“艺术品保护部门”完全纳入他的掌控之中。[①]将军急于帮助朗斯多夫进行救援行动，便向这位“艺术品保护部门”负责人提供了他需要的卡车，并且发布正式命令“搬走所有处于险境的佛罗伦萨乌菲兹美术馆和碧提宫的艺术珍藏”。朗斯多夫如今在战场有了顶头上司，向纳粹党卫队意大利负责人沃尔夫报告，再由沃尔夫向柏林的希姆莱解释各项决定。

朗斯多夫从第71步兵团那里掌握了两幅克拉纳赫画作之后，急切想看到它们抵达德国预定的目的地。7月25日，沃尔夫给希姆莱发了电报，告诉他朗斯多夫刚刚拯救并将卢卡斯·克拉纳赫的两幅绘画带到了沃尔夫的指挥部，“元首访问佛罗伦萨时对这两幅画格外欣赏”。沃尔夫还请求指示：“是否应该将这些艺术珍宝带回元首的总部，由他本人决定下一步怎

---

① 沃尔夫请求这个头衔，并于1944年7月26日生效。——原注

么处置这些由我们拯救的世界著名绘画。”希姆莱的回信第二天到达，建议克拉纳赫的绘画与其他所有来自佛罗伦萨的绘画一起，应该留在南蒂罗尔，“在首先不冒犯意大利国家权威的情况下，保护绘画的安全。但必须保证绘画所在区域在任何情况下都处于德国的保护之下。”

7月28日，朗斯多夫回到佛罗伦萨，监督从佛罗伦萨的储藏库转移更多珍宝。他来到一处废弃的酒店，随着德国部队准备撤离城市，酒店里空无一人。“所有人都麻木而又心神不宁地等待着即将发生的事。”上午十一点，朗斯多夫会见了乔瓦尼·波吉。波吉对朗斯多夫的背叛憎恶不已，表示见到朗斯多夫很惊讶。朗斯多夫解释说他找到了克拉纳赫的两幅画作，现存放在一个秘密地点。在即将成为他们的最后的谈话中，波吉回忆道朗斯多夫“担心处于危险区域的一些储藏库的命运”。波吉再次要求将克拉纳赫的绘画归还给佛罗伦萨。朗斯多夫再次承诺尽一切努力“保证它们的安全”。

朗斯多夫的确善加利用他手上的士兵和卡车，将迪科马诺储藏库受到威胁的艺术品转移出去——但不是如他向波吉承诺的那样送回佛罗伦萨。艺术品被运往北方，暂时放在北方城市维罗纳。8月5日，沃尔夫再次在加尔多内的指挥部面见他。颇为讽刺的是，沃尔夫和朗斯多夫必然面临波吉和意大利博物馆馆长们几年前遭遇的困境：找到一处安全的地方藏匿艺术品。每一种选择都有不同的风险。

6月18日，朗斯多夫曾经给波吉写信，提醒波吉他“在意大利北部马焦雷湖中的贝拉岛［组成伯约明群岛的三座岛屿中的一座］上为艺术品建造了一处储藏库”。这座偏僻的小岛，只有船只能够抵达，提供了安全的储藏设施，能避开任何轰炸目标。国防军肯定同意了，因为8月3日，国防军下达了命令，“不得占领伯约明群岛，那里将用作艺术品仓库”。但是现在，沃尔夫拒绝将艺术品转交给意大利人管理。遵照希姆莱的指示，他采取了更加冠冕堂皇的办法，在给蒂罗尔－福拉尔贝格的奥地利省长弗朗茨·霍弗的电话中将它最后定下来。

意大利最北部的省份，英语称作“南蒂罗尔”，意大利语是“上阿迪杰”，从查理大帝时代（742—814）直到1919年，一直是个自治区，是神圣罗马帝国①和奥地利帝国②的辖区，居民多数说德语，该省城镇、街道的名称用德语和意大利双语标示。1943年9月意大利和同盟国之间停战之后，德国军队占领该省，并声明自治区是阿尔卑斯山北侧军事区的一部分。该地区随后被纳入霍弗省长的领地。一位游击队员评论说："社会共和国的法律在那里毫无作用。"沃尔夫将艺术品藏匿在上阿迪杰的储藏库里，将佛罗伦萨的珍宝留在意大利的土地上，从而避免将其运出边境，但实际上还是处于德意志帝国的控制之下。

沃尔夫知道霍弗“在他自己的地盘是无冕之王”。墨索里尼重新成立的政府美术总局局长卡洛·安蒂评价说："在上阿迪杰就感觉像是在自治领土，既不归意大利管也不归德国管。而且，霍弗是专制主义者的脾气、狂热的蒂罗尔人和公开反对意大利的人，无论大小问题，他都只凭自己的欲望来做决定，根本不听建议或者解释……"沃尔夫认为他可以跟霍弗合作，但是这位地方长官和其他忠诚的奥地利纳粹分子狼狈为奸，其中包括奥古斯特·埃格鲁伯尔省长和警察中将、纳粹党卫队上将恩斯特·卡尔滕布伦纳——沃尔夫的“死对头”。这意味着沃尔夫必须提防他。

林克莱特和沃恩·托马斯8月4日上午与南非装甲师、新西兰部队、第二十四卫队旅和第四步兵师一起进入佛罗伦萨。林克莱特评价道：

南岸的佛罗伦萨人多数是贫苦大众，比罗马人对我们的欢迎更加热烈。他们脸上洋溢着高兴的泪水……沃恩·托马斯……被一位长着大胡子的工人紧紧拥抱，而在托斯卡纳，我的左手被抓紧后塞进不知哪个年轻而悸动的怀里，脸颊被两位普通的老妇人热诚地亲吻。但是，随后狙击手从

① 神圣罗马帝国是962年至1806年在西欧和中欧的一个封建君主制帝国。

② 奥地利帝国是1804年至1867年间地跨中欧、南欧和东欧的一个欧洲强国。

一扇窗户或者一处屋顶开了一枪，人群四散开来……被摧毁的建筑上腾起的烟雾升到维奇奥桥上方，机关枪的响声沿河岸回响……傍晚时分，大雨将人们赶回室内，他们抛撒的花朵在空旷的街道上被践踏在泥水之中。

第一位进入佛罗伦萨的古迹保护官罗杰·埃利斯上尉在林克莱特和沃恩·托马斯进城整整一个星期之后才抵达。埃利斯立即着手视察阿尔诺河南岸的古迹和教堂，但他认为“战斗形势不允许他到北岸进行任何视察”。哈特在之前的十一天里一直都在努力保证储藏库的秩序和安全，现在很担心无法进入佛罗伦萨，无法在第一时间与城市的艺术官员接触。他后来写道：“等到8月12日，等待前往佛罗伦萨命令的悬念变得难以忍受，我开车去第八军指挥部，缩短等待时间。”

哈特第二天早上进入佛罗伦萨南部，“异常兴奋……佛罗伦萨的毁灭似乎是一切文明的末日……我们从依然矗立在山顶还未受到创伤的加鲁佐的卡尔特修道院底下经过，多年前我还是个年轻学生的时候游览过那里。波乔皇帝山下的岔路口直接通向罗马门——佛罗伦萨南大门，道路被一个写着‘道路处于敌军监视之下’的标牌封闭……周围的山谷里回荡着炮火的声响”。

在同盟国军政府的临时总部托雷吉亚尼别墅，哈特见到了佛罗伦萨美术馆馆长菲利波·罗西教授和乌戈·普罗卡奇博士。随即召开了一场临时会议。会上，哈特说明了“古迹、艺术品和文献”部门的目的，并且描述了他的古迹保护官同行们的专业。会议结束时，哈特得到了佛罗伦萨储藏库地点及其具体收藏的完整名单。

哈特必须亲自查看这座城市的中世纪部分所受到的破坏。他和普罗卡奇准备去维奇奥桥，但是“三十英尺高的瓦砾”拦住了去路，于是他们不得不攀爬临时的梯子从波波里花园一侧到达瓦萨里长廊没有受损的部分。一瞬间，多少个世纪的美丽和历史已经灰飞烟灭。

南岸横跨河流的精美古建筑，这一层又一层岁月的无名的积淀，露台、拱门、紧凑的屋顶都坐落在河上的支座上——我们对它们是多么习以为常，我们晚上是如何经常地在上面行走、透过瓦萨里桥拱从平静的河面上欣赏倒映水中美轮美奂的建筑外墙啊。正是这些房子赋予了维奇奥桥魅力，宛如一座跨越河流的城市。现在它矗立在那里，上面的建筑只剩一堆断壁残垣，落入阿尔诺河中……从有形到无形，从美丽到恐怖，从历史到愚钝，一切尽在这盲目的毁灭之中。

一个星期之后，哈特才有空准备第一份正式报告。他几乎没有忽略任何一处著名的建筑，包括圣十字圣殿、圣神大殿和圣洛伦佐教堂、乌菲兹美术馆、主教座堂和洗礼堂。但报告有一部分却关注了建筑和古迹之外的东西："圣马利亚街的圣斯德望圣殿严重受损。13 世纪的建筑正面从顶端裂到入口，屋顶的瓦片不复存在，里面遍布瓦砾。九十三岁的韦内齐亚神父拒绝离开他的教堂，死于地雷造成的脑震荡。他的遗体从 8 月 3 日开始就躺在教堂的圣器室里，直到 8 月 18 日才被移走。"这位教区神父的死让弗雷德·哈特的任务多了一份尊严，这一点迪恩·凯勒一开始就清楚。

8 月 31 日，同盟国军政府总部接到瑞士政府发来的一封电报。电报四天前已经发出，但形势阻止了电报的接收。电报包含了一则奇怪的消息：

德国官方在波焦阿卡伊阿诺皇家别墅……储藏了贵重的艺术珍藏和托斯卡纳地区文艺复兴时期艺术品的有关档案。德国政府声称在皇家别墅附近没有德国军队，皇家别墅自身也没有用于军事目的。德国政府希望通知英美政府，想避免将皇家别墅作为轰炸或者摧毁的目标。很感谢你们将这条消息通知同盟国军政府。

哈特看了这条消息，将信将疑，尤其是他听说过波吉在德军占领的最后日子里与朗斯多夫和其他德国军官令人憎恨的经历。尽管这则消息可能是德国文物保护部门官员力争保护托斯卡纳古迹的诚实举动，哈特对他一旦抵达波焦阿卡伊阿诺的别墅会发生的事非常担心。目前，他只能等待。

第十七章

“世上最美的墓地”

1944年9月

当弗雷德·哈特和英国第八集团军在被解放的佛罗伦萨艰难地收拾德军占领后留下的残局时，迪恩·凯勒和美国第五集团军正位于佛罗伦萨以西五十英里处，经过一场残酷的战斗驱离德军之后，正准备进入比萨城。

罗马解放之后，盟军力争迅速北上，企图在德军两支主要作战部队越过阿尔诺河重建优势防御阵地之前将他们分头击破。然而，到了夏末，盟军将领决定暂停攻势，让兴奋不已一路从卡西诺向半岛挺进的疲惫的部队得到喘息。现在部队有七个师被从意大利抽调出去支援“龙骑兵行动”——盟军8月15日在法国南部的登陆——他们也需要重组部队。

凯塞林的部队充分利用这段间歇，加紧构筑“哥德防线”，这也是纳粹在意大利的最后一道重要防守阵地。哥德防线横亘意大利——从西海岸比萨以北约二十英里处开始，穿越亚平宁山脉，延伸到东海岸安科纳以北的城市佩萨罗。这条十英里宽的边界上总共修筑了两千三百七十六处机关枪阵地，部署了四百七十九门迫击炮、反坦克炮和突击炮，铺设了七十五英里长的带刺铁丝网———切都是巧借山势。盟军越过哥德防线就能穿越亚平宁山脉，直逼德国南大门。

比萨是座古老的城市，然而对于城市的起源依然众说纷纭。比萨坐落在阿尔诺河上，距离第勒尼安海八十英里。比萨早先是由罗马人发展起来的，因为他们深知港口城市的战略地位。12 世纪下半叶比萨达到政治权力的顶峰，成为海上共和国。这一发展，加上随后的繁荣为一系列建筑的修建提供了资金，包括 1063 年修建的比萨主教座堂（大教堂），1152 年修建的洗礼堂，1174 年修建的圣马利亚钟塔（钟楼，也就是有名的比萨斜塔）以及 1278 年修建的公墓（墓地）。

比萨政治经济的衰落从 1284 年在海战中输给热那亚人开始，并于 1406 年被强敌佛罗伦萨人残酷围攻之后达到顶峰。城市自治结束，人口数量锐减。争端的解决付出了昂贵的代价：佛罗伦萨人接受了比萨昔日的领导人、如今的叛徒乔瓦尼·甘巴科尔塔的秘密出价，花五万弗罗林金币买下了比萨和一些城堡要塞。在接下来的一百年里，偶尔也会呈现出比萨全盛时期的影子，例如 1544 年建造的欧洲最古老的植物园。但是曾经权倾一方的比萨海上共和国再也无力统治地中海。这种不设防的美让 1944 年 8 月的残酷更具悲剧色彩。

7 月 28 日，梵蒂冈国务副秘书乔瓦尼·蒙蒂尼主教还呼吁放过比萨。在写给罗斯福总统派驻到教皇身边的私人代表迈伦·泰勒的信中，蒙蒂尼写道：“圣座……对比萨这座城市的命运除了担心之外无能为力，在这座城市之中，世世代代的信徒和艺术家创造了无可替代的宗教、历史和艺术古迹，破坏这些古迹不仅会对天主教而且将对整个文明世界造成无法弥补的损失。”

尽管比萨有世界闻名的古迹，教皇也无数次呼吁，但——令人费解的是——它只被盟军领导人列为C类城市。因此，当飞行员们接到避免击中古迹的指令时，他们也被事先告知难以避免的损害是可以接受的。对佛罗伦萨这样的A类城市和比萨这样的C类城市，处理方法之间的差别非常明显。在这两座城市中，盟军都成功地将德国部队赶到了阿尔诺河以北。但是，佛罗伦萨在盟军手中仅受到轻微破坏，反复的轰炸却将另一座曾经更加强大的敌对城市彻底摧毁。在为期六个星期的战斗中，第五集团军的炮火继续蹂躏被轰炸机错过的建筑。

在四个月中，凯勒已经行驶超过八千英里，穿越尘土飞扬、崎岖不平、布满弹坑的道路，视察数百座受损的城镇。尽管他已经经历无数悲惨痛苦，比萨的情形却远远超出他的想象。9月2日进入比萨时，凯勒记录道："城市南部损毁得相当严重，于是人们已经为此制订了新城计划。"城市只剩下了残垣断壁。"城市南部陷阱密布，整片区域布满地雷。"危险驱散了居民。在这座战前拥有七万二千居民的城市，凯勒只看到两位平民。

凯勒的同盟国军政府先头小组由具有不同专业背景的七位官员组成，他们小心翼翼地驾驶着吉普车在碎石瓦砾之间穿梭。他们越过废墟，偶尔看见碎石中有老鼠出没，密切留心地雷。由于设置陷阱的建筑很多，他们第一天花了大半天才抵达阿尔诺河岸附近的市政厅。在那里，当太阳即将坠入地平线、天空燃起一片橘色晚霞时，凯勒和侦察小组中的工程师麦卡勒姆上尉，将英国国旗从建筑的阳台上悬挂出去，让国旗面对阿尔诺河。他们的自豪感很快消失。"那天晚上几乎一夜无眠，因为距离宿舍不足一个街区远的美国大炮不停开火，德国飞机也不断从头顶投下炸弹。"

第二天一大早，凯勒从曾经属于城市中心附近的索尔菲利诺桥的电车轨道残骸上穿过阿尔诺河。与佛罗伦萨的情形相同，德国部队在向北撤离城市的时候，引爆炸药摧毁了索尔菲利诺桥和比萨的另外三座桥梁。这些桥梁的历史价值对于凯勒来说还是其次。他想到达他的主要目标奇迹广场——主教座堂、洗礼堂、斜塔和公墓所在的地方。

凯勒一开始进入广场时还欢欣鼓舞。洗礼堂在袭击中存留下来，他观察到主教座堂屋顶上有几个洞，正面柱子上也有个洞，但看起来都不严重。往右一瞥，他确信斜塔也保留了倾斜的角度。然而，继续往北走到洗礼堂和主教座堂之间时，他在原地停了下来：公墓的屋顶已经消失。只能见到几根烧焦的木桩。在这场战争中，连墓地都在垂死挣扎。

奇特的斜塔和附近的洗礼堂——内有尼古拉·皮萨诺[①]精心雕刻的13世纪大理石讲坛，总是吸引大批游客。但是奇迹广场的珍宝是公墓，在广场北边古墓遗址上修建的建筑——外墙高四十英尺，长四百一十五英尺，宽一百七十一英尺（比美式橄榄球场略大）。中间是露天的长方形草地院落，很像修道院的式样。据说土壤是从耶稣被钉死的各各他山上取来的。正对外墙的是哥特式大理石拱廊，从四面通往草地院落，上面是巨大的木质A形梁支撑起的铅质屋顶。

近七百年来，公墓而非斜塔，一直是比萨游客的“必到”之地。成群的游客前来瞻仰公墓内的大量壁画。多年前，迪恩·凯勒在美国学院读书时也来这里观瞻过。油画和壁画往往都是以英寸或者厘米，偶尔也会以英尺或者米来衡量。但是，公墓的内墙壁上展示着近两千平方英尺14至15世纪最有才华的艺术家们绘制的色彩鲜艳的壁画。墙壁水平绵延超过五分之一英里。壁画的面积令人震惊。（比较起来，公墓内的壁画总面积比西斯廷礼拜堂内的壁画面积大约多出三千平方英尺。）

凯勒知道公墓呈现了当地一直可以追溯到中世纪的历史记忆。描绘《最后的审判》《地狱》和《死亡的胜利》的色彩绚丽的文艺复兴早期壁画环绕着公墓“永久的居民”，布满了拱廊边的墙壁，从地面直达屋顶。大理石路面时常被一座座坟墓打断，每座坟墓都埋葬着城市的名人或者美第奇家族的成员。[②]整栋建筑里到处可见安放在石基上的雕像矗立在绘有壁画的墙壁前面。哥特式大理石拱廊支撑着建筑的内部结构，将草地院落反射的阳光漫射开来，创造出美妙的阴影。经过这个万花筒过滤的金色阳光，从早到晚不断变化，春夏秋冬各不相同。与壁画墙壁相对，在拱廊的底端，是一百二十五具罗马石棺，有些雕刻独特精美，在中世纪被打开并

① 尼古拉·皮萨诺（约1220或1225—约1284），意大利文艺复兴时期著名的雕刻家。

② 美第奇家族的影响远远超过佛罗伦萨。获得比萨之后，科西莫一世于16世纪在比萨建造了贵族宅邸，并请乔治·瓦萨里重新设计了骑士广场，给城市带来了新生。

重复使用过。

但是凯勒首要的记忆并非精美的建筑——它的壁画、墓冢或者历史，而是这里的宁静，生者得以休憩，死者得以安息。炮弹打破了宁静，炮火损毁了文物。

凯勒的损害报告读起来就像是尸体解剖报告：

> 要么是因为热量［要么是因为］巨大的横梁跌到地上时震动带来的冲击，墙边的地上散落着成千上万片壁画碎片，其中还夹杂着无数破碎的瓦片，墓冢里各种尺寸的雕刻碎块，还有焦黑的余烬和钉子。所有的雕塑上面都被熔铅覆盖，立面也淌满铅流。热量和熔铅造成的污染在墓冢和绘画上同样能够见到。

极端的高温造成画壁的石膏膨胀、收缩，进而碎裂。因此，画壁通常处于有屋顶的室内干燥空间。公墓的壁画容易受到湿度的影响，屋顶防止壁画受到日晒雨淋。现在屋顶消失，依然附着在墙上的壁画在托斯卡纳的烈日下暴晒了三十八天，很多壁画都已变成一抹白灰。说“成千上万片碎片”真是过于保守，实际上有数百万片。公墓的地面俨然变成了七巧板。

凯勒暂停视察，与广场建筑群的首席技术员布鲁诺·法尔内西交谈，后者目睹了火灾过程。法尔内西走近凯勒，意大利语说得很快，凯勒只得让他冷静下来，请他重说一遍。呼吸平稳下来之后，法尔内西告诉凯勒，7 月 27 日，也就是五个星期之前，猛烈的炮击摇撼着奇迹广场。美国人似乎在瞄准斜塔里的德军观察哨所。尽管将教堂尖塔和历史建筑的高处作为观察哨所违反了战争法规，这在意大利却是经常发生的事，而且很快成为北欧战斗中的家常便饭。

法尔内西眼睁睁看着炮弹击中宏伟的建筑，但他怀疑盟军是要摧毁比萨斜塔。德国士兵在那里设立了哨所，为距离奇迹广场很远的炮兵部队指示目标的坐标。另外几轮炮火击中了大主教做弥撒的主教座堂。法尔内西知道大教堂很坚固，能经得起几下炮击。但是当炮击停止、烟雾消散之后，他看到一缕烟从墓地腾起。

人们即便站在地面上，也能清晰地看到屋顶北端的火焰。法尔内西说他本来可以扑灭火焰，但是城里已经很多天没有水了。唯一的灭火“武器”就是法尔内西两个月前存放在公墓里面的一架长梯。

法尔内西和一小群志愿者，只能拿着铁锹、棍棒和竹竿，爬上梯子。海风自第勒尼安海上吹来，火焰蔓延的速度超过他们的灭火速度。光线暗淡下来，但是火势更加猛烈。法尔内西眼睁睁地看着火苗蔓延到巨大的木质支梁，吞噬了铅质屋顶。梁柱折断并落到地上，导致熔铅顺着墙壁流淌下来。法尔内西不顾酷热，敦促大家奋力扑火。

一枚炮弹呼啸而来，击中主教座堂。但是这幢伟大的建筑屹立不倒。很快，密集的炮火如暴风雨般砸到广场建筑群上。人群四散躲避。大家挣扎着爬下梯子，蜷缩在公墓墙壁的后面。炮火似乎是来自南面，也就是美军驻扎的地方。墙壁虽然无法遮挡炮火的袭击，却是唯一能抵挡酷热火焰的地方。不足一百英尺外再次响起一声爆炸，一位志愿者应声倒地。这一次，志愿者们冲进教堂里面躲避。

过了一会儿，十分钟，抑或是一个小时——法尔内西根本无法确定——炮火平静下来。当他走出教堂，夜幕已经降临。

法尔内西双手颤抖，继续讲述了他的经历：

我回到公墓，更加清醒，我们根本无力阻止公墓彻底被毁。我只能目睹这悲哀的一幕，无能为力，喉咙哽咽，心情沉重，仿佛心在滴血。我们凝视着无情的火焰，眼前瞬间闪现清晰的记忆，记起我在那儿度过的漫长岁月。思绪纷纷涌现，想起我小心而又心爱的工作，想起彻底修复的屋顶，想起重新整理的石棺和墓碑，想起我的使命，想起保护著名壁画和有关修复的争论，想起对墙上哪怕一颗水珠的关切，想起草坪和玫瑰花。简而言之，想起二十年如一日里发生的一切。

法尔内西停顿下来，抬头打量着这位军装沾满灰尘的美国军官。凯勒不确定他的眼神里蕴藏的是哀伤还是指责，也不确定他是否很感激有人在倾听他的诉说。“晚上，奇迹广场似乎在朱红色的火焰中流血。主座教堂、洗礼堂，还有钟楼……矗立在那里，庄严肃穆，几乎染上血色，见证着它们的姐妹建筑的悲惨命运。这建筑虽然年轻却异常美丽，正在消亡，却无可救药。”

任何热爱文化或者历史的人，眼见公墓的废墟都会情不自禁潸然泪下：烧焦的墙壁，熏黑的木头，裂开的墓冢。对于这位毕生呵护公墓的人来说，心情该有多么悲凉！

法尔内西继续说道：“我又看到无数意大利和外国游客，感叹它的和谐，惊羡它的壮丽，在欣赏这世界上最美的墓地时的痴迷和惊讶。”

凯勒注视着公墓地上覆盖的壁画石膏碎片，也回忆起过去的时光。他想起那不勒斯的妇女们，装着成桶成桶的碎石，她们的孩子则坐在废墟之中。他想起伊特里镇，从陡峭的崖壁上坍塌下来，还有在山洞里发现的靠吃蚱蜢求生的意大利难民。他想起圣马丁修道院，连根过梁都无处可寻；还有位于佛罗伦萨城外山上的圣米尼亚托镇，二十七位平民被德国人赶进一座教堂，当里面的地雷引爆时，这群人全部丧命。他想起佛罗伦萨失去桥梁和中世纪塔楼之后的面貌，大片的古城被炸成废墟。他想起失踪艺术品的报告。米开朗琪罗。列奥纳多。多那太罗。波提切利。

这些时候他在做什么？他提过建议。“我的职务是同盟国军政府第五集团军‘古迹、艺术品和文献’部门官员，”就在几个星期前他在信中告诉父母，“别人不希望我越权。我根本没有实权。我只能跟人交谈，担任口译——向需要帮助的人提供帮助，偶尔在会上插嘴说几句。”

他想起他在罗马以南看到的第一位牺牲的美国士兵，头盔的衬套里塞着给母亲的一封信。那位美国青年已经变成了所有美国士兵的缩影。那座村庄也变成了他视察过的所有村庄的典型。那不勒斯。加埃塔。

这挥之不去的死亡景象又被积极的画面取代：在塞泽罗马诺，五十位市民追随他的吉普车，一边祷告一边致谢；在大奥利维托山，僧侣们将盟军人员藏在锡耶纳的艺术品中间。他想起听说罗马毫发无伤时的欣喜若狂；还有，卡普拉罗拉的法尔内塞宫里，属于国王的十七口箱子无人触动；锡耶纳最有价值的绘画——杜乔的《宝座上的圣像》，在木箱里保存完好；米开朗琪罗的《大卫》和《奴隶》雕像埋藏在美妙而又安全的砖窖之中。

他想起福萨诺瓦的西多会[①]修道院，托马斯·阿奎那 1274 年辞世的地方。他想起蓬蒂内沼泽的漫长车途，以及第一眼看见修道院著名的白色墙壁时的景象，想起带拱的通道。还有唐·彼得罗牧师，身着长袍坐在祭坛后面的管风琴边演奏《圣母颂》。

凯勒转向绝望的法尔内西，告诉法尔内西没有他的同意任何人不得进入公墓。然后他开始寻找最近的战地电台，他得发出紧急呼叫。

---

① 天主教隐修会。该会主张全守本笃会严规，推行静默、祈祷、垦荒等隐修制度。

第十八章

下落不明

1944年8月中旬至10月

《纽约时报》记者赫伯特·马修斯评论说:“佛罗伦萨已经不是享誉世界四百年的佛罗伦萨了……佛罗伦萨的中心不复存在。”六座桥梁——圣尼克洛桥、恩宠桥、维奇奥桥、天主圣三桥、卡瑞拉桥和胜利桥——之中，只有维奇奥桥幸存下来。实际上，德国人在维奇奥桥上也安装了炸药。盟军中有人推测说德国人在最后一刻改变了计划，很可能是担心维奇奥桥两层建筑破坏之后的碎石可能正好够在夏末较浅的河水中形成新的路基，方便盟军过河。

这些桥梁的损毁带来了双重悲剧。从艺术价值考虑，应该放过的是天主圣三桥，而不是维奇奥桥。弗里德里希·克里格鲍姆1938年陪同希特勒穿过瓦萨里长廊时就如此争论过。然而，德国部队放过了维奇奥桥，仅摧毁了邻近的中世纪宫殿和桥两端的建筑。而且，桥梁的破坏并没有阻止盟军。哈特等人很快就发现“盟军车辆可以通过的……漏洞”。8月17日

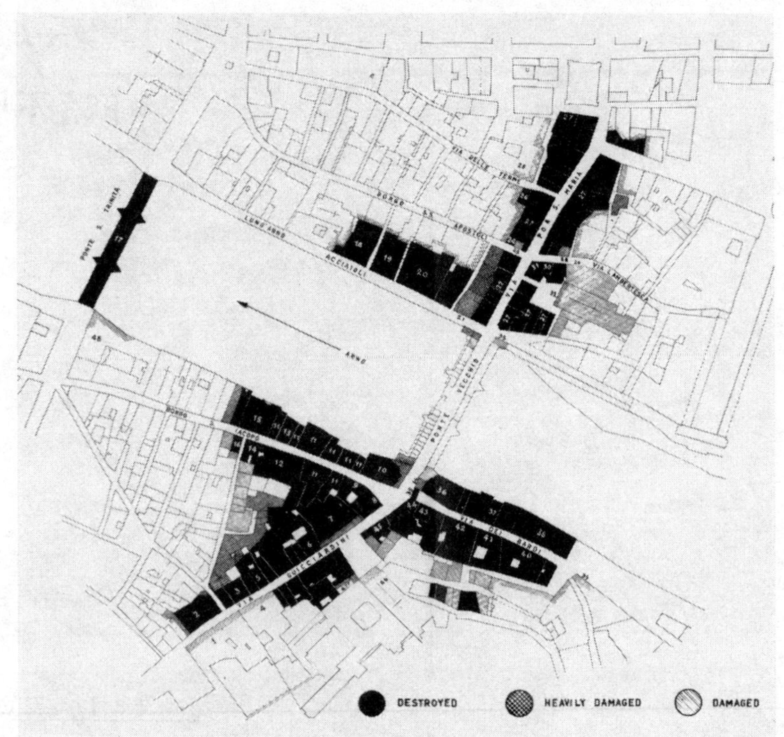

战后，弗雷德·哈特绘制了这幅佛罗伦萨中心的地图，描绘了德国 1944 年 8 月 4 日造成的破坏。黑色的区域完全毁灭，包括天主圣三桥（上左）和维奇奥桥（中间）南北两端的大片区域。[尤金·马尔科夫斯基收藏]

早上六点，一座由便携式预制板组成的“活动便桥”在天主圣三桥残存的桥墩上架设起来，盟军车辆和佛罗伦萨人得以抵达阿尔诺河北岸。这座临时便桥被命名为“三一桥”。

哈特和数千名沦为难民的市民一起，见证了解放后前几天的恐怖景象：

城里没水没电……阿尔诺河变成一潭死水，蚊子黑压压如乌云般袭来，酷热难当，断裂的下水管、煤气管线，断水的马桶［厕所］加上沿河两岸依然掩埋在废墟下的尸体散发出的气味令人窒息。法西斯的狙击手们从城市四处的窗户朝平民随意射击。在此期间，近四百人，多数是平民，被菲耶索莱山继续射来的零星炮火夺走了生命。

甚至在盟军部队控制阿尔诺河北岸之后，佛罗伦萨人的生活依旧痛苦不堪。人们走过被毁桥梁的废墟在城市南北往来。很少有建筑窗户玻璃完整保存。世界上曾经的最高雅的城市中心地带，业已被沿河两岸三四十英尺高的碎石堆所取代。妇女在瓦砾中搜索着祖传遗物，男人则手执锄头和铁锹，清理城市损毁之后的废料，为工人们清理道路，开始重建。

憔悴的面孔揭示了佛罗伦萨人经受的苦难。赤脚的妇女，肩并肩站着，在波波里花园户外的炉子上准备简陋的食物。还有人蹲在阿尔诺河岸边，就着肮脏的河水，在爆炸留下的石板上搓洗更加肮脏的衣服。尽管水很脏，还是有成千上万人在这泥水中游泳，驱除酷热和灰尘。

没有人沉湎于空虚之中。年轻的黑发妇女看起来老了三十岁，曾经精心修饰的头发现在变得蓬松，还沾满灰尘。男人们的衣服打着一道又一道补丁。小股人群聚集的地方，往往就是城市里临时的清洁水供应处。这种绿洲很容易找到，只需跟着双手提着酒壶或者汽油罐的人。佛罗伦萨的孩子们围坐在地上，吞咽着少得可怜的晚餐。在佛罗伦萨的历史长河中，这是个绝望的时刻。

在被解放的佛罗伦萨，战地记者玛莎·盖尔霍恩——欧内斯特·海明威①的妻子——撰写了一篇令人心碎的报道。

---

① 欧内斯特·海明威（1899—1961），美国记者和作家，被认为是20世纪最著名的小说家之一，1954年获诺贝尔文学奖。代表作《老人与海》。

植物园如今变成了坟场，成为佛罗伦萨最恐怖的地方。德国人窃走了所有棺材；佛罗伦萨的墓地就在城市北边，处于德国人的掌控之中，因此制作棺材的木材严重缺乏。再加上这座有三十万人口的城市每天的自然死亡，每天死于地雷爆炸、迫击炮弹、炮火袭击和狙击射杀的人数，佛罗伦萨面临着可怕的问题。德国人也留下死尸，有时根本无法接触到尸体。比方说，恩宠桥桥墩上躺着一具尸体。没有人够得到，一方面是因为有狙击手，另一方面是因为有地雷。于是，人们在植物园里掘了壕沟，将没有装进棺材的尸体放到里面。

英国第八军目前处于亚平宁山脉以东，并朝哥德防线挺进，佛罗伦萨及托斯卡纳地区则交由美国第五军管辖。托斯卡纳的广大面积加上文化珍宝的巨大数量，迫使“古迹、艺术品和文献”部门对迪恩·凯勒（驻扎在西部省份比萨、里窝那和格罗塞托）和弗雷德·哈特（主要负责三个东部省份，佛罗伦萨、锡耶纳和阿雷佐）进行分工。哈特对凯勒说，这种安排可以避免他们“总是干扰到对方”。

古迹保护官们接到的进行暂时修复的命令长期有效，但是佛罗伦萨的荒凉景象给这项命令带来了巨大压力。由于桥梁垮塌、街道不通，一开始很多工作只能徒手进行。人手不够，又缺少供给。当部队工兵抵达时，他们一视同仁地推倒建筑。哈特努力向他们解释中世纪塔楼坚固的结构动力学，却只能看着营救小组对自己这个艺术史少尉的指导充耳不闻。

当哈特开始修复埋在塔楼和建筑下的哥伦巴里亚学会馆藏丰富的图书馆时，这种冲突达到了顶点。哈特相信能够找到并挽救图书馆那些可以一直追溯至中世纪早期的手稿和档案。但是这种好心与“贪婪的推土机”和驾驶员的想法相冲突，因为他接到的命令是迅速移开碎石，而且，如果有必要的话，将它们推进阿尔诺河中。城市和居民都迫切需要用水，而主水管就从曾经的哥伦巴里亚学会下面经过。

在哈特看来，跟英国皇家工兵们一同工作就像玩猫鼠游戏。“[我]每天前往挖掘现场查看三到五次，每次将近一个小时。每次不管是哪位英国官员在场，他都会同意在到达河边之前停下推土机，检查碎石堆。每次［我］刚离开现场，石堆就不经检查直接推进河里。”皇家工兵的想法大不相同：“机械挖掘、卡车装载经过试验，非常缓慢。”在他们看来，主要的问题不是地面上的情况，而是“同盟国军政府代表”弗雷德·哈特。

这位英国陆军中校继续说道：“在同盟国代表多次抱怨之后，我们调查发现他们的抱怨毫无道理。图书馆随后被围起来，才可能对管线进行清理……工作得以完成。在这个过程中，我遇到哈特少尉的不合作……但有些意大利人非常配合。”尽管过程困难重重，共同的努力不仅给佛罗伦萨市民带来供水，也发现了“数量惊人”的图书馆最为重要的档案——手稿和古本①。然而，大多数的现代收藏并未从瓦砾之中现身。

工兵和古迹保护官们及时克服这些早期失误，取得了真正的进展。随后出现了新的问题。城市中心每一座受损的建筑、教堂和博物馆都需要屋瓦。波吉机敏地提出了解决方案：利用美第奇时期贝尔维德勒要塞的陶瓦，这处要塞的建筑完整性早已受损。尽管要塞面积庞大，但瓦片的数量远远无法满足城市的需要。9月下旬，天开始下雨，日复一日——连续下了三十五天。哈特悲叹道，任何穿过乌菲兹美术馆的人都得“在秋雨中蹚过齐踝深的水”。

佛罗伦萨解放后流传着一个谜团，那就是美国人伯纳德·贝伦森下落不明，他被视为意大利早期绘画的世界级艺术学者和鉴赏家。朋友们都称他为“贝贝”，从1900年开始就住在他的家——塔蒂别墅中。随着1943年9月与盟国签订停战协定，以及随后德国占领意大利，贝伦森在朋友的劝说下出国避难。尽管他一开始拒绝，但随后这位犹太学者消失得无影无踪。

古迹保护官中有很多人都认识贝伦森，有些跟他交情甚笃。古迹保护官塞西尔·平森特上尉曾作为建筑师和景观设计师，“1907年至1951年

---

① 古本指的是欧洲1501年以前的书籍和文献。

间……被选为佛罗伦萨英美侨民的特别建筑师”，这些侨民中就包括贝伦森。一位作家后来形容他在塔蒂别墅的创造：“皇宫般的建筑——别墅优雅的屋顶堪比壮观的千泉宫——也彰显了伯纳德·贝伦森高贵的气质。”

1942年春，赫尔曼·戈林的代理人向弗里德里希·克里格鲍姆教授和格哈德·沃尔夫领事询问贝伦森的绘画，但是后来——错误地——认为他的收藏达不到帝国元帅高贵收藏的档次。由于不相信戈林的代理人会离开，在克里格鲍姆和乔瓦尼·波吉的建议下，塞卢皮侯爵夫人和她的工作人员为贝伦森的绘画和雕塑编纂目录，并且冒着个人生命危险，将它们藏匿起来。比较有价值的艺术品被带到塞卢皮的家中，价值相对较低的艺术品被藏在贝伦森秘书的姐姐伊丽莎白·“尼基”·马里亚诺的家中，她的家靠近天主圣三桥和维奇奥桥。后来盖世太保努力寻找贝伦森时，沃尔夫对他们撒了谎，谣传说这位伟大的艺术家“已经经由梵蒂冈去了葡萄牙”。佛罗伦萨的守护者们保护了他们自己的一名守护者。

哈特战前在佛罗伦萨从事研究的时候见过贝伦森。这位志向远大的艺术学者曾经艳羡贝伦森享受的奢华生活。哈特认为，置身于宏富的艺术珍藏和非凡的研究性图书馆中，佛罗伦萨充满美感的生活本身就是非凡的成就。此外，有一天，战争结束之后，哈特跟数百万军人一样，需要回到家乡找份工作。认识像贝伦森这样有名望的人会很有帮助。

8月中旬的一天，哈特和古迹保护官谢尔登·彭诺耶上尉得到机会与佛罗伦萨美术学院院长、贝伦森的好友乔瓦尼·科拉奇基教授见面。科拉奇基想知道有没有可能用“还住在他自己家里的”两名纳粹换取贝伦森的返回，贝伦森现在很安全，就躲在塞卢皮的家里。塞卢皮和他的夫人不仅为贝伦森和“尼基”·马里亚诺提供庇护和虚假身份证明，还拯救了他的大部分收藏。但是塞卢皮家——卡雷吉附近的喷泉别墅——位于佛罗伦萨以北约三英里处，它的周围仍然处于德国防线以内，要想前往视察还需等待些时日。

9月1日，第一位参加搜索贝伦森的盟军士兵是亚历山德罗·卡贾蒂上尉，OSS（战略情报局，即中央情报局的前身）的一位意大利裔美国情报官员，也是塞卢皮的好朋友。哈特第二天抵达，欣慰地看到“[喷泉]别墅被小口径炮弹打了至少三十个弹孔……贝伦森被发现时既虚弱又震惊，但是还很安全，很健康”。实际上，“尼基”·马里亚诺描述了贝伦森在战争中险些遭遇不幸的情景。八月节那天，也就是8月15日，当他们庆祝圣母马利亚升天节的时候，“一枚炮弹在修道院院子里爆炸，一块巨大的碎片从餐厅窗户飞进来，从‘贝贝’和女主人的头之间飞过，击中了他们身后的墙壁”。

9月晚些时候，其他古迹保护官，包括迪恩·凯勒，在贝伦森家里拜访了他。哈特在佛罗伦萨时每周都会去那里寻求慰藉。彭诺耶总结得最精当：“在部队里接触到形形色色的人之后，不要说日复一日在那种环境中忍受折磨，走进一处属于美国同胞，既文明又有品位的住宅的感觉，就像是经受无尽的干渴之后喝上冰镇饮料。”

随着德国士兵从托斯卡纳的储藏库中搜集到越来越多的艺术品，官员们开始寻找新的储藏库来存储它们。事实证明，沃尔夫将军和弗朗茨·霍弗省长一开始批准的储藏库并不合适。正如利奥波德·赖德迈斯特少校，另一位在“艺术品保护部门”工作的德国艺术史家在8月8日的会议上向霍弗解释的那样，建筑的湿度除外，里面储存的弹药加倍危险。省长感觉到机会来临，建议将艺术品带出意大利，转移到奥地利的因斯布鲁克[①]，或者是德国的巴伐利亚地区。赖德迈斯特对外交博弈早有防备，他提醒霍弗，此举必须征得沃尔夫将军的同意。两人同意必须在上阿迪杰地区寻找新的地址。霍弗指示赖德迈斯特联系特伦托[②]古迹和美术馆督导（因此，同时负责上阿迪杰）约瑟夫·林格勒博士，协助寻找。

几天之内，赖德迈斯特少校和林格勒博士在布伦纳山口——意大利

① 因斯布鲁克是奥地利蒂罗尔州的首府。

② 特伦托是意大利特伦蒂诺－上阿迪杰大区特伦托省的首府。

和奥地利之间的阿尔卑斯山重要隘口——附近的偏僻村庄中找到两处储藏库。第一批运送的艺术品毫无阻碍地于8月11日抵达，接下来的几周有更多艺术品陆续抵达。但是，8月29日，五辆装载着最近搜集来的艺术杰作的卡车，在上阿迪杰的首府波尔查诺[①]市燃料耗尽。车队里还包括载有属于乌菲兹美术馆的两幅克拉纳赫作品的救护车。燃料短缺非常严重，国防军最高统帅部暂时将国防军从前线撤回，没有考虑他们可能进退两难。

在此期间，林格勒博士同意将克拉纳赫的作品寄存在他位于波尔查诺的办公室。但这样还是造成了混乱。8月31日和9月1日的警报迫使他三次徒手将两幅真人大小的油画《亚当》和《夏娃》搬到防空洞中。随后，令人吃惊的是有人建议林格勒将绘画装上家具篷车，用马或者牛拉到两处储藏库。幸运的是，林格勒很快接到霍弗的电话，说他从沃尔夫的指挥部得知“可以从警察的专用汽油中得到七百公升[一百八十五加仑]”。

克拉纳赫的绘画最终于9月6日抵达两处新挑选的储藏库中的一处。第二天，朗斯多夫的助理佐贝尔上尉在波尔查诺停留下来，会见林格勒博士。佐贝尔正护送两辆载着英国演员、导演和舞台设计师戈登·克雷格的财产——戏剧档案——的卡车，这些档案据称都是元首已经购买的。佐贝尔得知林格勒已经出发之后，继续北上之旅——经过了两处储存佛罗伦萨珍宝的新仓库，穿过布伦纳山口进入奥地利，抵达不足二百五十英里远的阿尔陶塞盐矿。

弗雷德·哈特和古迹保护官们心里惦记着从蒙塔尼亚纳失踪的克拉纳赫的绘画，反复思考8月下旬广播里传出的有关波焦阿卡伊阿诺别墅的令人怀疑的消息。德国人仿佛是在请求盟军不要轰炸这一区域，因为别墅里藏有艺术珍宝。但是哈特仍然怀疑这是否是仁慈之举。现在既然战线已经

---

① 波尔查诺是意大利莱科省的一个市镇。

转移，哈特和他的司机佛朗哥·鲁杰尼尼于9月5日离开佛罗伦萨，前去调查。尽管别墅周围的区域已经被解放，旅程依然困难重重。一座主要桥梁被毁，迫使哈特和鲁杰尼尼涉水渡过一条运河。当他们抵达对岸时，令他们都吃惊的是，他们发现自己“被从来没有见过盟军官员的村民当成了解放英雄”。

到达别墅之后，看管人告诉哈特，德国士兵抢走了五十八箱雕塑。正如哈特在几份报告中指出的那样，“这些艺术品被掠的时间与德国柏林的广播呼吁盟军不要轰炸波焦阿卡伊阿诺的时间非常接近”。德国人利用广播做掩护，伺机清空别墅。在看管人的坚持下，“艺术品保护部门”代表赖德迈斯特少校签了一份被带走文物的手写收据。他还承认这些艺术品因为帝国元帅凯塞林的命令和红衣主教达拉·科斯塔的信得到保护，别墅和藏品处于圣座的保护之下。

失踪的文物包括现存的文艺复兴雕塑中最重要的作品。发现德国部队掠走属于佛罗伦萨巴杰罗美术馆的米开朗琪罗和多那太罗的作品之后，哈特无比绝望。“多那太罗的《圣乔治》啊！佛罗伦萨还能有更惨重的损失吗？那理想的英雄、神圣的勇士，象征着佛罗伦萨人业已消逝的共和国威武的化身。”尽管装在箱子里，这些脆弱的艺术品将被装上卡车，运往未知的目的地，经历无比糟糕的路途颠簸，对此哈特本人也曾艰难跋涉。

哈特满腔怒火，立即联系帝沃德：

尊敬的欧内斯特：

这就是他们窃取的东西。我保留了门卫[原文如此]手写的原始文件。准备就文档写点儿什么，但是没有时间。您翻翻手头有关波焦[阿卡伊阿诺]的文件，就会注意到他们在对我们广播、让我们不要轰炸此地的两天之前就开始偷盗文物。鬼知道文物现在运到哪里去了。如果我是您的话，我就会联系记者，对此大做文章。或许这样就可以拯救其他文物免遭偷盗。

9月7日，包括9月8日，哈特准备前往波皮的普雷托利奥宫，那里藏有乌菲兹美术馆和碧提宫的其他文物，但两次都未能成行。尽管他很积极，哈特知道当他在路上看到“前线区域”标牌时，他必须掉头，择日再去。随着前线北移，哈特第三次准备前往波皮。这一次他如愿抵达。12月27日，他再次前往视察。跟德国部队其他的偷盗不同，这一次几乎是在五天的时间里抵着枪口进行的。

8月18日，一位德国军官借口检查武器弹药来到这里。四天之后，三位德国军官令人难以置信地借口说“村子是间谍和叛乱者的老巢”。他们强行检查了宫殿的所有房间，遇到钥匙无法第一时间找到的情况下就直接破门而入。这几位军官掏出枪来，逼迫地方警察将一大箱绘画搬上等待的卡车。德国人对天开枪，驱散市民，然后扬长而去。仅仅一个小时之后，德国士兵再次返回，告诉当地人他们准备引爆安放在镇子大门下面的地雷。所有人必须待在地窖里，保证安全。当然，这也会在他们窃取宫殿另外的绘画时让“无聊的目击者”待在室内。

第二天上午，两位德国少尉来报告说，晚间的工作“是官方的，是受最高统帅部之命，是为了保护艺术品免受战争的损害，特别是英美部队的偷窃，德国当局很遗憾无法将所有艺术品转移，剩余的艺术品请当地居民保管”。他们的确信守诺言，下午两点引爆了地雷，摧毁了镇子中世纪的大门和周边的房屋，以及通往波皮村的唯一道路。

德国部队的偷盗行为并不限于公共收藏，整个夏天，私人收藏也被带到北方。在位于都灵的犹太人所有的罗斯柴尔德银行前主管和代表的继承人的房产——兰达乌－菲纳里别墅，一个德国伞兵师对分别由凯塞林、圣座和沃尔夫领事张贴的三个“禁止进入”的标牌视而不见。他们将邻近的拉·皮埃特拉别墅的地下室洗劫一空，里面存放着菲纳里的大部分收藏，还有屋主人、著名的阿克顿家族的收藏。佛罗伦萨艺术交易商和收藏家孔蒂尼·博纳科西伯爵，曾向戈林出售过绘画，将他的收藏藏在博德勒·迪·特雷菲亚诺的一处别墅中。一旦德国1060团将别墅用作指挥部，

“艺术品保护官员”就命令指挥官将艺术品转移出去。纳粹党卫军第16装甲师也曾经从波旁－帕尔玛公爵的城堡中将波旁－帕尔玛的收藏窃走。

到10月上旬，在佛罗伦萨督导辖区内工作的哈特，最终完成了对托斯卡纳三十八处储藏库中三十七处的视察工作。根据他在10月8日的报告，德国士兵接到纳粹高级领导人的特别命令窃取了艺术品。多数被窃艺术品都涉及欺骗或者恐吓，至少有一次是持枪抢夺。在哈特看来，“波吉督导毫不畏惧的行为阻止了更多珍宝的损失”。“在三个不同的场合，波吉在办公室里遭遇纳粹党卫队军官，他们奉希姆莱之命带走佛罗伦萨及其周边重要的艺术品，这些军官极力施展野蛮和威胁的手段，但是对这位六十四岁的督导毫无效果”。哈特并不知道，希姆莱只是批准了沃尔夫将军的决定。

哈特这位艺术史家再次在正式报告中写道：

被劫的绘画非常重要，很难决定应该挑选哪些作为损失的代表。只需提到这些就够了：伦勃朗的《一位老人的肖像》、安格尔[①]的《自画像》、波提切利的《圣母与圣婴》、菲利皮诺·利皮的《圣母与圣婴》、拉斐尔的《自画像》、丢勒的《骑士》、卡拉瓦乔的《美杜莎的头》、拉斐尔的《披纱的夫人》、鲁本斯的《神圣之家》、提香的《音乐会》、委拉斯开兹[②]的《菲利普四世肖像》。还得强调的是，大量失踪的绘画都是德国、佛兰德斯和荷兰艺术家的作品。

被盗文物清单清楚显示出对北方艺术家的偏见。克拉纳赫的两幅绘画《亚当》和《夏娃》会找到与之相称的同伴。令人不解的是，列奥纳

---

① 让·奥古斯特·多米尼克·安格尔（1780—1867），法国画家，新古典主义画派的最后一位领导人。

② 委拉斯开兹（1599—1660），文艺复兴后期西班牙画家。

多·达·芬奇未完成的《三博士来朝》、安德烈亚·曼特尼亚完成的同名画作、波提切利的《维纳斯的诞生》以及米开朗琪罗的木板油画《圣家庭与圣约翰》——这位大师已知的四幅绘画中的一幅，当然也是他最重要的作品——竟然被留了下来。

哈特计算着佛罗伦萨储藏库散失的文物数量，心情愤懑。“佛罗伦萨公共收藏之中，共计五百二十九幅绘画，一百六十二件雕塑和小艺术品，六幅大型漫画以及三十八件中世纪到文艺复兴时期的纺织品，共计七百三十五件被盗。”[①]他总结说，佛罗伦萨“惨遭劫掠……其规模令拿破仑的劫掠相形见绌”。

① 哈特的计算没有包括私人收藏的损失。——原注

第十九章

复 苏

1944 年 9 月至 11 月

佛罗伦萨除了遗失价值连城的艺术品之外，远比比萨幸运。托斯卡纳首府佛罗伦萨损失了大量中世纪的建筑，但是城市与市民依然存在。比萨城——或者说仅存的比萨城——则迥然不同，寂静如一座“鬼城”。战争让街道和广场变得空无一人。迪恩·凯勒一方面集中精力拯救比萨公墓，另一方面还关注着如何让城市恢复生命力。

美国第五军与德军激战六个星期之后，于 9 月 2 日解放比萨。盟军轰炸机出色完成了任务，城市被破坏得几乎无法居住。即便在这种情况下，德国的远程大炮继续对城市轰击了三个星期。凯勒在报告中写道，几乎没有未经破坏的东西，“比萨的三十八座教堂古迹遭受战争的严重创伤，八座具有历史价值的非宗教建筑严重受损，无数可以追溯至文艺复兴时期的民房受到损害……同样受损的还有城市的桥梁、火车站和其他公共设施”。

凯勒明白拯救公墓对军队提出了艰难挑战。壁画的损坏范围非常之大。约翰·布赖恩·沃德-帕金斯写道："整幅壁画绘制在柳条底板上，底板部分烧毁，还有部分从墙上脱落，只有立即采取行动，才能挽救壁画。"盟军没有资源实施如此费时耗力的工程，但是，对壁画置之不理又会引来媒体和意大利人的诘责。一场暴风雨就足以冲刷掉剩下的具有几个世纪历史的壁画。必须有所行动。

在凯勒看来，如果"古迹、艺术品和文献"部门的存在有何意义的话，其意义就在于此。9月3日，他致电民政官员汉密尔顿·T·沃克少校，解释了立即采取行动的风险和机会。埃德加·胡默准将第二天上午亲自前来。胡默与凯勒（凯勒担任翻译）和比萨大主教一起第二次视察公墓的情况之后，向第五军司令马克·克拉克汇报情况。克拉克对摧毁卡西诺山之后的负面新闻记忆犹新。司令员的重视带来了重大改变：在凯勒第一次打电话之后九天之内，一群军队工程师、八十四名意大利军方人员以及佛罗伦萨和罗马的壁画专家云集比萨，开始在公墓工作。

一开始情况很糟。9月10日，凯勒写信告诉凯西："我们返回的路上轧了一条狗……随即下车查看。车边瞬间聚集了40余名群众。我离开时，狗主人走上前来感慨地说，'美国人好。德国人不停车，伤害狗'。"

凯勒一到比萨，就得安排所有工人的住宿，还得为额外的一百人准备食物。随后是接二连三的病患。一开始担心是铅中毒。工人们一直从坟墓和壁画上剥离熔铅。凯勒写道："灰尘非常恐怖。"如果这项工作会对他们造成伤害，行动就会变得更加复杂。然而，经过仔细检查，他们找到了更加厉害的原因：食物中毒。

清理工作中的一位关键人物、比萨古迹和美术馆督导一度被视为是法西斯分子，"政治历史值得怀疑的人"，并被清离岗位。凯勒认为他的参与至关重要，于是安排暂时恢复他的职务，以利于整个工程进展。德国炮弹持续袭来，一枚炮弹炸死了邻近建筑里的一位妇女。营地很快被转移。由于需要额外的木材制作梁架，凯勒带领大家在邻近的里窝那港口的一艘船上秘密实施了"午夜征用"行动。

尽管困难重重，凯勒、工程师和工人们无畏地工作。经过三十四天的努力，将保护剩余画墙的十二英尺宽的防水油布从上往下覆盖在公墓的墙体上，里面用木制支架加以支撑。凯勒自豪地说：“比萨公墓现在是意大利壁画研究最伟大的实验室之一。”每一片剥落的石膏都被捡拾起来——主要是靠手工，有些是用铁铲——运离现场，加以保存，等待重新拼装这些碎片的那一天的到来。在10月12日的信中，凯勒写道：“工作完成，完美的杰作。壁画在上次的暴雨中就像15世纪的胫骨古笛一样干燥。”凯勒宽慰地写信给凯西，告诉她：“这是我做过的同类工作中最了不起的一件，从头至尾趣味无穷，尽管各种酸楚难以预测。不知这整个故事是否会有人知道——我表示怀疑。”

除了公墓，凯勒在比萨还有其他责任。由于有人认为积水可能威胁到附近的斜塔塔基，斜塔被迫关闭。积水被证实只是产生令人讨厌的气味，没有结构问题。将水抽走并调整了建筑物附近的交通之后，凯勒重新将斜塔向公众开放，它立即受到士兵们的青睐。

凯勒十分清楚比萨是著名的学习中心，于是便充分发挥他的专业知识，启动了比萨的大学。“没有大学，这座城市就没有经济前景，其作为文化中心的未来更无从谈起。比萨所有的工厂和工业都被摧毁。”找寻教员，扫除德军在大学建筑里遍布的地雷，运回被转移保护的图书馆藏书，前前后后花了两个月的时间。11月25日，胡默准将返回比萨，主持仪式，庆祝大学复课并招收六百名新生。城市的关键机构开始运转。凯勒一开始面对的死亡之城逐渐开始复苏。

凯勒将比萨的下一步工作交给弗雷德·哈特之后，继续对北方其他城市进行视察。在此之前，他远远领先其他古迹保护官，与其他人互动的机会非常稀少。但是，他现在跟哈特一起负责托斯卡纳地区不同省份，而且由于佛罗伦萨和比萨已经从紧急阶段过渡到长期的恢复时期，进攻行动也已停止，他与其他人互动较少的局面逐渐改变。哈特现在直接与凯勒并肩工作。他们之间的距离几乎可以忽略不计。自然而然，摩擦随之产生。摩擦一开始是由哈特两条善意而又过分热心的建议引起的。

第一条出现在他递交给高级民政官员的月份报告中。凯勒和哈特同时

Deane Keller

FROM

TO: DEANE KELLER
28 WALKLEY RD.
HARTFORD
CONN.

Capt. Deane Keller

13 Dec. 1944

SEE INSTRUCTION NO. 2

Deane - see Daddy holding up the leaning Tower! Isn't that FUNNY? Hug Mommie - Love From Your DADDY.

HAVE YOU FILLED IN COMPLETE ADDRESS AT TOP?

V---MAIL

HAVE YOU FILLED IN COMPLETE ADDRESS AT TOP?

随着比萨奇迹广场上斜塔和其他景点相继重新开放，盟军士兵有机会瞻仰这些著名景点。[迪恩·凯勒文件、手稿与档案，耶鲁大学]

向这位官员汇报工作。这条建议暗示说凯勒负责的区域内有些城镇没有视察，被忽略了。另一条建议出现在哈特写给凯勒的一封信中。哈特在信中提醒凯勒，他在公墓设计的临时屋顶有好几个区域需要扩建。“真的很有必要。因为尽管这些壁画不如特拉伊尼[①]和戈佐利[②]的壁画有名，但是同样相当重要……我个人以为这件事相当紧急，远比我们目前正在做的很多

① 特拉伊尼（约 1321—约 1365），意大利画家。

② 贝诺佐·戈佐利（约 1421—1497），意大利文艺复兴时期画家。

其他事情重要。”

凯勒觉得哈特的建议非常傲慢。哈特怎么能说有些城镇没有视察，又说当务之急是继续在公墓的工作？他在10月18日写给妻子的信中怒不可遏：“[哈特]烦死我了——如果我碰巧跟他在街上同行，他就会不停地对我指手画脚……说实话，我没有历史学家们的兴趣。”凯勒觉得比他年轻十二岁的哈特有时具有“年轻学者重知识轻经验的陋习”。不过，他从未让自己的个人情感影响他对哈特工作的评价。一天之后，他写信给帝沃德，向他汇报哈特在佛罗伦萨的出色工作，尤其是应对复杂局面的能力。然而，哈特的建议还是留下了伤痛。

随着佛罗伦萨整个秋天不断恢复，哈特花费更多的时间寻找散失的佛罗伦萨珍宝。距离他和波吉与红衣主教达拉·科斯塔会面并且寻求梵蒂冈帮助、寻找从储藏库被劫的艺术品已经过去了两个月。哈特一直专注于佛罗伦萨及其周边省份的工作。然而，当他得到波吉的消息，说红衣主教终于收到罗马的回复之后，他立即将全部注意力集中到了调查工作上。

按照波吉的说法，梵蒂冈国务秘书蒙蒂尼在11月15日的信上说：“艺术品被存放在上阿迪杰一处名为‘沙中的纽梅兰斯’的地方。”哈特非常疑惑，波吉也是如此。“我在所有意大利指南上都找不到这样一处地方，波吉也不知道究竟在何处。”哈特和古迹保护官实在是无能为力。盟军部队正在挖掘战壕，应对冬天。战壕从意大利北部绵延数百英里，艺术品很可能就藏匿其间——如果它们还没有被带离国境，进入奥地利或者德国的话。令哈特无比灰心的是，寻找工作必须等到来年春天重新发起攻势之际才能继续进行。

第二十章

圣诞愿望

1944 年 11 月下旬至圣诞节

梵蒂冈迎接着美国战略情报局亚历山德罗·卡贾蒂上尉和他的同伴塞卢皮·克雷申齐侯爵和神父圭多·阿内利，此时的梵蒂冈充满了活力。解放的罗马将喜迎圣诞，没有法西斯的统治，也没有德国军队的身影。城里聚会众多，委员会也被组织起来。建设和清理工作进行得热火朝天。在紧闭的大门背后，政治计划正在拟订之中。

卡贾蒂和阿内利进城来拜见教皇庇护十二世青睐的顾问蒙蒂尼阁下。梵蒂冈希望盟军的胜利能尽早结束战争。圣座有兴趣知道谁来治理战后的意大利，以及采取何种治理形式。梵蒂冈内有很多人（包括蒙蒂尼在内），非常担心战后意大利实行共产主义。

罗马解放之后不到一个月，美国战略情报局创始人兼局长、罗斯福总统的心腹、虔诚的天主教徒威廉·“野小子比尔”·多诺万将军与教皇会晤，在关乎美国利益的三个关键领域寻求教皇的帮助：驱除意大利北部的德国军队、阻止共产党人夺取意大利未来的政府、传递柏林和东京的战事情报。

多诺万在蒙蒂尼身上发现了相似的性格，蒙蒂尼政治见解激进，蔑视共产主义，这与美国和英国的官方政策如出一辙。在美国战略情报局驻意大利的一位关键人物文森特·斯坎波利诺看来，蒙蒂尼是位“值得信任的人……是人民党议员之子，也就是今天众所周知的‘基督教民主党’议员，一直反对法西斯、反对共产党。他肯定是我们欢迎的人”。

卡贾蒂身高五英尺九英寸，棕头发，蓝眼睛，外表俊朗，跟“永恒之城”里成千上万的男子看上去没有什么区别。他出生于罗马，父亲是梵蒂冈教宗图书馆馆长。卡贾蒂经历了“大萧条”中创纪录的高失业率带来的艰难之后，于1934年移民美国。他的意大利移民律师、佛罗伦萨的守护人之一菲利波·塞卢皮·克雷申齐侯爵——卡贾蒂叫他“皮波”——很欣赏这位年轻人。甚至在卡贾蒂离开意大利之后，两人还保持频繁的信件往来。

多诺万也很欣赏卡贾蒂。1942年12月，他致信陆军部助理部长约翰·麦克洛伊说：

> 我们殷切期望亚历山德罗·卡贾蒂上尉能参加北非的一项秘密行动……卡贾蒂上尉有意大利口音，在意大利度过了一半人生，又是在意大利和英国接受教育……如果能派他为战略情报局执行任务，我们想让他来这里接受两到三周的特殊培训，然后我们会请命，让他向艾森豪威尔将军战区内我们的代表汇报。

1943年初夏，在阿尔及尔的岗位上短暂逗留之后，卡贾蒂的第一项任务就是培训战略情报局的其他间谍。他对意大利的知识为他在美国第五军克拉克中将的手下赢得一席职位。“登陆日”那天，他在萨莱诺登陆，隶属于威廉·O·达比上校的陆军游骑兵。三个星期之后，卡贾蒂成为第一位进入那不勒斯的美国人。

借助反间谍部门的通行证——2号特别通行证——他得以在盟军控制的地区自由通行。卡贾蒂继续从已经越过德国防线的人员中招募战略情报局新间谍。卡贾蒂随英国第八军一起进入佛罗伦萨，充当阿尔诺河北岸游击队与南岸盟军部队之间的联络员。9月1日，他登上卡勒基山，抵达喷泉别墅，看到塞卢皮、塞卢皮的妻子吉尔伯塔以及伯纳德·贝伦森及其秘书都还活着，而且身体健康，卡贾蒂长舒了一口气。

卡贾蒂、阿内利和蒙蒂尼的会晤于11月25日星期六举行。唐·圭多·阿内利是北部城市帕尔马附近一座小村庄——帕尔马的奥斯蒂亚——的教区牧师。但是阿内利的信众不仅包括教区居民，他还是名为第二朱利亚游击旅的创始人和积极领导者——化名：唐·蒂托。帕尔马是德军控制区域。三十二岁的阿内利秘密穿过敌军防线进入佛罗伦萨与卡贾蒂会面。随后，卡贾蒂陪他到罗马会见蒙蒂尼。阿内利的任务是"向梵蒂冈通报意大利北部教会的秘密活动"，并且，最重要的是，在冬季来临之前为当地游击队员获取资金和补给。

到1944年秋，意大利的游击队成功地在战争之中制造了另一场战争。除了凯塞林的国防军与盟军部队之间的激烈战斗之外，游击队员成功地在哥德防线后方的山地地区破坏了德军的行动。这些独立的行动制造了严重威胁，德国第14装甲军指挥官弗里德林·冯·辛格尔·艾特林中将开始改乘一辆小型的无标识大众汽车。游击队在识别出另一位德国将军的座驾之后已经将其杀害。

作为驻意大利警察首脑，纳粹党卫队沃尔夫将军负责打压前线后方的游击队活动。但是他们的袭击越来越多地针对前线的德国官兵。这迫使凯塞林下令部队"采取最严厉的措施……只要任何村庄内有人向部队开枪，立即焚毁整座村庄。罪犯或者元凶当众绞死"。在他看来，游击队员就是叛军，谋杀他的士兵，破坏他的军事行动。凯塞林不得不承认，游击队很难对付，"只有最精锐的部队……才能勉强应付"。同样，他认为他们不配享有任何正装敌人的权利。接下来，德国国防军焚毁村庄，屠戮无辜的男人、妇女和儿童，有些甚至只有三岁大，这些暴行只能让游击队的愤怒和袭击继续升级。唐·阿内利和他的游击队员迫切需要援助。

卡贾蒂的报告总结了讨论的过程以及此后发生的事件："在持续一个小时的见面过程中，[蒙蒂尼]详细询问唐·阿内利意大利北部的抵抗运动，特别提到教会的工作以及基督教民主党的地位。"塞卢皮的妻子在日记中记录得更加详细："卡贾蒂和其他游击队联络官们从[阿内利]的话中听得出来，大部分游击队员是基督教民主党而不是共产党，这跟他们预料的一样，于是决定向他们提供更多支持。"

第二天，多梅尼科·塔尔迪尼阁下——特别事务国务副秘书——参加了后续会议；再接下来，星期一，基督教民主党代表参会。在这些会议上，阿内利请求梵蒂冈直接或者通过该党支持反抗的士兵。卡贾蒂报告说，唐·阿内利表现出色，赢得了他的信任，并解释了为何梵蒂冈需要立即采取措施。他写道："大量游击队员在基督教民主党的资助下正在抗争的事实，以及教会在这一行动中大有可为的消息对[蒙蒂尼]来说完全是个意外，教皇本人也表示了强烈兴趣。"

卡贾蒂报告的最后一部分让多诺万将军和战略情报局坚信，与梵蒂冈展开联系还有别的优势："从战略情报局的立场出发……可能会出现很有价值的接触，而且目前教会在意大利和其他地方还能提供极其宝贵的掩护、保护和信息服务。"简而言之，战略情报局希望利用梵蒂冈广泛的教会网络，特别是位于敌军防线后方的教会网络，帮助收集纳粹德国的情报。

梵蒂冈官员和基督教民主党代表很快就实现了唐·阿内利的愿望，通过降落伞将武器和补给投给游击队员，紧接着捐献了高达一千三百万里拉的现金。[①]一位游击队员后来解释道："两个星期之后，在恶劣的严冬天气中，[德国部队]发动了整场战争中范围最广、强度最大的'清剿'行动，

① 2012年约合一百七十万美元。——原注

这笔钱拯救了我们的队员。成千上万的游击队员之所以能免遭饥饿和寒冷，都是因为得益于教会赐予我们的这上千万现金。是一位普通的乡村牧师让这笔钱从天而降。”

在罗马待了近一个月之后，阿内利急切地想回到罗马庆祝圣诞。但是他和卡贾蒂都心知肚明，在冬季徒步穿越敌军防线根本不可能。最安全快捷的解决方案——阿内利对此也欣然同意——就是用降落伞空投。具有讽刺意义的是，这位著名的“空中神父”实际上从来没有坐过飞机。登机之前，唐·阿内利戴着头盔，系着降落伞，在C-47前摆好姿势与机组人员合影留念。据传，成功起跳之后，一位机组人员发现阿内利的座椅上遗留下一本祈祷书，于是飞行员又掉头回去，与此同时，那位机组人员将祈祷书用布包好。当飞机抵达空投地点，飞机倾斜转弯，祈祷书追随着阿内利的降落路线抵达地面。

卡贾蒂和阿内利要几个月后才能再见面，但是他们在11月最后一个星期缔结的友谊将在盟军寻找佛罗伦萨失踪艺术品的过程中发挥重要作用。

12月9日，法西斯电台播报了一则消息称，墨索里尼社会共和国领导下的美术总局局长卡洛·安蒂已经视察了佛罗伦萨的艺术品，并评价说贮存设施和条件非常完备。安蒂在他的日记里写下了更真实的感受：“我对这些流亡的艺术珍品感到窒息。”尽管消息没有透露这些艺术品的位置，但这一消息很明显是为了平息公众的关注，特别是外国媒体对于艺术品的关注以及对德方图谋的谴责。

第二天，负责挑选艺术品储存地点的约瑟夫·林格勒博士接到电话，告知他两位身负阿道夫·希特勒私人秘书马丁·鲍曼特别命令的人将抵达波尔查诺，视察佛罗伦萨的艺术品。一位是鲍曼的特别助理赫尔穆特·冯·胡梅尔博士，另一位是维也纳艺术史博物馆武器收藏的负责人利奥波德·鲁普雷希特博士。

尽管林格勒不知道他们这次任务的目的，但跟所有人一样，他认识马丁·鲍曼。光是这个名字就让人心生恐惧。林格勒知道，如果这两个人是奉元首身边最亲近的人的命令，那么这个任务肯定极其重要。纳粹党卫队将军沃尔夫也很清楚。沃尔夫决心监视与艺术品有关的一切行动，他安排自己的代表——赖德迈斯特——陪同鲍曼的人进行视察。当林格勒意识到赖德迈斯特不能及时到达时，他将胡梅尔和鲁普雷希特载到两处储藏库中的一处。

他们沿着崎岖的山路和山丘前行，村庄在初冬第一场雪的映衬下显得异常美丽。经过将近一个小时的跋涉，他们进入一座距离德国边境十三英里的小镇，在一幢三层建筑前停了下来。这幢楼现在被用作法院和当地监狱。这几个人走进建筑时，狱卒掏出一大串钥匙，至少有五十把之多，打开一扇扇狱门，“囚犯”——伟大的佛罗伦萨绘画——就存放在里面。林格勒选择的藏匿地点非常诡异，但当时确实没有别的安全地方来储存如此重要的艺术品。

视察很简短：在拥挤不堪的空间里检查数百件绘画难度很大。那天晚上晚些时候，一位来自慕尼黑的艺术商人抵达，显然是胡梅尔视察组的成员。没有人向林格勒解释艺术商人为何会在此出现，也没有人向他解释视察的目的。但是他知道鲁普雷希特正在林茨为元首博物馆建立武器收藏，这令林格勒惊慌失措。他还不知道胡梅尔实际上就是负责元首博物馆设计“管理没收和购买指令”的人。

随着圣诞临近，意大利的气温与整个欧洲的气温一样，降到了冰点以下。12月中旬，消息传来，德军在比利时森林密布的阿登山地发动了大规模突袭行动——也就是后来所称的“突出部之役”。希特勒希望将盟军部队一分为二，发动了对比利时港口城市安特卫普的进攻。盟军措手不及，被迫迅速撤退。艾森豪威尔将军在12月19日的会议上告诫他的高级指挥们：“目前的形式应当视作我们的一个机会，而不是一场灾难。在这张会议桌上，只准保持乐观情绪。”四天之后，晴朗的天空使得盟军能够发挥空中优势，扭转局面，打击敌军的坦克和供给线，瓦解德军的进攻。

突出部之役的消息充斥美国报纸，让人们对那些在海外战斗的亲人更加担心。在写给家人的信中，凯勒跟其他已婚军人一样，经常对他的任务的风险轻描淡写。但他毫不犹豫地与他的导师和朋友“胖子”·赛泽分享一切。赛泽由于身患疾病，已经从英国回国。

有封信描述了凯勒的工作中随时遇到的危险：

进入市政厅，我们都掏出手枪……我们已经学会从哪里走，怎么样在楼梯或者台阶上落脚，因为踏板下面可能隐藏着地雷触发线。只有用手电筒仔细检查之后，我们才会打开紧锁的门——有常识的人不会进入门洞大开、货架上摆着琳琅满目纪念品的商店。一个小男孩在一家乐器店拿起一支若无其事地搁在钢琴上面的萨克斯管，他和伙伴们被炸得粉碎。

随着圣诞的临近，数百万士兵开始为又一个远离亲人的节日做准备。凯勒第二次在海外过圣诞，他想向凯西解释战争给他带来的看法：

最最亲爱的：

今天是圣诞节，我最先想到的就是你和迪恩。就在我写信之际，坦克和重型车辆的轰鸣声在空中回荡……有些士兵会在帐篷或者散兵坑里吃一只火鸡腿。有些今天即将送命……我已经见证了无数人间苦难，任何稍微好些的场景对我来说都无比美好。我认为我也明白了这个世界上什么东西真的重要，什么不重要。重要的话都简单地说了，剩下的所有东西都像泡沫一般，只消一股清风，随即烟消云散。

这时，凯勒注意到一架盟军P-38歼击机从头顶呼啸而过。战争还没有结束，或许远未结束。但是士兵们的歌声让他又陷入了深思。

楼下响起了广播声，有人在唱圣诞颂歌。眼前闪现米开朗琪罗、乔托、吉兰达伊奥、米开罗佐①和阿诺尔福·迪坎比奥②的影子。这就是我的圣诞节——一次盛大的圣诞节，充满人类最崇高的理想，你、我、迪恩共同经历。

全心全意爱你的，迪恩

① 米开罗佐（1396—1472），意大利文艺复兴时期建筑师、雕刻家。

② 阿诺尔福·迪坎比奥（约1240—1300/1310），意大利建筑师、雕刻家。

第三部

胜利

战略情报局威廉·J·多诺万少将
致美国总统的备忘录

严守秘密对于成功投降的人而言至关重要。

意大利北部及阿尔卑斯山堡垒

第二十一章
军衔的问题

1945 年 1 月至 2 月

到 1 月下旬，盟军已经将纳粹德国牢牢钳住。一位美国高官评论说："现在已经不是［德国］争夺霸权的战争，而是求取生存的战争。"艾森豪威尔将军已经穿过德国西部边境，从瑞士往北直抵荷兰。苏联于 1 月 12 日发动的攻势已经将东部战线向西推进了近三百英里——从波兰中部的维斯杜拉河直达德国国境线上的奥得河。在南面，凯塞林的前线部队和沃尔夫的后卫部队组成了最后的防线，抵挡美国第五军和英国第八军的进攻。关于哪方会取得战争最后的胜利已经没有悬念。不能确定的只是战斗还会持续多久。

德国 1944 年 12 月 16 日在阿登山地发动奇袭的势头早已烟消云散。艾森豪威尔的估计非常正确。突出部之役制造了千载难逢的机会，盟军抓住机会，摧毁了希特勒的部队。到 1 月底，八万到十万德国士兵死伤、被俘或者失踪。德国弗里德里希·威廉·冯·梅伦廷将军后来评价说："我们珍贵的预备队已经消耗殆尽，无力抵挡东线的惨败。”希特勒的军队永远再也无法壮大。

突出部之役也让胜利一方付出了惨重的代价。美军官方报告的死亡人数是一万九千二百四十六。受伤或者失踪的人数超过这一数字的四倍。美军总计伤亡十万八千人。与此形成鲜明对比的是，驻地远离战斗的英军伤亡人数是一千四百，死亡人数是二百。丘吉尔首相说：“这无疑是整个战争中美军经历的最严酷的战斗。我坚信，这场战役势必成为美国胜利战争的经典。”

1944 年 10 月 1 日，迪恩・凯勒接到消息称，有关方面正在考虑授予他铜星勋章。埃德加・胡默准将要求他递交一份书面报告，总结他在同盟国军政府的工作。获奖的希望令他精神鼓舞。但是，十一天之后，凯勒写信告诉凯西，他与奖项无缘。“别难过，因为我不是为了……如果我对自己来这儿的目的不够坚定的话，我就会心烦意乱、沮丧不已。”

凯勒再次掩饰了自己的真实感受，努力让妻子释怀。实际上，他很沮丧。他仍然相信得不到奖章会降低他在耶鲁大学领导眼中的声誉：“如果我得到了奖章，到 1945 年 6 月我很可能成为正教授。没了奖章，我在他们面前什么都不是……我会遭他们抢白，‘噢，毕竟，你离开了两年。’或者什么什么的，‘别人代你上课。’……在上一次战争中，很多待在国内的人在耶鲁捡了便宜，没有理由不相信这一次他们不会浑水摸鱼。”

离开祖国一年多之后，凯勒最需要的是一位朋友。12 月的一个寒冷的上午，在佛罗伦萨排队等信件的时候，他找到了一位。查利・伯恩霍尔兹即将失去工作。他之前给同盟国军政府第五军参谋长爱德华・B・梅恩上校开车，但是爱德华被解除了职务，很快就会返回英国。凯勒安排伯恩霍尔兹当他的司机和助手。查利对意大利的道路了如指掌，同时具有同盟国军政府总部的工作经验，而且，与凯勒的紧张不同，他性格从容不迫，事实证明这些都很有益处。这位耶鲁大学教授很快意识到，他找到了一位值得信任的伙伴。“对很多事情我都不介意，”他写信给凯西说，“但是，几位朋友还是需要的。”

凯勒认为，作为铜星勋章获得者和西西里岛、沃尔图诺河战役的老兵，查利是位名副其实的英雄。他援引马克·克拉克中将的叙述，描述了伯恩霍尔兹在聂图诺、在德国飞机袭击弹药运输队之后车队燃起大火之际，如何不顾生命危险，“一等兵伯恩霍尔兹冲向轰炸现场，冒着弹药爆炸的危险抢救一位身受重伤的司机。查利直到返回燃烧的汽车残骸，查看过其他受伤人员之后，才寻找安全之处。”

有了一位亲密的朋友，凯勒的视野得以拓展。他和查利决定在他们的吉普车上画上法西斯标语——“Me ne frego”，意思是“我一点儿也不在乎!”这是十六个月来，凯勒第一次握起画笔。伯恩霍尔兹的加盟——他既是司机又是专业摄影师——还让凯勒能正儿八经从事他已经深思熟虑了几个月的想法：用绘画创作展现同盟国军政府第五军的历史。这个想法很快得到批准，1月10日，凯勒作为第五军古迹保护官又承担起这份新的责任。

凯勒和伯恩霍尔兹比较早的任务包括观察和拍摄对一位意大利间谍执行死刑的场景。1945年1月11日凌晨，空旷的领主广场还笼罩在夜色之中。片刻之后，他们陪伴英国军官和一位牧师前往古老的勒·穆拉特监狱提犯人。这个小型车队在一辆柩车的带领下，前往城市东北的一处采石场。抵达之后，军士们立即钻出车门，让犯人下车。凯勒数了数，有二十名英国军警在场。

有些警察在用铁镐挖坑，用来放置枪架。如果枪手采取下蹲姿势，枪架能达到肩膀的高度。地面已经冰冻。一辆吉普车前灯打开，还有很多手电筒。在十五步远的地方放置了椅子。四条椅腿都被加强……椅子不可能翻覆……在一堆碎石后面，一个六人射击小队……站在那里，一边跺脚一边搓手，保持温暖。负责的军官命令他们走上射击位置，演练一次……指挥官用尽全力发布了唯一的命令“射击”……犯人穿着一件淡蓝色毛衣，灰色裤子。头和鼻尖缠着厚厚的白色绷带。在他的心脏上方，是一块大约八英寸见方的白布。他双手绑在身后，在牧师的陪同下被带到椅子边。他坐了下来，被军警、朗福德少校和其他军官包围起来，其中一位还滑倒在地。牧师站在他的左边，跟他交谈……射击小队已经在枪架的位置就位。牧师仍然停留在犯人的身边，直到有人命令他离开。射击小队举起步枪，准备射击。所有军官、围观的人聚在射击小队的背后和两侧。牧师站到一边之后，过了可能有四秒钟[之后]犯人说："我能说句话吗？"没有人应答，但是停顿让犯人能够继续说了一句："意大利加油！盟军加油！我希望盟军能够得胜！"没有听到命令，一轮齐射响起。犯人坐得很直，面对射击小队。宽阔的下巴显得[原文如此]苍白而又清晰。白色的绷带和他胸前的方形白布很显眼。光线不很明亮，但这些目标格外清晰。他立即后仰，双膝分开，头向后倒，彻底失去生命。他肯定是瞬间死去……军警们解开绳子，从柩车里抬下棺材……浸满鲜血的椅子被装进卡车，所有人离开了采石场。

伯恩霍尔兹拍摄了行刑的照片，总计有二十张。凯勒后来画了一张草图，展示下蹲的士兵们肩膀抵着步枪，准备射击。他的绘画抓住了场面的严肃气氛。牧师独自一人站立，可能还在念着临终祷词。对于用绘画展示历史这个项目来说，这是个恐怖的开始。凯勒希望能够忘掉这个开始，但是它预示了摆在意大利面前的混乱和冤债。

2月1日，凯勒接到官方通知，说他与其他六位同盟国军政府官员将受到嘉奖——可能不是他梦寐以求的嘉奖，但也是一份殊荣——"意大利大十字骑士勋章"。凯勒的指挥官胡默准将特意强调说："他们也毫不例外地在炮火中服役。应当明白这是个战斗奖励。"

两个星期之后，凯勒监督了科西莫一世·德·美第奇人马青铜雕像返回佛罗伦萨。这尊人马雕像1594年由佛兰德斯雕塑大师詹波隆那[①]完成。1943年8月，当地艺术官员将八吨重的雕塑拆解开来，用牛车运往波焦

① 詹波隆那（1529—1608），文艺复兴后期雕塑家。

阿卡伊阿诺的别墅保管。将其运回城成了紧急工作。随着重建的铁路桥梁即将完工，很快将没有足够的净空让科西莫一世和他的战马通过。

经过几天的计划和准备，一台起重机将科西莫吊进卡车的车斗。而移动比骑士庞大沉重很多的马匹，则更加艰难。战马以腾跃的姿势矗立在滑木上，前腿和后腿跨在一堆十字形枕木上，保持稳定。人们总共花了三个半小时才将这些滑木固定到挂车的适当位置，利用凯勒所说的原始的技术，“就像缅因州农民过去用滑轮、锁具和马匹移动房屋一样”。

一位名叫斯莫奇的美国士兵爬上马背，抬起路上的电话和电报线。当斯莫奇准备骑跨在科西莫和马鞍的连接处的洞上时，凯勒听到有人喊叫：“上尉，马里面都是屎；这些意大利佬在里面大便了!”

尽管返回佛罗伦萨的路程只有十四英里，雨天加上无数次停车，整个行程花了一个半小时。伯恩霍尔兹担任交通指挥，车队于下午三点抵达佛罗伦萨。乔瓦尼·波吉、弗雷德·哈特、“13 幸运 13”和几百名佛罗伦萨市民在领主广场等待着他们。凯勒注意到，“一位驾着马车一路小跑的人，［举起］帽子，咧嘴大笑，［喊道］：‘科西莫’，欢迎回来!”旅程随之达到高潮。凯勒后来在他的报告里记录了科西莫返回佛罗伦萨带来的持久影响：“如此这般，在沿线和佛罗伦萨城内，当着意大利人民的面送还文物是一项非凡之举，给饱受磨难的意大利人民带来了幸福和喜悦。”

然而，不到一个星期，科西莫胜利归来的喜悦就被噩耗笼罩：斯莫奇在前线的行动中牺牲。

到 2 月中旬，凯勒和哈特之间紧张的工作关系变得格外明显。1945 年 1 月 2 日，赫伯特·马修斯在《纽约时报》上发表的文章引起了重大分歧。“在这场战争中，发生在藏有不计其数艺术珍藏的托斯卡纳［原文如此］城市身上的故事是最悲惨的，”马修斯写道，“但是，现在可以汇报，经过四五个月的努力，修复和保护工作取得了巨大飞跃。这都得益于一位年轻的美国人弗雷德·哈特中尉的指导，他为同盟国军政府负责这项工作。”

好几位古迹保护官，包括凯勒，非常愤怒，认为哈特醉心于媒体的关注，忽略自己的同事。凯勒写信给凯西说："不只我一个人认为哈特过分，只顾一味宣传自己。所有人都是这个意见。他让自己变成了浑蛋。"马修斯报道中不合适的措辞表明哈特是古迹保护官中的单身英雄。尽管哈特后来向凯勒表示道歉，"他忘记向这位战地记者提及其他人的名字"的事实已经造成了伤害。

凯勒还写信向帝沃德中校抱怨，说道："我知道部队对于宣传的感觉，而且我也避免宣传。但这会贬低我们的努力。艰苦战斗并赢得战争的人才是当前应该宣传的人。将来，在壁炉边上，有的是时间回忆解放世界杰作的英勇事迹。"艾森豪威尔将军的海军副官哈里·布彻曾经评论过他的上司和乔治·马歇尔将军多么"不喜欢廉价的宣传"。连《星条旗报》的漫画家比尔·莫尔丁都写道："当国内的报纸记者一定要来看他们，很少有[士兵]会对自己的英雄行为自吹自擂。"哈特解释说他只想引起大家关注处境危险的古迹，但是凯勒和其他人几乎没有耐心这样理解。

这也不是他们之间的唯一摩擦。凯勒和哈特还有一番争执，凯勒认为违反了礼仪。那就是，哈特请求胡默推翻凯勒有关"禁止进入"标牌的看法。凯勒和其他古迹保护官都不怀疑哈特对待工作的诚挚和热情。他们也不是不同意适当宣传古迹保护官的角色可能会促进他们的工作。但是他们认为哈特的个人行为十分鲁莽，并且他忽视军队的礼仪也是一种冒犯。然而，哈特对凯勒的批评感到疑惑："直到现在我们一直相处得很好，但是这次事件真的让我感到有些受伤，这种情况还是第一次出现。"

六天之后，凯勒联系了另外一位上司，总结了他对宣传问题的立场，并解释了他对违反"禁止进入"的观点。他首先指出"哈特中尉工作非常出色"，然后正面提出两个问题，"上星期天上午，我在两个具体的事情上建议[哈特]：我不会做任何危害'古迹、艺术品和文献'部门和作战士兵（他希望胡默准将反对违反'禁止进入'标牌的行为，这在我看来比较琐碎）之间关系的事。还有，一名军官应当将个人的宣传保持在最少的程度。"

晚冬的某个时间，凯勒画了一幅卡通画，发给了他的朋友、古迹保护官谢尔登·彭诺耶。在措辞讥讽的标题“同盟国军政府第五军与区域合作”上，凯勒画了他自己站立的漫画，一只脚站在一堆书上，一只硕大的木桨悬在半空中，咧着嘴笑，准备猛拍弗雷德·哈特的屁股。他现在已经开始将他称作“托斯卡纳屁孩儿”。背景墙上挂着微笑的圣母像，神态似乎是在观赏眼前的情形，并高兴地鼓掌。凯勒画画是开玩笑，但是他将哈特画得像个女人，穿着羊毛上衣，戴着金戒指，修着长指甲，则反映了凯勒的小心眼儿。

凯勒对哈特充满矛盾，但是他需要哈特。哈特的知识非常难得。没有人知道战斗还要持续多久，或者向北推进的过程中还会遭遇何种毁灭。佛罗伦萨的珍宝依然杳无音信，它们的藏身之处古迹保护官们依然一无所知。冬天过后，将发起春季攻势。寻找剩余珍宝的行动仍将继续。两位处于最优势位置的古迹保护官几乎没有说话。

在长达三年半的时间里，纳粹德国在苏联制造了白色恐怖，造成数千万红军和无辜平民惨死。在希特勒的命令下，国防军将整座整座的城镇夷为平地。现在，潮流逆转。六百万满怀复仇之心的红军士兵聚集在前线，到 1945 年 2 月 2 日，距离纳粹帝国元帅赫尔曼·戈林富丽堂皇的乡村豪宅卡琳宫已不足三十英里远。戈林明白结局即将来临，便与自己的艺术顾问一起整理他的收藏品，决定哪些物品应当立刻转移。第一辆列车于 2 月上旬离开，前往德国南部的藏匿之所。来自那不勒斯的艺术杰作不在其中。

一年多以前，戈林五十一岁生日之前不久，他的私人秘书已经告知他戈林师想敬献一份大礼。戈林发现他们想将那不勒斯的珍宝从卡西诺山运走之后，警告说他“在任何情况下都不允许将这种礼物献给［他］庆祝生日”。尽管在他的大部分藏品的收藏过程中，他的行为值得怀疑，但是这样一位藏品丰富的艺术收藏家还不能被视为接受从那不勒斯博物馆窃取来的艺术杰作的人。帝国元帅和他的代理人费了九牛二虎之力制造和平收藏的假象。

相反，戈林通知他的艺术顾问，接受从卡西诺山修道院运来的文物，但只在卡琳宫进行暂时的展示。几个月后，他将那不勒斯的绘画转移到库弗尔斯特，靠近波茨坦的一处防空掩体中。修道院的雕塑和其他文物仍然存放在他的别墅，直到 1945 年 2 月上旬，当他开始将藏品运往南方之时。戈林随即安排将所有来自那不勒斯的艺术珍品运到柏林的总理官邸，并在希特勒的私人秘书马丁・鲍曼的指示下，继续运往慕尼黑。

第二十二章

弃暗投明

1945 年 3 月上旬

1945 年 3 月 8 日，几名身着便衣的男子，包括四名纳粹党卫队高官，在瑞士边境小镇基亚索登上一列火车，前往苏黎世。他们占据了两个包厢，远离人们的视线。纳粹党卫队卡尔·沃尔夫将军必须在途中避人耳目，前往中立国瑞士。沃尔夫独自决定，投入一场经过精心筹划的赌局。帝国元帅凯塞林对此毫不知情，更不要说元首了。一旦被边境官员、间谍或者告密者发现，他将有生命危险。

从 1943 年秋调任意大利开始，卡尔·沃尔夫就开始密谋。1944 年 5 月，沃尔夫进入梵蒂冈，与教皇庇护十二世商讨结束敌对状态。他答应教皇尽一切努力帮助尽早结束战争。但是 1944 年 6 月 4 日罗马失陷，与梵蒂冈领导人的进一步接触被迫中断。沃尔夫现在有个计划，继续实现自己的诺言。

作为一个受到良好教育的文明人，沃尔夫清楚，如果佛罗伦萨价值数十亿的艺术品遭到破坏或者损毁，他将被元首问罪或者成为历史的罪人。但是这种情形也提供了一个机会，控制整个民族的遗产让他有了讨价还价的筹码。

1944 年夏末到秋天，卡洛·安蒂和意大利其他艺术官员请求将他们的艺术品转移到斯特拉（邻近威尼斯）、马焦雷湖上的伯约明群岛或者松达洛[①]（位于伦巴第）。这些地点中的任何一处都处于意大利官方的控制之下。沃尔夫依然无动于衷，辩称艺术品“在德国地区比在意大利岛屿上更加安全”。德国人的固执令安蒂相信“将艺术品转移到上阿迪杰只是预先想好的计划的一部分”。

10 月下旬，逐渐康复的格哈德·沃尔夫领事和“艺术品保护部门”成员路德维希·海因里希·海登赖希教授想要展开行动。海登赖希写信给朗斯多夫上校，请他说服卡尔·沃尔夫将军允许意大利艺术官员视察布伦纳山口附近的两处储藏库，并获取藏品的清单。两个星期过后，依然没有回应，海登赖希再次写信给朗斯多夫。这一次，他收到了简短的回复：“霍弗省长不允许意大利人进入，元首和沃尔夫将军会决定艺术品的去向。”朗斯多夫在信的结尾还质问海登赖希为什么“对意大利人这么感兴趣”。这是个不祥之兆。

1944 年 11 月 27 日，沃尔夫本人向卡洛·安蒂保证：“元首承诺艺术品一直是，而且毫无争议，仍然是意大利的财产。”在接下来的两天里，他终于允许安蒂在朗斯多夫的陪同下，检查了两处储藏库。朗斯多夫只想向安蒂展示属于意大利国的艺术品，意欲隐藏私人的收藏品。安蒂有限的检查是意大利官员唯一一次进入这些储藏库。

安蒂还收到一份目录清单，但里面只有从蒙塔尼亚纳的博西－普奇别墅运走的文物。沃尔夫解释说他只提供了部分清单，因为他想让墨索里尼

---

① 松达洛是意大利松德里奥省的一个市镇。

成为第一个收到这些文件的意大利人。然而，直到 1945 年 3 月，无论是墨索里尼还是意大利其他官员都没有收到完整的清单。安蒂失去了耐心，写信给“艺术品保护部门”的一位代表说：“没有这些清单，我的检查纯粹变成了一次在德国同事的友好陪伴下有趣而又美好的参观。”尽管沃尔夫信誓旦旦，有些意大利人依然坚信“毫无疑问，德国人会在撤退时带走艺术品”。连墨索里尼都束手无策。他“希望被征收的文物转移到伯约明群岛”的声明直接被忽略。

具有讽刺意味的是，沃尔夫控制佛罗伦萨珍宝的最大威胁来自他自己的圈子。曾经建议将珍宝运到“因斯布鲁克或者巴伐利亚”的“激进纳粹信徒”奥地利省长弗朗茨·霍弗，决心控制他所谓的自己地盘上的所有活动。他已经责备沃尔夫，提醒他任何人打算在上阿迪杰地区有所行动“必须告知我本人，提出建议”。曾经有一次，霍弗甚至要求将几幅佛罗伦萨的绘画送给他，作为储藏绘画的回报，好像别人都是他的“客人”。沃尔夫坚决地拒绝了省长荒谬的要求。

1945 年 1 月 26 日之后的某个时间，沃尔夫收到书面命令，命令注明的是“政策指示”，是由马丁·鲍曼代元首发布的：“根据元首的命令，有关‘更伟大的德国’和占领区内现存的所有没收的艺术品，尤其是绘画、具有艺术价值的文物和武器的事项，应当向元首的顾问汇报。顾问再根据具体情况，通过我向元首递交报告，由元首亲自决定如何处置这些文物。”

如果是在别的时间节点，鲍曼的命令不过是例行公事，无关紧要。但就在几周之前，沃尔夫刚刚从希姆莱那里得到指令，将佛罗伦萨的艺术品转移到位于奥地利阿尔陶塞的主要艺术品储藏库。两个命令都表明柏林的德国领导人日益膨胀的绝望情绪。沃尔夫故意拖延，告诉希姆莱“恕难从命，因为缺少运输工具和汽油”。

尽管运输工具和汽油的确短缺，但是凭沃尔夫的官阶，他能调动资源实施转移，就像他 1944 年 7 月为朗斯多夫提供资源继续他在托斯卡纳的“拯救”行动一样。这个新计谋，已经不仅仅是阻碍的计策。沃尔夫已经跨越了界线，向他的纳粹党卫队上司撒谎。

可能是为了以防万一，沃尔夫命令手下编制一份佛罗伦萨艺术品的集子。他告诉朗斯多夫和其他人，集子将于元首五十六岁生日时呈现给元首。1945 年 4 月 20 日，沃尔夫选择不提供更精确的解释：一旦有麻烦，他可能需要这本集子当作盾牌。元首对艺术的喜爱根本不是秘密，纳粹党领导人和德国实业家们多年来经常向他奉送绘画和文物。阿尔弗雷德·卢森堡和他的罗森堡特别任务部队掠夺组织曾抢先一步，提供了包含窃取文物照片的棕色皮面装订的相册——主要是目录。

但是政治意志薄弱的卢森堡准备特别任务部队相册是为了保住他的职位。沃尔夫下令编制佛罗伦萨文物集子则是拯救他生命的计划的一部分，向希特勒展示他所做的出色工作，即保护佛罗伦萨的艺术财富，一旦希姆莱或者卡尔滕布伦纳弹劾他未将艺术品转移到阿尔陶塞，这就有可能成为他的挡箭牌。

与阻止苏联士兵占领柏林的战斗中遭遇的损失相比，德国部队在阿登山地西线盟军手上遭遇的失败显得不值一提。仅在 1 月和 2 月，德军在东线的伤亡就超过六十万人，超过阿登战役损失的五倍。随着维斯杜拉河–奥得河战役的结束，苏联士兵抵达了距离柏林四十五英里的位置，为德国在东边犯下的暴行算总账的日子逼近了。德国人——无论是士兵还是平民——知道自己不会得到宽恕，恐惧不已。朗斯多夫在日记里写道，“在苏联人抵达德国东部之前，数百万人将来不及转移”。“情况非常疯狂，从常识来看，无法挽回”。沃尔夫知道盟军的轰炸暂时封锁了奥地利和意大利之间的布伦纳山口，并“阻止德国士兵收到祖国的消息，正值此时，他非常担心苏联的进攻会对他的亲人造成威胁”。这让驻扎在意大利的德国官兵“士气大挫”。

到 1945 年 1 月末，沃尔夫确信战败“不可避免”。正如他后来写道，那些“参加了阿登战役先头部队的德国军官……收到保证，德国空军每天将出动三千架次，保证八天的空中优势；但是盟军的［防空］炮火和防御太过强悍，他们几乎没有看到一架德国飞机”。尽管普通的德国士兵依然寄希望于希特勒的保证，说新型秘密武器将扭转战局，沃尔夫知道如果这种武器真的存在，在关键的阿登战役或者苏联进攻战役中应该早就使用了。2 月 6 日，沃尔夫例行公事回到柏林时，所有残存的怀疑一散而尽。沃尔夫通过他的渠道打探“奇迹武器”是否存在。回避“正面回答”证实了他的怀疑，根本没有这种武器。

希特勒肯定英美苏同盟最终将瓦解，他相信他只需拖延时日，让大自然施展威力。在 1944 年 8 月 31 日的军情通报会上，元首表明了他坚定的信念:“盟军中间紧张加剧并最终导致分崩离析的时刻必将到来。历史上所有的联盟迟早都以解体告终。只需等待时机，无论过程多么艰难。”

到 1945 年 2 月上旬，身处德国的希特勒的两位纳粹党卫队高官决定不再等待。意识到纳粹政权摇摇欲坠，希姆莱和恩斯特 · 卡尔滕布伦纳秘密向战略情报局提出和议。一份报告称两人正“打算在纳粹党内清算‘战争贩子’”，如鲍曼，目的是磋商结束战争。战略情报局领导人将这一现象视为“纳粹党内日益分裂的标志”。来自战略情报局驻瑞士情报站站长艾伦 · 杜勒斯的后续报告补充说:“尽管希姆莱和卡尔滕布伦纳这类人自然不会得到我们的豁免，但是只要他们相信有这种可能，就可能给我们机会，进入纳粹党卫队和纳粹党内的情报机构。”

沃尔夫利用 2 月 6 日柏林之旅的机会，恳求元首批准与西方国家接触，寻求政治解决方案。尽管希特勒并没有授权他实施，但他也没有命令沃尔夫打消念头。在这趟行程中，这位纳粹党卫队将军还出席了有关希特勒对意大利北部实施焦土战略的通报会。根据这一战略，沃尔夫的部队将在放弃对这些区域的控制之际负责摧毁工业设施、发电厂、港口设施和基础设施。凯塞林的前线部队撤退时将摧毁桥梁和隧道。除了减慢敌军的推进，赢得时间，让西线盟国与苏联决裂之外，破坏不会结束游戏，也没有别的目的。

纳粹德国如临深渊——没有未来，没有出路。希特勒身边的众多亲信都开始做糟糕的打算。卡尔 · 沃尔夫不愿将自己的性命与元首的命运牢牢系在一起，他秘密制订计划，率整个德国军队——位于意大利的一百万德军——向西线盟军投降。

沃尔夫实施这一计划在很大程度上取决于地理、天气和运气的奇妙组合。当希特勒和他的将领们与西线盟军和苏联红军激战时，身处意大利北部的德国和意大利法西斯士兵们只能无聊地等待冰雪消融，然后发起春季攻势。意大利相对平静的环境让沃尔夫保持低调，也让他接受的监督远比柏林的同僚们更少。战争进行到这个阶段，凯塞林和沃尔夫指挥着德国最完整的战斗力量。沃尔夫的部队还控制着布伦纳山口，“南方前线最重要的进攻和增援路线”。这是通往由南巴伐利亚、西奥地利和意大利上阿迪杰地区（也就是闻名的阿尔卑斯山堡垒）山地的门户。

1944 年 8 月，杜勒斯向华盛顿发了一封电报，描述了阿尔卑斯山堡垒构成的威胁：“纳粹的设想是在福拉尔贝格州[①]、奥地利和巴伐利亚境内的阿尔卑斯山地区部署一百万部队，加上充足的物资[原文如此]，他们就能抵御六至十二个月的时间。”这只是发给华盛顿和伦敦决策者们有关德国计划的众多报告中的一份。报告认为纳粹以此作为最后屏障。事实证明这是“二战”期间错误最严重的情报。[②]

9 月，霍弗省长从隶属国家安全部（RSHA）的一位纳粹党卫队军官那里得到一份报告的抄本，而国家安全部正是由霍弗的奥地利同乡恩斯特·卡尔滕布伦纳掌管。霍弗省长感到机会来临，向元首递交了一份报告，建议立即构筑阿尔卑斯山防御工事——而不是令盟军日益关注的阿尔卑斯山堡垒。霍弗写道，他“借助巧妙而迅速地充分利用‘堡垒造成的精神压力’，可能会帮助我们展开外交磋商，尽早为战争带来满意的结局”。与纳粹党卫队将军沃尔夫一样，霍弗省长也打算从战争中幸存下来。

鲍曼 1944 年 11 月收到霍弗的报告，置之不理。霍弗却并未受挫，他

① 福拉尔贝格州是奥地利最西面的州。

② 战争之后，一位德国军官甚至将一位在瑞士工作的不知姓名的美国外交官赞为阿尔卑斯山堡垒传说的“缔造者”。——原注

一周接着一周不断递交建议。最终希特勒召见他参加会议，并于 1945 年 4 月 20 日同意修筑阿尔卑斯山防御工事。然而，战争进行到这个阶段，纳粹已经没有足够的资源修建并支撑任何接近神秘的阿尔卑斯山堡垒那般强度的防御工事。但是这一事实并未阻止帝国宣传部长约瑟夫·戈培尔博士激进地推进堡垒神话，幻想着一支根本不存在的游击部队能无限期地阻滞敌人。

艾森豪威尔将军相信堡垒的确构成威胁，也希望避免与隐藏在山间战壕内的德军长期展开一系列战斗，他将焦点从柏林移开，并将部队南移，对准希特勒心爱的山脊老巢——德国贝希特斯加登镇。沃尔夫认为在阿尔卑斯山修建防御工事的想法很“疯狂”，但是，鉴于盟军深信堡垒存在，他认为盟军会欢迎自己的部队投降。

沃尔夫的计划还给西线盟军带来了其他益处。除了结束战斗之外，第一批德军投降将揭开德国部队投降的序幕。而且，盟军部队的士气将大大提振。德军的投降即便不会摧毁希特勒在意大利北部的焦土政策，也会将其减轻到最低的程度，而沃尔夫已经采取措施阻止这一政策的实施。狡猾的沃尔夫同样也利用了英美在地缘政治上的担心。他意识到，德国部队投降之后，美国第五军和英国第八军就能迅速解放并占领整个意大利北部。这比红军穿越南斯拉夫进入意大利北部先行一步。资本主义将比共产主义提前到达。最后，沃尔夫本人可以将目前储藏在上阿迪杰地区的艺术品运走。无论是希姆莱、卡尔滕布伦纳还是其他纳粹官员奉行的任何计划都无法向盟军提供如此优厚的回报。

然而，行动的窗口即将关闭。冬天行将结束，进入春天，第五军和第八军部队将迎来接连胜利，不断向北推进。意大利游击队的愤怒即将释放，任何身着德国军装的人都将面临危险。这就是为何纳粹党卫队最高官员之一、国防军将军，会于 1945 年 3 月登上前往苏黎世的旅客列车。此时此刻，无论施展何种计划，不管冒着多大危险，都比在地下碉堡坐以待毙强上千百倍。

沃尔夫的苏黎世之旅是2月25日三位情报官员会晤的结果：战略情报局瑞士情报站站长艾伦·杜勒斯、他的得力助手格罗·冯·盖维尔尼茨和瑞士军事情报局的马克斯·魏贝尔上尉。经过一系列的斡旋，魏贝尔获悉沃尔夫将军有意与盟军领导人取得联系。尽管盖维尔尼茨表示愿意面见沃尔夫、凯塞林或者其他代表，他并没有抱多大希望这场会面真能实现。

仅仅五天之后，杜勒斯从魏贝尔处接到紧急电话，其中一位斡旋者、意大利实业家巴龙·路易吉·帕里利已经在两位纳粹党卫队军官的陪伴下返回瑞士。这两位纳粹党卫队军官中的一位是欧根·多尔曼上校，就是沃尔夫5月面见教皇时将西装借给沃尔夫的那位身材矮小的助手。按照帕里利的说法，这两位纳粹党卫队军官想面见盟军代表。盖维尔尼茨本来以为会面不会落实，他竟然去滑雪游玩了。

他不在时，杜勒斯派了一位战略情报局工作人员保罗·布卢姆，让他弄清楚纳粹党卫队军官有何需求。经过简短而又尴尬的开场白之后，布卢姆告诉他们，盟军有意与有诚意的人接触。他提醒这两人，盟军的政策是“无条件投降”，并明确表示盟军不会与希姆莱磋商。如果他们有什么建议，现在就可以提。尽管多尔曼没有具体的计划，但他希望说服允许沃尔夫将军前往瑞士进一步商谈。

布卢姆代表杜勒斯向多尔曼递过一张纸，上面是两人的名字——意大利游击队高级将领、著名的公众人物费鲁乔·帕里和杜勒斯派驻意大利的一位间谍安东尼奥·乌斯米亚尼。两人都被纳粹党卫队逮捕并关押。布卢姆告诉多尔曼只有将两人全部释放，沃尔夫和杜勒斯才能进一步商谈。多尔曼对释放如此重要的犯人的要求感到“震惊”，但是他向布卢姆保证他会竭尽全力，并希望几天之后能继续接触。

通过要求释放分别关押在不同的城市（帕里关押在维罗纳，乌斯米亚尼关押在都灵）的两个人，杜勒斯能很快判断出沃尔夫的诚意和他的权力。这项要求也可以为杜勒斯的行动提供借口。一旦与沃尔夫会见的消息走漏风声，他就可以辩驳说是为了磋商交换犯人，这完全在他的合法工作范围之内。然而，提出这样的要求，杜勒斯也是在冒险，因为他们可能永远也不会再得到沃尔夫及其属下的消息。

杜勒斯还得谨慎从事，避免行动威胁到西线盟军同苏联人的同盟。1944 年 12 月，战略情报局局长多诺万将军接到消息称，他有关豁免某些纳粹领导人以诱使他们与西线盟军单独签订和平协议的请求遭到罗斯福总统的拒绝。1945 年 1 月 31 日，多诺万和杜勒斯同时收到命令，禁止此类磋商，更不允许与德国政府官员签订任何形式的协议。与多尔曼会见的时机浮出水面，杜勒斯随即寻求并获得允许，继续见面，但是条件是“不能进行任何磋商或者进一步的对话”。

3 月 8 日，盖维尔尼茨接到马克斯·魏贝尔的电话。“格罗，你现在是站着还是坐着?”魏贝尔问盖维尔尼茨，“我之所以这么问，是因为如果你站着的话，听到这个消息你可能会晕倒。帕里和乌斯米亚尼在这里。他们几个小时前被安全送到瑞士和意大利边境的基亚索我的人手中。”

接下来还有更令人震惊的消息。当天早些时候，沃尔夫已经越境进入瑞士，希望与杜勒斯见面。六个人陪伴着他，包括纳粹党卫队军官多尔曼、吉多·齐默尔、斡旋人巴龙·路易吉·帕里利和马克斯·胡斯曼教授。

杜勒斯决定面见沃尔夫，但条件是见面地点在战略情报局使用的苏黎世日内瓦大街的一个房间内。见面时间定在上午十点。会面前几个小时，胡斯曼向杜勒斯递交了沃尔夫请他转交的一份文件。杜勒斯快速浏览之后发现，内容主要是沃尔夫简短的履历，用德语手写的，还包含有关沃尔夫各项声明的证明人和证言。仅前两个名字就给人留下深刻的印象：鲁道夫·赫斯①和“现任教皇”。信件后面列举了沃尔夫在意大利履职期间从事的各种善举，主要是在乌菲兹美术馆和碧提宫的艺术品保护方面发挥的重要作用。

① 鲁道夫·赫斯是帝国部长和纳粹党副主席。1941 年，他驾驶一架飞机笨手笨脚地前往苏格兰，准备与英国实施和谈。飞机在苏格兰坠落，于是他沦为战俘。

曾涉足广告行业的沃尔夫当然清楚第一印象的重要性。从他下定决心拒不服从希姆莱的命令并寻求自己的解决之道以来，他就一直准备着这一时刻的到来。意大利的命运——或许还有佛罗伦萨珍宝的命运——就要看与杜勒斯会面的结果了。

第二十三章

日出行动

1945 年 3 月 8 日至 4 月 2 日

艾伦·杜勒斯的祖父和舅舅都担任过国务卿，他似乎命中注定就该从事外事工作。从普林斯顿大学毕业之后，他在印度教授英语，游遍远东地区，并于 1916 年开始从事外事工作。第一次世界大战期间，杜勒斯在维也纳和伯尔尼收集情报。1919 年巴黎和会期间担任初级顾问。到 1926 年，他已获得法学学位，并开始在纽约著名的苏利文与克伦威斯法律事务所从事私营职业。但是，从事商业活动的同时，他还定期在美国国务院担任顾问，其中一项任务就包括 1933 年与欧洲领导人（包括德国总理阿道夫·希特勒）进行一系列会晤。

1941 年 10 月，杜勒斯成为战略情报局的前身、纽约情报协调处的行动组组长，在洛克菲勒中心二十五楼 30 号的一间办公室工作。一年之后，四十九岁的他接受了新的职务，以部长特别助理的身份返回伯尔尼。这个身份实际上是其作为美国间谍首脑的幌子。

到1945年春，经过两年的出色工作，杜勒斯已经形成了一张庞大的关系网。他为人精明、大胆而又雄心勃勃。他的工作经验磨炼了他聆听和磋商的技巧，他通晓能让对话顺畅推进的社交细节。杜勒斯喜欢面对着壁炉的温暖火光，准备好威士忌，同时打量对方。他评价卡尔·沃尔夫道："一位外表俊朗的日耳曼人，一头金发略泛斑白、稍微脱发，身材匀称但看起来历经沧桑，四十五岁左右年纪。"但是杜勒斯没有被错觉蒙蔽："[现在]，我对他的权力比对他的道德更加感兴趣。我们不希望在纳粹党卫队里找到的是一位星期日学校的老师。"

介绍之后，杜勒斯、盖维尔尼茨和沃尔夫没有握手，直接开始严肃的会议。磋商用德语进行。沃尔夫希望战略情报局人员了解，他来到苏黎世，包括释放帕里和乌斯米亚尼，都是他独自的行动，希特勒、希姆莱或者卡尔滕布伦纳都不知情。沃尔夫相信德国只会惨遭败局，而同盟国则永远不可能瓦解。继续这场注定失败的战争，在他看来，"是对德国人民的犯罪"。不过，他坦率地承认："从纳粹建立的早期一直到去年，他一直拥护希特勒，并完全受他的支配。"

沃尔夫随后表明了他此行的目的："我控制着意大利的纳粹党卫军部队，愿意将我自己和我的全部人马交给盟军处置，结束敌对状况。"这包括二十二万五千人的部队。不幸的是，沃尔夫的权力并不能控制凯塞林的C集团军群，包括德国第十四集团军和第十集团军的二十七个师以及社会共和国的利古里亚军队。但是他接着说，如果他能安排"与凯塞林联合行动，希特勒和希姆莱就无力采取应对措施，那么结果将跟7月20日的情况大不相同"，7月20日史陶芬柏格暗杀希特勒以失败告终。

沃尔夫相信，身处意大利而不敢单独行事的很多西线德国将领都会响应他，缴械投降。那么，他提议的投降"将产生重大的影响"。为了显示他的决心，沃尔夫承诺说他会停止攻击意大利游击队，并且在情势允许的情况下释放被拘留的几百名犹太人。这位纳粹党卫队将军还表示对超过三百五十名美国和英国战俘的安全负责。

要想得到凯塞林的支持，沃尔夫就得说服他放弃效忠德国和希特勒。

这绝非易事。沃尔夫得说服凯塞林他的首要职责是效忠德国和德国人民，而不是对一个疯子愚忠到底。他希望曾经保证帮他的其他人，最主要的是鲁道夫·拉恩，能积极影响凯塞林的决定。沃尔夫说，他希望周末与凯塞林会面，届时恳求他加入。“先生们，如果你们能耐心等待，我会将意大利双手奉送。”

第二天，3 月 9 日，沃尔夫和他的随行人员穿越边境返回意大利。在火车站见到纳粹党卫队米兰总督察时他们深感震惊。督察带来两个紧急消息。第一个消息是，卡尔滕布伦纳两天前就开始在沃尔夫的总部找他。他不知道从什么途径获悉沃尔夫已经离开意大利并前往瑞士。沃尔夫只能猜测他的敌人还知道些什么。

第二个消息更加令人胆战心惊。3 月 8 日，当沃尔夫与杜勒斯会见时，希特勒已经派飞机到意大利将凯塞林接到柏林。到那里之后，元首任命他为西线总司令，接替帝国元帅格尔德·冯·伦德施泰特的位置。凯塞林现在控制着西线的所有德国部队，但不包括意大利的部队。西线的消息非常令人沮丧，希特勒命令凯塞林直接从柏林赴任。沃尔夫与凯塞林当面商讨秘密投降只能在这位帝国元帅位于德国的新司令部进行。沃尔夫只能猜测他需要多久才能得到这样的机会。但可以肯定的是，不可能像他对杜勒斯承诺的那么快。

3 月 10 日，沃尔夫一回到他在加尔多内的指挥部，就得知卡尔滕布伦纳想尽快在奥地利的因斯布鲁克见他。以沃尔夫在意大利的职务，他在奥地利或者德国的安全没有保障，在那里卡尔滕布伦纳和希姆莱说了算。沃尔夫决定告诉他在纳粹党卫队里的主要对手卡尔滕布伦纳，自己太忙，暂时无法抽身离开意大利。

问题还不止于此。朗斯多夫上校告诉沃尔夫说文物集子在林格勒的坚持下停了下来。沃尔夫顶着巨大的压力，同时又缺乏睡眠，还得抽空解决这个表面上看来很不起眼的人事问题。然而，沃尔夫已经答应将托斯卡纳的珍宝转移到盟军手中，他无法经受更多挫折。

一丝不苟的林格勒博士从一开始就反对制作文物集子的举措。他对再次为已经经受过无数次拍照的艺术品拍照的想法愤怒不已。况且使用的还是小型 35 毫米康泰时牌相机。这么做有什么用呢？而且，摄影师们的粗鲁令他怒不可遏。在一次突击检查中，他发现拉斐尔和伦勃朗的肖像画被从画框里取了出来，丢在户外的雪地上拍摄。怒火中烧的林格勒随即要求立即停止这项工作。“如果我们想在整个世界面前负起责任——既然我们把这些艺术品转移出来，我们已经揽起这份责任，”他 3 月 6 日写信告诉朗斯多夫，“那我们就不能这样糟践它们。一旦发生什么意外，最终承担责任的会是我。”林格勒还对两处储藏库的整体保护工作表示同样担心。他写道：“德国国防军很多部门被撤销……于是这些储藏库周边出现大量闲杂人员，储藏库的隐蔽性势必难以保持。形势变得更加危险。”

朗斯多夫意识到了问题的严重性，3 月 12 日代替沃尔夫做出了回应，澄清了沃尔夫将军的角色和职责：“这些珍贵的文物是由位于意大利的纳粹党卫队最高领袖和警察领袖、德国国防军驻意大利全权将军、纳粹党卫队上将以及武装党卫军上将沃尔夫拯救的。他以全权将军的身份，我则作为纳粹党卫队全国领袖个人参谋部的一位老同事，利用他属下的‘艺术品保护部门’展开工作。”

朗斯多夫还想消除林格勒的担忧，告诉他沃尔夫已经再次从元首处确认：“根据高层的命令转移的意大利全部艺术品的责任都在沃尔夫将军身上，沃尔夫认为自己受整个意大利民族的委托照管这两处储藏库。现在它们在霍弗的地盘上，你只是负责它们的维护。”

3 月 12 日深夜，中间人帕里利带着沃尔夫的命令，返回瑞士会见杜勒斯，并告诉他凯塞林被调任的消息。杜勒斯有意试探沃尔夫投诚的决心，于是命令帕里利返回沃尔夫将军的指挥部，问他如果他无法说服凯塞林加入，他是否准备好了独自行动。

不到四十八个小时之后，帕里利就带着沃尔夫的回答再次返回。沃尔夫可以独自行动，但只能作为最后的手段。帕里利随后从口袋里掏出一片烧焦的外套上的织物递给杜勒斯。3 月 8 日与杜勒斯会见后返回指挥部的途中，一架美国飞机用机枪扫射沃尔夫的座驾，打伤了司机和另外一位军官，差一点儿击中沃尔夫。杜勒斯可能将这个细节视为沃尔夫的“幽默”，这个消息却显示了这位纳粹党卫队将军的好运。杜勒斯和他的团队将整个行动的代码定为“日出行动[①]”，似乎还没开始就已焦头烂额。

与杜勒斯和盖维尔尼茨的第二次会晤于 3 月 19 日在瑞士小城阿斯科纳[②]的一幢私人湖滨别墅内进行。小城位于马焦雷湖的西岸，距离瑞士和意大利边境以北约六英里。沃尔夫还不知道杜勒斯之所以选择这处别墅，是因为在这里他能让美国莱曼·莱姆尼策少将和英国特伦斯·艾雷少将藏身，两位将军身负陆军元帅哈罗德·亚历山大的命令，在条件允许的情况下参加磋商。[③]沃尔夫跟杜勒斯一见面，就告诉他曾参加过卡西诺山战役的德国第十军司令巴龙·海因里希·冯·菲廷霍夫－谢尔上将被指定为凯塞林的继任者，并将很快就任。尽管沃尔夫在工作上与菲廷霍夫保持良好的关系，他认为如果没有凯塞林的授权，这样一位软弱的“教条”司令几乎不可能支持他的计划。

沃尔夫告诉杜勒斯：“如果能给我五天到一个星期的时间采取行动，我想直接面见凯塞林。我需要这么久是因为我只能乘坐汽车前去……我跟凯塞林有些交情，而且，我去见他天经地义。还有很多影响意大利战区的事务悬而未决，我需要跟他交流。”

当天下午的第二次会晤，盟军的两位将军也加入进来。他们身着便装，没有透露姓名，而是以“军事顾问”的名义介绍自己。会场气氛严肃，这标志着这场战争期间敌对双方的高官第一次在中立国的领土上商谈德国投降事宜。沃尔夫对会晤的尴尬早有预料，他绕过用来充当缓冲地带的桌子，决心上前与两人一一握手。经过进一步的磋商，包括商讨具体的投降细节，会晤结束。沃尔夫返回意大利，安排与凯塞林的见面。两位将

---

① 英国人为“日出行动”取了自己的名称——“填字游戏”。——原注

② 阿斯科纳是瑞士南部城镇。

③ 亚历山大 1944 年 12 月升任陆军元帅、地中海战区盟军最高司令。

军决定在阿斯科纳等待，希望沃尔夫能信守诺言，于3月26日返回，确认结束意大利的战争。

跟美国第五军的所有将士们一样，弗雷德·哈特和迪恩·凯勒焦急地等待着春季攻势的到来。哈特利用这段时间继续在佛罗伦萨及其周边进行视察。但是，听到有关“德国人在意大利北部的一个V武器基地瞄准了佛罗伦萨周边地区”[①]的传言之后，他只好暂停将所有储藏库的艺术品送回城里的准备工作。只有等到战争结束才能将艺术品转移回城里。尽管哈特为了拯救城市中世纪的塔楼，在与热心过度的推土机驾驶员的斗争中时有失利，但是他对佛罗伦萨伟大教堂和博物馆的维修进行的监督还是赢得了民事和军事领导人的一致赞赏。

虽然成绩斐然，佛罗伦萨失踪的艺术品还是令哈特满心焦虑：

> 我们唯一知道的就是，表面上看为了防止屋顶可能遭受炮弹的袭击而加以保护的艺术品，实际上被暴露在更大的危险之中。三分之一的艺术品没有任何形式的盒子或者箱子的保护，所有艺术品都被运过盟军日夜轰炸的山间道路。从罗马一路走来，绵延一百公里，路边德国卡车烧焦的残骸为轰炸机指明了方位，可能对艺术品运输车队带来威胁。即使这些艺术品安全抵达意大利北部、德国或者任何地方，谁能保证在无政府主义的愤怒之下，在最后的大屠杀中，德国人不会将它们炸毁或者付之一炬？

当佛罗伦萨的守护者——也是伯纳德·贝伦森的保护人——之一塞卢皮·克雷申齐侯爵建议哈特争取战略情报局的支持时，哈特欣然接受了

① 德国科学家研制了一系列由地面发射的远程武器，即众所周知的（复仇）武器，也被称作“V”武器。这些炸弹以及后来的火箭，首先运用于英格兰，并造成重大生命损失和损害。——原注

这个机会。塞卢皮提醒哈特说，当他 1944 年 9 月上旬抵达喷泉别墅寻找贝伦森时，他与一位美国上尉错过了一天，现在这位美国上尉已经成为少校，可能会有所帮助。亚历山德罗·卡贾蒂已经在意大利北部遍布间谍，他们兴许能够找到艺术品所在地，并加以保护，直到盟军部队抵达这些地区。哈特这个人永远不允许好的思路受到礼节的束缚，他立即联系卡贾蒂，结果卡贾蒂欣然同意帮忙。哈特随即直接向欧内斯特·帝沃德明确表达了这一观点，而帝沃德担心绘画和雕塑珍藏“在逃窜之际被运过瑞士边境”。

3 月 22 日，哈特向卡贾蒂递交了一份正式的备忘录，题目是“德国人转移到意大利北部的艺术品”。他统计了失踪文物的数量，说明了这些文物被从佛罗伦萨的主要储藏库转移出去的情况，并要求“战略情报局特工努力追查这些从储藏库窃取的艺术品的下落，弄清其状况……而且，如果有可能的话，安排可靠的人盯紧这些艺术品的最后一程，以防它们被运到德国，或者受到任何损伤”。

三天之后，哈特得知卡贾蒂已经向位于威尼斯附近的一位特工发布消息，命令他与路德维希·海登赖希教授或者卡洛·安蒂取得联系，获取有关信息，包括“艺术品的处置，防止将其转移到德国或者至少尽力追踪这些珍宝的动向的有关安排”。

卡贾蒂于 3 月 27 日得到了新的头衔：意大利北方城市群负责人。在秋天和冬天的岁月里，他已经建立起可靠的战略情报局特别行动队网络，总共有十六人，在敌人后方展开行动。新的头衔赋予了他正式的身份。他在战场上的两个关键人物——“空中神父”唐·圭多·阿内利和彼得罗·费拉罗——已经被暂时征用，接受不相干的任务。一开始，卡贾蒂将阿内利的任务局限于收集有关艺术品藏匿地点的情报上。而意大利游击队领导人费拉罗跟阿内利一样，于 1944 年 7 月被空投到敌人后方，接到命令与威尼斯大主教和具有相似想法的“艺术品保护部门”成员取得联系，尽力获取情报。

哈特大胆的努力又加剧了他与凯勒之间的隔膜。3 月 18 日，当沃尔夫正前往瑞士与杜勒斯进行第二次会晤时，凯勒接到命令，到卡塞塔[①]的盟军总部报到，执行一项为期一周的任务，帮助第五军的古迹保护部门准备对奥地利的进攻。当他返回佛罗伦萨时，哈特已经制订了一项计划，在凯勒看来，这项计划允许哈特“在该地区自由来回，寻找艺术珍宝”。凯勒的下属无视军事礼节，自作主张，令凯勒恼怒不已。他毫不迟疑，写信向帝沃德投诉：“我希望您不介意我坦率地写信告诉您一个令我烦恼已久的情况，而这个情况今天再次加剧……我对战略情报局的介入毫不知情，而弗雷德不仅了如指掌，还与他们取得了联系，这让我情何以堪。”

尽管凯勒的愤懑情有可原，哈特实际上推动了一系列事件的进展，为寻宝之旅引进了新的人力。

与杜勒斯和“军事顾问”第二次会晤结束并返回指挥部之后，沃尔夫再次将注意力集中到艺术品上。此时，沃尔夫与霍弗省长已经达成协议，任何一方没有对方的同意不得对艺术品妄做决定。但是霍弗跟他的奥地利同乡——纳粹党卫队将军恩斯特·卡尔滕布伦纳——的关系意味着他不值得信任。众人都同意沃尔夫的观点。美术总局局长卡洛·安蒂一直相信，“考虑到霍弗反对意大利的立场，有必要考虑我们的艺术品的命运”。他指出，甚至林格勒都“向我承认说，他觉得不安全”。霍弗显然不信任林格勒，因为林格勒是天主教徒，而不是纳粹党员。

与此同时，沃尔夫与盟军的秘密磋商令他跟朗斯多夫的工作关系开始变得复杂。朗斯多夫还不知道沃尔夫对艺术珍宝另有计划。他敦促林格勒对霍弗施压，让他允许意大利督导进入储藏库。他希望霍弗能够同意。然而，朗斯多夫 3 月 21 日接到林格勒的通知，“省长与纳粹党卫军上将沃尔夫已经达成一致意见，不允许［热那亚美术馆督导］莫拉西长期控制这些珍宝……”沃尔夫的突然变卦令朗斯多夫困惑不已。他要等几个星期之后

---

① 卡塞塔是意大利南部坎帕尼亚大区的一座城市，卡塞塔省的首府所在地。

才能弄清缘由。

霍弗省长并非这些艺术品面临的唯一威胁。附近的居民无意保护意大利遗产，多数人将自己视为蒂罗尔人。林格勒博士写信告诉朗斯多夫说："农民已经厌倦了［在储藏库］无休止地站岗，［抱怨］说他们的田地都没人照料。如果此时我们在德国的艺术品被毁，人们就不理解这种防范有何意义。"卡洛·安蒂坦率地总结了这种风险："德国人倒不怎么危险，危险的是南蒂罗尔人。"

3月21日，沃尔夫坐汽车前往凯塞林的司令部，也就是有名的"鹰巢"，为期五周的阿登战役期间用作希特勒的指挥部和住所的地堡建筑。由于盟军的猛烈炮轰，原本只需五个小时的车程花了一天一夜的时间。沃尔夫抵达距离美因河畔法兰克福以北约二十五英里的温泉小镇巴德瑙海姆附近的司令部之后，惊讶地得知司令部距离盟军部队仅剩十英里远。逐渐恶化的前线局势迫使凯塞林在新的岗位就职不到两个星期之后被迫转移司令部。

司令部的电话不断响起，凯塞林大声向指挥员们发布命令，沃尔夫意识到现在很难商讨敏感话题。战场的形势支持了沃尔夫尽早投降的建议，但是凯塞林拒绝了。"这个建议对意大利来说是个好的建议，"凯塞林对沃尔夫说，"但是我无法在西线亲自实施。我来这儿的时间太短了。"尽管凯塞林无意率部队投诚，他却同意指示他在意大利的后任者菲廷霍夫上将支持沃尔夫的计划。

沃尔夫知道，在当前形势下，这已经是最好的结果，他准备返回意大利。然而，3月22日，他接到命令向希姆莱汇报工作。对卡尔滕布伦纳不予理睬是一回事，忽视希姆莱的直接命令就是另外一回事了。沃尔夫打电话给米兰的一位中间人，利用预先安排的密码告诉他，向杜勒斯发一条消息，说自己要多耽搁几天。又经过一阵痛苦的车程之后，沃尔夫终于在当天黄昏抵达柏林。路上，他的司机多次将车开下高速公路，躲避敌军飞机。

沃尔夫自1932年起就认识希姆莱。之后的大部分时间里，两人的关系非常亲密。但是1943年，沃尔夫寻求（并且得到）元首的同意与第一任妻子离婚。第一任妻子和孩子长着棕色的头发和棕色的眼睛，这让沃尔夫"深感罪恶，浪费了他的日耳曼特质"。德国史学家约亨·冯·朗幽默地评价道："如果学生时代的卡尔高中期间上生物课时能更专心的话，这场不幸或许就可以避免。黑色支配金色只不过是遗传的定律。"然而，沃尔夫的情妇却为他生下金发碧眼的儿子，沃尔夫有意娶她为妻。希姆莱对此强烈反对，并对沃尔夫越级去找希特勒的行为深恶痛绝。沃尔夫那年晚些时候调任意大利，他们再次共同掌权。希姆莱又开始使用他钟爱的昵称"亲爱的小沃"，因为他将沃尔夫视为自己"最亲近的老部下之一"。他后来还说沃尔夫"是我亲爱的朋友"。沃尔夫依然很慎重。希姆莱是他的上司，基于现在的形势，他可能会冷酷无情。

卡尔滕布伦纳和沃尔夫之间的关系则完全不同。卡尔滕布伦纳是国家安全局领袖和盖世太保头目，也直接向希姆莱汇报工作。卡尔滕布伦纳将沃尔夫视为自己的对手，对他和希姆莱的友谊怀恨在心。他不断怂恿希姆莱解除沃尔夫的职务，这让两人势同水火。自1942年以来，纳粹党卫队三位最高领导人之间的斗争可以用竞争、卑鄙和虚荣来形容。唯一让他们站在一起的东西就是对元首的忠诚。

希姆莱和卡尔滕布伦纳已经从纳粹党卫队驻意大利北部警察部队负责人威廉·哈斯特将军处获悉，沃尔夫3月8日在苏黎世与杜勒斯见过面，但是他们似乎不知道沃尔夫3月19日在阿斯科纳的第二次会晤还有盟国的"军事顾问"在场。尽管沃尔夫对于与杜勒斯的第一次会晤已经想好了借口，但是第二次会晤因为有敌方军事人员在场，已经构成叛敌。随着交谈继续，希姆莱最大的不满似乎是怪罪沃尔夫与盟军进行接触，事先却没有让他知情，并征得他的同意。他嫉妒地说，他的老副官可真有本事，能够得着杜勒斯这样位高权倾的人。问题随即变得明了：三个人为了生存各怀心机。只有一个人能够成功。

沃尔夫现在终于清楚，希姆莱和卡尔滕布伦纳是在斥责他的主动和成功，他对自己跟元首的关系非常自信，于是建议他们一起面见希特勒，告诉元首与杜勒斯见面取得的进展。尽管这个策略看起来十分冒险，沃尔夫知道希姆莱跟元首见面时总是很紧张，会听他摆布。这个策略侥幸得逞。希姆莱和卡尔滕布伦纳立即寻找借口，说现在跟元首见面不是时候。沃尔夫暂时避开了他们的质询。

在接下来的几天里，沃尔夫面临的最大生命威胁就是卡尔滕布伦纳鲁莽的驾驶技术。在一个雾气弥漫的下午，在他们驱车赶赴柏林之外会面时，卡尔滕布伦纳的汽车冲下高速公路，钻进柔软的草地并翻了两圈。除了轻微的擦伤之外，卡尔滕布伦纳和沃尔夫都无大碍。3 月 27 日离开柏林之前，卡尔滕布伦纳劝沃尔夫不要继续与美军接触。希姆莱则更加直接，命令沃尔夫不得再次离开意大利。

回到意大利的指挥部之前，沃尔夫计划将他的第二任妻子、儿子，还有另外两个孩子从距离萨尔茨堡以东二十英里的沃尔夫冈湖上的一座小镇搬到慕尼黑，以便保护家人。他打算将他们送往因斯布鲁克和布伦纳山口之间的某座城镇，靠近他在意大利的指挥部。"小沃"已经见惯了希姆莱的残酷，现在他的投降计划带来的危险不容忽视。他最终于 3 月 29 日抵达意大利，但是身心俱疲的他还来不及休息，就得参加另一场会议。这一次是跟凯塞林在意大利的继任者菲廷霍夫见面，时间安排在 4 月 1 日，复活节星期天。

沃尔夫之前向杜勒斯保证用"五天到一个星期的时间"寻求凯塞林的同意，但是，两个星期已经过去。3 月 30 日，沃尔夫已经安排中间人发送一则消息，解释了额外耽搁的原因，并且告诉杜勒斯他已经得到凯塞林的支持。他会在两天之内跟菲廷霍夫见面。幸运的话，他希望能于 4 月 2 日返回阿斯科纳，可能会带上意大利新任德国司令菲廷霍夫和德国大使拉恩，与杜勒斯和两位军事顾问见面。

这条消息令莱姆尼策和艾雷将军振奋不已，他们已经退出战斗，花了整整两个星期等待沃尔夫返回。他们和杜勒斯一样，对沃尔夫的执着和侥幸惊叹不已。如果顺利的话，德国在意大利提前投降将指日可待。但是星期一，4 月 2 日，沃尔夫的中间人出现，沃尔夫却没有现身。与菲廷霍夫的见面按照计划于前一天晚上如约举行，但是之前沃尔夫接到了希姆莱的电话，内容令人非常苦恼。希姆莱对沃尔夫预先防范并将家人转移感到恼火。“你的行为非常鲁莽，”希姆莱告诉他说，“我不揣冒昧，已经纠正了你的行为。你的妻子和孩子现在处于我的保护之下。”希姆莱还说，他会定期打电话到沃尔夫的指挥部，确保他不会离开意大利的岗位。

希姆莱这不是在保护沃尔夫的家人，而是将他们扣作人质。沃尔夫相信，如果他再去瑞士，希姆莱会将他干掉。在这种情况下，沃尔夫只得发消息给杜勒斯，解释了他为何选择留在加尔多内的指挥部，而没有按照计划前往瑞士。收到这个消息之后，莱姆尼策说：“事情一点儿都不像表面上看起来那么糟糕。”不过他是盟军方面唯一保持乐观的人。杜勒斯的看法代表了大多数人的心理：“对于下一步怎么走……沃尔夫一句准信儿都没带来。我们现在能做的只有发条消息给沃尔夫，向他重申我们对于投降依然保持兴趣。”

第二十四章
混 乱

1945 年 3 月 18 日至 4 月 27 日

当帝国元帅凯塞林将部队从“鹰巢”的军事指挥部撤离时，帝国元帅戈林却在监督打包他在卡琳宫的艺术收藏。两批货物已经动身前往巴伐利亚的韦尔登斯坦。从那里，火车会前往贝希特斯加登，戈林在那里还有一处宅邸。有些物品必须留下来，包括他心爱的第一任妻子卡琳的遗体。卡琳宫正是以她的名字命名的。（戈林安排将遗体从陵墓中迁移出来，改葬在附近的森林里。）戈林不想让红军破坏他辉煌的宅邸，下令当敌人接近时将他的宅邸和剩下的物品通通破坏。

3 月 28 日，从卡西诺山修道院窃取的那不勒斯文物抵达最后的目的地——位于奥地利阿尔陶塞的纳粹储藏库。矿工们在迷宫般的地道深处藏匿了成千上万件绘画、印刷品、雕塑、家具和挂毯，很多都是为了希特勒的元首博物馆准备的。

两个星期之后，八口属于奥古斯特·埃格鲁伯尔省长的木箱分两批抵达这里，每口箱子都重达一千一百磅。箱子上标着“小心轻放——大理石——严防坠落”。矿工们再次将这些新到的物品搬进狭窄的隧道。但是，这一次，他们却接到奇怪的命令，将这些箱子分散放到整个矿井，而不是放在一起。如果他们知道每口箱子里都装着一枚炸弹而不是大理石雕塑的话，命令如此诡异就不足为奇了。埃格鲁伯尔——跟沃尔夫、希姆莱和卡尔滕布伦纳一样——也有自己的计划。为了不让这些艺术品落入“国际犹太人”的手中，他宁愿摧毁盐矿和里面所有价值连城的艺术品。

4 月 3 日，弗雷德·哈特从卡贾蒂那里收到第一个回复：“我们已经从战场收到如下消息：‘安蒂向威尼斯的主教表示，位于上阿迪杰地区的艺术品状况良好。他已经请求将这些艺术品送往［总督］在威尼斯的宫殿……如果可能的话，会向我们暗示一些主要失踪艺术品的下落。’”

卡贾蒂的人至少已经将储藏库的地点缩小到上阿迪杰地区。哈特明白，上阿迪杰实际上属于纳粹德国的领土——位于佛罗伦萨以北两百多英里，但是隐蔽在奥地利边境。尽管卡贾蒂报告说艺术品“状况良好”，他的电报对于它们处境是否安全却只字未提。不过，有消息总比没消息好。哈特迅速向卡贾蒂提供了失踪文物的清单。

消息来自卡贾蒂的特工、与威尼斯联系密切的游击队负责人彼得罗·费拉罗。费拉罗一开始跟威尼斯督导费迪南多·福拉蒂教授一样乐观。教授认为卡洛·安蒂将佛罗伦萨珍藏转移到历史悠久的总督宫——在一千多年的时间里一直是威尼斯共和国总督的宅邸——的努力可能真的会成功。但是安蒂费了八个月的周折恳求朗斯多夫转移艺术品，却依然没有结果。

2 月下旬，安迪与米兰督导取得联系，商讨将艺术品转移到瑞士的圣莫里茨。圣莫里茨靠近这些储藏库，而且通往该处的道路也很安全，不会受到盟军的空袭。事实上，这个建议很鼓舞人心，朗斯多夫和“艺术品保护部门”的其他官员 3 月 5 日来到米兰商讨这件事。大家一致同意将文物转移到瑞士是最佳选择。不过，朗斯多夫强调说：“关键是这个决定牵扯到政治问题，只能由元首和领袖共同实施。”当然，安蒂第二天就听说这个建议被否决了。

4月4日，安蒂写信给朗斯多夫，指责他并让他将艺术品交由意大利人保管。“你们想要从危险的作战地区夺走这些艺术品的所有努力……全部作废，因为你们反对我们直接照管意大利国家的储藏库。”安蒂随后提出派车前去转移这些艺术品。他还告诉林格勒博士说：“如果德国军队战败，这些储藏库遭受任何损害，意大利政府会唯你是问。”

4月15日，随着美国第五军和英国第八军向北推进，安蒂已经用尽一切办法。卡贾蒂从他的间谍费拉罗那里收到这个令人沮丧的消息：“恐怕德国人自己（艺术品的朋友们）都担心这些艺术品在最后一刻，在慌乱之中，会被纳粹党卫军或者［上阿迪杰居民］转移或者摧毁。德国人自己也认为派……一群意大利保管人和一位意大利督导，尽管在关键时刻无法与纳粹党卫军［或者上阿迪杰］部队抗衡，但毕竟比什么都不做强。”

由于两处储藏库距离奥地利边境都不足五十英里，纳粹党卫军部队可以在接到命令之后迅速将文物装上卡车运往北方，或者干脆毁掉文物泄恨。现在，卡贾蒂只能确认文物还在那里，然后部署观察员，可能是武装游击队员，密切观察，等待盟军部队到达。他需要不太引人注意的人往来移动。或许可以找一位牧师？

卡贾蒂向唐·阿内利发了三封加急电报，要求他尽快抵达波尔查诺地区，然后一路前往储藏库。阿内利想要帮忙，但是他已经接手战略情报局的另一项任务，代码为“忏悔”，这是一系列“士气行动”中的一个，旨在通过定制的宣传资料制造德国人和法西斯分子之间的摩擦。他需要帮助才能抵达波尔查诺。就像四个月之前一样，在卡贾蒂的安排下，这一次唐·阿内利被载到加尔达湖区域，然后空投到蒂罗尔的乡村，执行他的新任务。

1945年4月12日，全世界的广播都在关注一件事。“我们打断这个节目，插播一条来自哥伦比亚广播公司全球新闻的特别报道。一家新闻社刚刚发布消息称罗斯福总统已经逝世。”这位掌权十二年三十九天的总统，在佐治亚州温泉镇“小白宫”端坐让人给自己画像时死于严重脑出血。这条令人震惊的消息迅速传到外国领导人耳朵里。温斯顿·丘吉尔首相写信给美国第一夫人说：“我失去了一位亲爱而又珍贵的朋友，我们的友谊经历了战火的磨砺。”艾森豪威尔将军表示：“我们怀疑美国是否还有人跟他一样，在与盟国政治领导人打交道方面有如此丰富的经验……我们上床睡觉的时候，还沮丧万分。”

但是柏林帝国总理官邸下方的地堡中的人们听到这个消息，却欢呼雀跃，并重新燃起希望。星期五，13 日，简直是纳粹的解救日。“我尊敬的元首，恭喜您！罗斯福已经死了！”戈培尔感叹道，“天象显示，4 月的下半个月将是我们的转折点！”希特勒抓着报纸剪辑，走到阿尔贝特·施佩尔面前说，“嗨，读读！嗨！你简直不敢相信。这就是了！这就是我一直期待的奇迹！谁说得对？战争还没有输。读读！罗斯福死了！”可能英美和苏联之间会分崩离析。

在一封署着 4 月 15 日的信中，另一位纳粹高级领导人也对总统之死做出了回应。收信人为美国间谍首脑艾伦·杜勒斯，发信人是纳粹党卫队将军卡尔·沃尔夫：

尊敬的杜先生：

您跟总统如此亲近，作为政府的一员，总统辞世对您来说必定十分痛苦。我想在此表达我最诚挚和深切的同情……并且，在这悲伤的时刻向您保证，我跟此前一样，仍然坚信迅速结束敌对是可能的。

希姆莱 4 月上旬的威胁成功地拖延了他的前任副官，却没能彻底阻止他。在与菲廷霍夫的三次见面过程中，沃尔夫已经取得这位凯塞林的继任者、驻意大利德国军队总司令的支持。但是菲廷霍夫依然有所顾虑，特别是对名誉的问题十分纠结。

与此同时，曾经势不可当的纳粹德国却继续瓦解。美国第九军的分队

4月11日抵达易北河，目前正在柏林以西不足一百英里的地方待命。维也纳于4月13日落入苏联军队手中。英国皇家空军的轰炸机继续对柏林实施夜间轰炸，与此同时，超过两百五十万红军战士集结在柏林城东。希姆莱知道纳粹德国回天乏术，但他依然相信自己能够成为最佳人选，与英国和美国结盟，对抗苏联。但是沃尔夫与杜勒斯的擅自接触威胁到了他的计划。4月13日，希姆莱命令沃尔夫立即向他汇报。

在躲避纳粹党卫队领袖的电话两天之后，沃尔夫决定直面希姆莱。他登上一架飞机前往柏林。离开之前，沃尔夫通过他的中间人辗转向杜勒斯发了消息，通知他此行的有关情况，并声称有机会“为所有德国人民做些事情”。沃尔夫希望在4月20日之前返回意大利。[①]杜勒斯直到后来才知道中间人的口袋里还装有沃尔夫的一张字条，有点儿像是最后的遗嘱，上面写道，“一旦我失去职务，”请杜勒斯“……在我死后，如果可能的话，保护我的两个家庭免遭不测”。杜勒斯和他的同事们做好了最坏的打算，沃尔夫已经做好了准备。“看起来希姆莱现在要么会干掉[沃尔夫]，”杜勒斯发电报给华盛顿说，“要么会利用他帮助希姆莱与[西线盟军]建立联系”。

4月17日，沃尔夫忍受了一系列紧张的会议——首先是面见希姆莱，随后是希姆莱和卡尔滕布伦纳。沃尔夫不知情的是，希姆莱一直跟瑞士外交官弗尔克·贝纳多特伯爵进行秘密磋商。然而，他毫不迟疑地指控沃尔夫与杜勒斯的见面为通敌叛国。沃尔夫要求三人面见元首，求证与英美接触是经过许可的。沃尔夫这一大胆的举动，在一个月不到的时间里两次使用的边缘政策，达到——基本达到——预期的效果。沃尔夫要求与元首见面，但是希姆莱再次表示反对，命令卡尔滕布伦纳和沃尔夫两人前往。

---

① 在第二次会晤的时候，沃尔夫同意让杜勒斯在纳粹党卫军米兰的反间谍大楼、之后是在沃尔夫位于巴尔扎诺的总部里安插一位间谍——二十六岁的无线电报务员，名叫瓦切斯拉夫·赫拉德基，也就是著名的“小瓦利”。赫拉德基是捷克人，1939年在布拉格被捕，逃跑前被德国人关押在达豪集中营。他成了沃尔夫和杜勒斯之间，以及后来与卡塞塔的盟军总部之间的重要联系人。——原注

4月18日黎明前的几个小时，两位纳粹党卫队领导人接近元首的地堡。沃尔夫准备保护自己。他警告卡尔滕布伦纳，如果他敢对他与杜勒斯的会面添油加醋，沃尔夫就会告诉希特勒三个星期之前，他已经向希姆莱和卡尔滕布伦纳分别递交了他与杜勒斯会面的详细报告，而两人选择向元首隐瞒这一信息。进入地堡之前，沃尔夫转向卡尔滕布伦纳说："如果我被绞死，那你和希姆莱肯定会在我左右两边的绞刑架上。"

沃尔夫和卡尔滕布伦纳必须等待希特勒结束军情通报会。结束之后，他们走进地图室，面见元首和纳粹党卫队将军赫尔曼·费格莱因。沃尔夫留意到德国领导人形容憔悴。希特勒的腰弯了，眼睛疲惫，布满血丝，右手情不自禁地颤抖。但是，元首直切主题："卡尔滕布伦纳已经告诉我，你已经开始与罗斯福的代表杜勒斯在瑞士磋商。你怎么会想到采取这么武断的行为?"

沃尔夫进行了最佳的辩护，提醒说他2月6日面见元首时已经征得元首的同意，试探试探西方国家。如此辩护之后，沃尔夫告诉他大门现在向他们敞开。卡尔滕布伦纳和费格莱因都一言不发。希特勒似乎接受了沃尔夫的解释，尽管他批评沃尔夫，说他无法将这种行动置于更高的视野之中全盘考虑，只有元首自己才能理解。希特勒需要休息，告诉大家他会进一步考虑这个问题，告诉他们凌晨五点再回来汇报。

当会议继续时，希特勒似乎变了一个人，满怀希望，认为德国部队至少能够保卫柏林六到八个星期的时间，足以让西线盟军同苏联分裂。元首命令沃尔夫立即返回意大利，告诉沃尔夫用他的士兵的鲜血捍卫每一寸土地。沃尔夫只能继续与西方保持联系。元首说："他们会继续提出更多的要求……无条件投降……痴心妄想!"卡尔滕布伦纳对沃尔夫说的最后一句话却没那么乐观："当心，不要让你地盘上重要的民事犯人落到盟军的手中。盟军接近的话，杀掉他们。"说完之后，会议结束。几个小时之后，疲惫——而又幸运——的沃尔夫将军离开夜幕笼罩下的柏林，这是他在战争期间最后一次飞离德国首都。

杜勒斯急切想知道沃尔夫的消息，却于4月20日从华盛顿参谋长联席会议接到令人吃惊的电报，正式结束“日出行动”。“参谋长联席会议今天的来信指示，战略情报局立即停止与德国使者的所有接触。”经过六个星期的拖延和借口，联席会议认为驻意大利的德军司令菲廷霍夫无意“在可以接受的条件下立即”率部投诚。信上还提及了“与苏联人之间出现的纠葛”，并且规定杜勒斯应当认为“整个事件已经……结束，并通知苏联方面”。

罗斯福总统的逝世夺去了西线盟国最擅长与老谋深算的约瑟夫·斯大林打交道的人。在总统逝世之前的几个星期里，苏联外交官迅速得知杜勒斯与沃尔夫的第一次会晤，严厉谴责美国和英国牺牲苏联的利益，与驻意大利德国部队展开秘密投降磋商。尽管西方矢口否认，至少在某种程度上事实的确如此。虽然苏方代表被正式邀请参加在卡塞塔的亚历山大将军的指挥部举行的名副其实的投降商谈，他们在试探性地提出派遣军事顾问参加杜勒斯和沃尔夫之间的会议时却遭到了拒绝。

3月24日，这一事件进一步升级。罗斯福总统致信斯大林，想向他重申，尽管与沃尔夫的会晤将继续进行，但是这种会晤绝对没有“违反我们定下的无条件投降这一原则”。经过彼此间反复的诘责，罗斯福礼貌地向斯大林发送了一封短信，结束争论。信是在他逝世的那天早上发出的，感谢“你对伯尔尼事件[战略情报局与沃尔夫的接触]从苏联的角度提出的坦率意见，现在这种接触已经不复存在，也没有达到任何有效目的”。尽管如此，杜勒斯与沃尔夫的“商谈”在罗斯福的默许下仍得以持续。但是他的继任者哈里·杜鲁门却有不同看法。杜鲁门更加同情斯大林的担忧，在征得丘吉尔的同意之后，拔掉了“日出行动”的插座。

沃尔夫不知道西方盟国立场的变化，他和副官（文纳少校）、菲廷霍夫的代表（维克托·冯·施魏尼茨中校）4月23日抵达瑞士的琉森①市，准备继续推进投降事宜。他们的突然造访令杜勒斯大惊失色。杜勒斯首先

① 琉森是瑞士中部琉森州的首府。

与亚历山大将军取得联系，亚历山大又致电参谋长联席会议，请求重新考虑4月20日的电报命令。他随后向魏贝尔解释了当前的情况，魏贝尔则面临着并不令人羡慕的工作，那就是向沃尔夫解释，德方的耽搁已经引起了华盛顿和伦敦方面的猜疑。至少现在，有关投降事宜的进一步磋商无法进行。他同时鼓励沃尔夫和他的随行人员继续留在瑞士，并且跟杜勒斯一样，希望联席会议改变立场。

到4月25日，美国军队和苏联红军在易北河会师。意大利北部的游击队感觉到解放的时刻日益迫近，也停止藏匿，开始携武器四处游荡。希姆莱再次联系沃尔夫，发来电报说："现在，保持意大利前线的稳固具有前所未有的重要意义。不准采取任何形式的和谈。"三天之后，消息走漏出来，希姆莱一直在德国北部城市吕贝克与贝纳多特伯爵会晤，希望这位瑞士官员能引荐希姆莱与艾森豪威尔见面，让希姆莱率西线部队投降。魏贝尔后来告诉杜勒斯说，接到这个消息后，沃尔夫"耸耸肩膀，说希姆莱无论说什么都已经没有分别了"。

沃尔夫明白游击队带来的威胁，传话给杜勒斯，他得在他还能返回意大利指挥部的时候赶紧动身。菲廷霍夫派遣的代表施魏尼茨跟文纳少校则一起留下来。两位军官都已得到授权，一旦机会出现，他们将阅读并签署投降文件。

沃尔夫还告诉杜勒斯，他已经说服霍弗省长配合他的计划。可实际情况却复杂得多。沃尔夫知道盟国绝不会同意有条件投降，更不用说是霍弗的条件，他故意向霍弗隐瞒他的计划前提是无条件投降。霍弗接受的条件是保持自治，包括异想天开"盟军不得占领阿尔卑斯山地区"。这一点沃尔夫并未向杜勒斯透露。

离开之前，沃尔夫亲笔写下长达四页的书信，收信人写的是两位主要瑞士中间人——马克斯·胡斯曼教授和瑞士情报局局长马克斯·魏贝尔，但实际上是写给杜勒斯看的。这位美国间谍首脑在各种场合下无数次向华盛顿方面保证"没有与沃尔夫进行任何交易或者鼓励，只是聆听了[沃尔夫的]陈述"。沃尔夫的信则截然不同。"你深知我一次又一次遭遇令人难以想象的困难，”沃尔夫的信开头写道，“即使我在这场血腥斗争的一开始未能成功开启并促成我们的协商，我今天同样自信，已经按照与你和盟国代表商谈的结果行事。”

第三页和第四页主要是一系列个人财产，并指出“沃尔夫可能占有的财产”以及他家人的位置，“纳粹党卫队家庭（妻子和孩子）位于慕尼黑以南五十英里的特格尔恩湖上（离异的妻子加上四个孩子等）”。在“需要立刻优先保护的宅邸如下”的标题下，写的是三处归沃尔夫掌控的宅邸的名称和方位。作为沃尔夫的新指挥部的波尔查诺王宫，也是“意大利国王无与伦比的钱币珍藏”的储藏室，这些钱币是在德国撤退期间从奎里纳尔宫掠夺的，而金条和银条则属于国库。另两处建筑都位于上阿迪杰地区，储藏着佛罗伦萨的珍宝。一幢建筑“装有大约三百件来自佛罗伦萨乌菲兹美术馆的世界著名油画，是从佛罗伦萨附近罹遭大火的城堡中抢救出来的”。另一幢建筑则存放着“大约三百件其他油画以及……世界著名的雕塑”。沃尔夫没有给他人留下可乘之机，立刻安排朗斯多夫派遣一队人马，包括“艺术品保护部门”的两位官员，驱车前往这两处储藏室，保护它们“免遭游击队劫掠”。

沃尔夫于4月25日晚上抵达科莫湖上切尔诺比奥别墅的纳粹党卫队指挥所。4月26日凌晨，游击队包围了别墅，将沃尔夫和其他官员逼回屋内。当马克斯·魏贝尔从一位特工那里得知这个消息之后，他和盖维尔尼茨赶赴基亚索，希望挽救沃尔夫和“日出行动”。盖维尔尼茨前去帮助沃尔夫的举动明显违背了联席会议有关禁止与沃尔夫接触的命令，但是盖维尔尼茨、魏贝尔和杜勒斯都不希望沃尔夫遭到愤怒的游击队员的侵害。

经过与游击队方面的紧张磋商，幸运地避免了枪战，魏贝尔和盖维尔尼茨将沃尔夫解救出来，并开车将他送往卢加诺。沃尔夫感激得五体投地。魏贝尔随即陪护沃尔夫前往瑞士和奥地利边境，并于4月27日凌晨抵达。在那里，他们获悉，杜勒斯刚刚收到华盛顿的“3类紧急”消息。参谋长联席会议推翻了之前“停止”“日出行动”的命令。杜勒斯现在得到授权，立即安排沃尔夫的两位代表飞往卡塞塔签署投降协议。

4月中旬，唐·圭多·阿内利在上阿迪杰地区与可靠的朋友取得联系，朋友们确认了两处地点艺术品的安全。他随即安排可靠的“意大利人民的爱国人士，保护［这些艺术品］免遭代表少数民族的群体可能带来的损害。”阿内利还招募了一位波尔查诺意大利红十字会牧师同人，并安排他组织向导，让这些向导一见到盟军士兵，就带他们来储藏库。

随着盟军春季攻势的展开，迪恩·凯勒在古迹保护官“特迪”·克罗夫特–默里的陪伴下向北到达博洛尼亚。两人于4月21日博洛尼亚解放的当晚进入城市。六十七英里的车程花了他们八个小时，因为黑漆漆的道路上塞满了缓慢蠕动的车辆。

佛罗伦萨为期三个月的宁静冬天让战场的厮杀从他们的脑海中淡出。进入火光冲天、毁灭殆尽的博洛尼亚，之前的一切重新映入眼帘。凯勒写信给父母，描述了“……死亡、痛苦、破坏的场景——耶稣啊！深夜抵达城市，房屋淹没在火海之中，工兵时不时引爆地雷，到处弥漫着死亡的气息，牲畜陈尸街头。两名德国士兵，一位断成了两截，另一位不见了头颅。不是我心理有病，但这就是流淌着鲜血的心灵眼前所见”。

在博洛尼亚，凯勒遇到一位二十三岁但看起来稚气未脱的比尔·莫尔丁军士。这位年轻漫画家的年纪足够当凯勒的儿子。“偶然遇见他是多么幸运啊！我真是钦佩这位心灵手巧的年轻人。天赋过人。早期绘画大师见到的话都会羡慕。地道的美国风格。”凯勒和莫尔丁有个共同点：两人的儿子都很年幼。但是莫尔丁还没见过自己的儿子，只见过儿子的照片。

凯勒很快便离开博洛尼亚，视察第五军解放的其他城镇。克罗夫特–默里留了下来，开始听取艺术督导的汇报，尤其是摩德纳美术馆馆长彼得罗·赞佩蒂博士的汇报。他特别感兴趣的是去年夏天发生的事，装满佛罗伦萨珍宝的卡车途中经过帕纳罗河畔马拉诺[①]，前往意大利北部。赞佩蒂

① 帕纳罗河畔马拉诺是意大利摩德纳省的一个市镇。

后来听说德国人从佛罗伦萨储藏库窃取的所有文物都可以在上阿迪杰的两个小村落中找到：坎波图雷斯[①]和圣莱昂纳多。

这两个名字令克罗夫特－默里十分震惊。他立即将这一消息记录下来——和一开始在西西里岛一样，他依然没有打字机——并于4月27日发到身处佛罗伦萨的“古迹、艺术品和文献”部门副主任约翰·布赖恩·沃德－帕金斯手中。古迹保护官们都不知道，佛罗伦萨督导乔瓦尼·波吉几个月前已经知道两处储藏库的位置，但是决定不告诉他们。实际上，波吉还故意误导了弗雷德·哈特。

五个月前，波吉就看到了由梵蒂冈国务秘书乔瓦尼·蒙蒂尼发给大主教埃利亚·达拉·科斯塔署期1944年11月15日的信件，上面标记了一个名叫“沙中的纽梅兰斯”的地方，是存放佛罗伦萨珍宝的秘密艺术品储藏库。波吉只告诉哈特信件的那个部分，告诉他根本没有这个地方。事实也是如此，哈特在所有地图上都找不到叫这个名字的城镇。但是，如果哈特自己看到那封信的话，他就会知道蒙蒂尼误将存放艺术品的城堡（纽梅兰斯城堡）所在的意大利城镇名字（坎波图雷斯）中的德语部分划掉了。因此，“沙中的纽梅兰斯”本来应该是“坎波图雷斯镇的纽梅兰斯城堡”。为了保险起见，蒙蒂尼还写下了这一地点的意大利语名称“坎波图雷斯”。如果波吉告诉哈特这个信息的话，美国人就可以轻易地在地图上找到这个地方。但是，波吉没有说，原因只有他自己知道。由于他故意不提这个地点的名称，他拖延了意大利战争中最大的一个谜题。

① 坎波图雷斯是意大利波尔查诺自治省的一个市镇。

第二十五章

投 降

1945年4月27日至5月2日

4月27日，当沃尔夫将军准备穿越奥地利边境返回意大利时，贝尼托·墨索里尼正设法潜逃。两天前，曾经脾气暴躁的独裁者，由于担心被困并再次被抓，离开米兰，驱车前往不远的湖滨城市科莫。他与妻子道别之后，准备和随从人员越境进入瑞士，但是该地区已经处于游击队的控制之下，他们无法继续前行。第二次尝试穿越失败时，游击队员辨认出穿着德国大衣、戴着头盔的曾经的领袖，并将他从车上拽了下来。

墨索里尼一开始被关押在东戈[①]镇，跟他的情人克拉拉·佩塔奇进行短暂的团聚之后，两人一起被杀。另外还有十五个人，主要是法西斯政权的显要人物，也被关押并枪决。一辆卡车载着这些尸体抵达米兰，尸体

① 东戈是意大利科莫省的一个市镇。

于4月29日凌晨三点被倾倒在洛雷托广场。这一报复性的场面异常悲惨，曾经备受爱戴的领袖和其他布满弹孔的尸体被倒挂在埃索加油站的钢梁之上。

4月28日中午，施魏尼茨中校和文纳少校两人都揣着代表菲廷霍夫和沃尔夫的军队投降的授权书，在法国安纳西[①]登上了亚历山大将军装饰豪华的C-47飞机，前往意大利卡塞塔的盟军总部。第一场正式会议于上午六点开始，会上出示了正式投降文件。几个小时之后，他们继续进行第二场会议，这次出席人员包括一位苏联代表基斯连科少将，他提出异议并要求澄清。尽管文纳少校似乎准备好了签署面前的文件，施魏尼茨却反对将国防军拘留在战俘营而不是就地解散并允许他们回家。这是菲廷霍夫的条件之一。施魏尼茨觉得必须坚持。

4月29日上午，施魏尼茨自知没有时间请示上司，于是勉强同意。随后的讨论主要围绕向前线部队通知投降消息的合适方法和所需时间。双方一致同意，于5月2日下午两点（格林尼治标准时间十二点），也就是正式签署投降文件七十二小时之后，结束意大利的敌对形势。只有到那个时候才能宣布投降事宜。在仅仅持续了十七分钟的仪式之后，盟国手中就掌握了业已生效的文件，“德国西南总司令在此率麾下全体部队无条件投降……”至少从一纸文件来看，意大利的战争将于三天之后正式结束。

为了执行投降协议，菲廷霍夫和沃尔夫必须在5月2日下午两点之前通知所有部队，命令他们停火。在盟军确认菲廷霍夫和沃尔夫向部队下达停火通知之前——这个过程只有在施魏尼茨和文纳返回波尔查诺，并递交已经生效的投降文件之后——交火还会继续。他们返回瑞士的途中遭遇到始料未及的耽搁，行程花去了七十二个小时中的近十个小时。等到他们离开伯尔尼前往波尔查诺时，时间已经接近4月30日凌晨一点。那天上午晚些时候，他们抵达瑞士和奥地利边境，却发现边境已经关闭。

① 安纳西是法国东南部小城。

但是，更严重的问题赫然出现。同一天上午，当艾伦·杜勒斯请求瑞士政府内部的同意放德国代表通过时，两天之前获得意大利境内全部德国部队指挥权的凯塞林却下令解除菲廷霍夫及其参谋长汉斯·伦提格尔将军的指挥权。两人都接到命令，立即前往上阿迪杰地区卡勒尔湖的秘密军事岗位报到，接受军事审判。投降文件上面现在签有并无职权的官员的签名。凯塞林已经知道卡塞塔文件并迅速采取了行动，这一事实表明有人正积极准备破坏沃尔夫的投降努力，但是谁会这么做呢？

四天之前，4月26日，纳粹党卫队欧根·多尔曼上校在菲廷霍夫的命令下，已经到凯塞林的司令部就沃尔夫的投降计划寻求凯塞林的最后同意。尽管凯塞林的管辖范围并不包括意大利，行事谨慎的菲廷霍夫还是想征得他的同意。在途中，多尔曼在因斯布鲁克停下来，与霍弗省长一起吃顿饭。他从霍弗那里得知沃尔夫的对头卡尔滕布伦纳声称他正拿自己率奥地利投降的计划与盟国接触。这一计划对于他的奥地利同胞霍弗有利。

多尔曼到达凯塞林的司令部之后，还将有更多的坏消息等待着他。元首正准备将凯塞林的军队管辖权扩展到意大利。多尔曼不想破坏沃尔夫的计划，而且意识到凯塞林"对整件事很焦虑"。多尔曼故意向凯塞林隐瞒意大利前司令菲廷霍夫已经授权他的代理人施魏尼茨结束意大利战争这一事实。离开之前，多尔曼询问凯塞林："先生，如果在关键时刻德国人民请求您运用您的责任感，您打算怎么办？您打算怎么回答他们？""你放心，"凯塞林答道，"在这种情况下，我会毫不犹豫将我的一切，包括我自己交由他们处置。"在多尔曼看来，他们已经面临"关键时刻"，所以凯塞林的回答只能视为是他支持沃尔夫的计划。即便在这个时候，多尔曼得到的这个答案也是在有意隐瞒有关事实之后得到的。凯塞林相信他回答得很有尊严，与他之前在巴德瑙海姆对沃尔夫的回答高度一致。

可能是对多尔曼的问题很感兴趣，凯塞林安排第二天在因斯布鲁克附近霍弗省长的农庄与菲廷霍夫见面。同时出席的还有鲁道夫·拉恩大使和霍弗。如果不是与游击队狭路相逢耽搁了时间，沃尔夫也会参加。他的缺席意味着这些与会者无法得知，几个小时之前，随着参谋长联席会议取消终止“日出行动”，行动已经启动，而且无路可退。

凯塞林听取菲廷霍夫对意大利军事形势——异常严峻——的汇报之后，鞭策大家恪尽职守。“身为军人，我们［务必］听从命令。除非我们［能］诚实地说我们再无别的出路，否则不得投降。”凯塞林认为，尽管尽早投降可能会挽救不少驻扎在意大利的德国人的生命，但是这也会带来惨重的代价，数十万德国士兵将被困在东边和西边前线中间。如果希望——不管希望多么渺茫——仍然存在，德国驻意大利军队就有义务继续奋战。为此，只要元首依然活着，凯塞林就不会支持单独行动或接受无条件投降。

凯塞林的话令菲廷霍夫紧张不已。离开霍弗的农庄之后，菲廷霍夫和拉恩在梅拉诺[①]稍作停留，并简要商讨了伦提格尔和多尔曼的新问题。两位将军——菲廷霍夫和伦提格尔——开始相互咆哮。菲廷霍夫表示，他认为“他不能继续实施投降”。伦提格尔对菲廷霍夫滔滔不绝地谈论军人的职责和对领袖的忠诚感到十分厌倦，告诉菲廷霍夫：“尊严、忠诚和连篇的废话不会说服任何人，因为现在问题的症结很明显，就是你没胆。”两人在投降的过程中是伙伴，但是投降谈判的压力，背叛与不忠的压力，令他们反目为仇。

沃尔夫直到 4 月 27 日午夜才抵达波尔查诺，庆幸他的投降计划终于接近成功。4 月 28 日凌晨两点，他在霍弗的办公室与拉恩、伦提格尔、多尔曼、菲廷霍夫和省长会面，告诉他们在瑞士跟杜勒斯之间发生的事。他告诉这群人，他们的行动刚好及时：施魏尼茨和文纳正赶往卡塞塔。如果顺利的话，投降文件将于第二天，也就是 4 月 29 日签署完毕。他们如果不快速采取行动，等到盟军在战场上继续推进，就不可能达成“无条件投降”之外的和谈条件。

霍弗怒不可遏。他还以为沃尔夫向杜勒斯表明了他的条件。他说这是

---

① 梅拉诺是意大利特伦蒂诺－上阿迪杰大区波尔查诺－博曾省的一个市镇。

他第一次听说是“无条件投降”，他坚持让拉恩大使立即赶往卡塞塔加入和谈，达成“建设性的解决方案”。霍弗决心保留自己领地的自治权，还要求由他控制上阿迪杰地区的宪兵部队，这个提议同样荒谬。当与会人员当即拒绝了他的提议之后，霍弗气冲冲地离开了会场。

第二天，霍弗通过电话再次向伦提格尔将军对“无条件投降”的立场表达了最强烈的不满。他怒吼道：“大家简直骑到我的头上了！我跟你们的计划断绝一切关系。你们为什么不放弃和谈、坚持战斗？”霍弗还成功地联系上了凯塞林，有选择地向其汇报了沃尔夫在凌晨两点通报的有关细节，特意说盟军拒绝和谈。霍弗的消息刺激了凯塞林，凯塞林采取行动，告诉他或许在几个小时之内，沃尔夫的计划可能导致意大利境内的所有德国部队“无条件投降”。那天下午，凯塞林打电话给他之前的参谋长伦提格尔，警告他说：“继续奋战——别想和谈！”

凯塞林几乎是在重复霍弗的话，这让伦提格尔确信，霍弗省长是在蓄意破坏。沃尔夫一开始还不相信，直到凯塞林解除了菲廷霍夫和伦提格尔的职务时他才幡然醒悟。霍弗尽力保住自己的领地和权势，他的这张牌打得很好，甚至足以破坏投降行动。他有什么理由不这么做呢？沃尔夫无条件投降的计划对他毫无益处。沃尔夫还有一重担心：“凯塞林已经将他的行动报告给柏林的纳粹党卫队头目，这就意味着他的宿敌——霍弗的盟友——恩斯特·卡尔滕布伦纳会插手这件事。”

菲廷霍夫执行了凯塞林的命令，就如沃尔夫所写，“消失得无影无踪——他的勇气已经彻底丧失”。伦提格尔留了下来，希望他和沃尔夫能找到解决方案。在伯尔尼，杜勒斯已经写信通知华盛顿：“卡尔滕布伦纳现在想打奥地利这张牌安然脱身，企图制订一个奥地利投降计划，借口能阻止［阿尔卑斯山堡垒］的建立。”通知德国部队停火的窗口将敞开七十二小时，现在只剩下四十八小时。趁着还有时间，只有采取大胆行动才能挽救投降方案。

4 月 30 日傍晚，杜勒斯成功征得瑞士官员的同意，允许施魏尼茨和文纳继续穿越瑞士边境进入波尔查诺。尽管这次耽搁花去了宝贵的几个小时，却为沃尔夫赢得了时间，向他们发送一则紧急消息。沃尔夫刚刚得知凯塞林解除菲廷霍夫和伦提格尔职务的消息，他认为在卡尔滕布伦纳的命令下，当他们穿越因斯布鲁克时盖世太保会逮捕他们。沃尔夫指示他们绕过因斯布鲁克，从雷申山口进入意大利。这会让他们的行程又增加几个小时，但这是唯一安全的线路。

施魏尼茨和文纳最终于5月1日中午十二点半左右抵达波尔查诺沃尔夫的指挥部。从卡塞塔一路返回已经消耗了执行停火时限的一半时间，现在只剩下三十六小时。菲廷霍夫和伦提格尔的继任者——舒尔茨和文策尔将军——已经于前一日抵达，两人发誓在没有接到凯塞林直接命令的情况下不采取任何促成停火的行动。所有通过德国的指挥链进行上诉的渠道都被堵死。

沃尔夫和伦提格尔决定铤而走险。5月1日上午七点左右，伦提格尔命令隶属于沃尔夫纳粹党卫军的一支宪兵部队阻断了通往德国军事指挥部的入口——该入口位于波尔查诺城郊——并逮捕了里面的所有人员，包括舒尔茨和文策尔。伦提格尔随即自命为C集团军群（驻意大利德国部队）司令，希望自己能避免重蹈史陶芬柏格及其同谋者的覆辙，因而立即切断了与德国的所有通信联系。伦提格尔的行动让德军位于波尔查诺的指挥部变成一座孤岛。

如果能够考虑到在这最后几个小时里这些精疲力竭的众人所面临的巨大压力，那么接下来发生的事就不难理解了。伦提格尔作为自己任命的驻意大利德军司令，召集下属开会，解释了他的所作所为。但是伦提格尔的同胞们不愿支持违法和叛国的行为。伦提格尔此时精神错乱，再加上顾虑到他的行动可能带来的后果，他威胁着要拿枪打死自己。听到这个消息，沃尔夫从不远处他的指挥部赶了过来，“阻止［伦提格尔］打烂自己的脑袋”。沃尔夫随即建议采取别的途径：为什么不劝说凯塞林派来的继任将军——舒尔茨和文策尔——响应投降计划？两位将军与凯塞林的联系已经被切断，在武装警卫的押解之下，他们深知战争败局已定，投降是德国的最佳选择。

曾经干过营销的沃尔夫向继任将军们解释了有关情况及其原因，与此同时不断恳求他们响应投降。在他成功地说服他们重新考虑立场之后，大家的情绪冷静下来。伦提格尔甚至向继任将军们致歉，后悔不该将他们逮捕起来，两人也接受了道歉。他随即恢复了与外界的通信联系，并同意将C集团军群的指挥权还给舒尔茨，让他能下令停火。当然，前提是舒尔茨被他们说服。

下午六点，距离最后期限只剩二十小时，沃尔夫和伦提格尔将军，加上舒尔茨、文策尔和其他几位副将和参谋官，包括多尔曼，再次开会。大多数人很快达成一致意见。继续奋战只是徒劳，延长战争只能导致更多的德军伤亡。舒尔茨也做出了让步，同意将这件事，包括大多数人的意见，提交凯塞林做最终裁决。遗憾的是，当舒尔茨和文策尔联系凯塞林时，却被告知他不在司令部。

晚上九点半，沃尔夫接到陆军元帅哈罗德·亚历山大的秘密电报，后者希望能确认德方会兑现投降协议和停火时间。由于仍然没有联系上凯塞林，沃尔夫只能回应说一个小时之内答复。这也只是他的猜测。再给凯塞林的司令部打电话，将军们得知这位帝国元帅正在视察他的剩余部队，要到午夜才能回来。

在这中间的几个小时里，所有人都停下来吃饭。当热腾腾的香肠和芥末端上桌时，“主降派”和“主战派”之间的分歧也逐渐消失。一位一开始反对投降的副官做出妥协，命令他的手下通知部队停火。紧接着，大多数官员——但不是全部——也都一一照办。

沃尔夫欣慰地看到僵局已经被打破，即将达成投降的一致意见，他于晚上十一点十五分又给亚历山大发了一则消息，告诉他在C集团军群的独立单位指挥官中间对投降即将达成一致意见。缺少凯塞林的同意使得这个解决方案比较混乱，但是最终的结果却一样。第二天，5月2日下午两点，意大利将结束战争。

过了一会儿，传来了令人震惊的消息。“从元首的总部传来的报告称，我们的元首阿道夫·希特勒与布尔什维克主义奋战至生命的最后一息，今天下午在帝国总理府的军事指挥部为德国倒下了。”汉堡帝国广播电台的播音员随后介绍了希特勒的接班人海军元帅卡尔·邓尼茨，邓尼茨庄严地宣誓：“他斗争到底……英勇地牺牲在德国首都……我的首要任务就是挽救德国免遭正向前推进的布尔什维克敌人的摧毁。仅仅为了这个目的，也要继续进行军事斗争。只要英美敌人阻止这一目标的实现，我们就得进行防御战斗。”

聚集在波尔查诺德军指挥部的军官们“松了一口气”，沃尔夫后来说。“我们眼里噙着泪水，因为经历了无数的困难，与各方人员进行多番较量之后，命运仁慈地……移除了我们的最后一重障碍。”沃尔夫和各位将军知道，不管投不投降，结果即将来临。现在的关键只是投降条件。继续耽搁只能削弱盟军接受投降谈判的动机。颇为讽刺的是，希特勒的死解救了这群人。凯塞林从效忠元首的束缚中解脱出来，他应该会支持沃尔夫的计划。

他们都错了。“凯塞林的司令部传来消息：‘不，不可能……继续奋战。’”舒尔茨支持凯塞林，对沃尔夫说：“我仍然是这个地方的最高指挥官。如果你想自行其是，那么悉听尊便。但这是你自己的责任。看在上帝的分上，别想让我这么做。”由于担心他和同僚们有再次被捕的危险，沃尔夫劝支持投降的军官们离开集团军群的司令部，回到他们各自的指挥所，或者他们认为安全的任何地方。沃尔夫返回只有几个街区远、位于米兰王宫内的纳粹党卫队指挥部。伦提格尔“没戴帽子，也没穿外套，冒着大雨，最终也到达这里，浑身上下都湿透了”。两人几天都没合眼，深夜时分用了些点心，喝了点香槟，疲劳暂时得以缓解。

午夜过后的某个时间，新的命令传来，此时距离停火期限不足十四小时。投降行动最初的支持者之一、驻扎在意大利的德国空军总司令马克斯·普尔将军将遭到逮捕。凌晨一点十五分，继任将军舒尔茨接到额外命令，逮捕菲廷霍夫（这是保险措施，以防他还没有被捕）、伦提格尔、施魏尼茨和其他官员。十五分钟之后，“考虑到危险逼近”，沃尔夫特别部队的七辆纳粹党卫队坦克和二百五十名士兵在纳粹党卫队营内筑起一圈防护。

凌晨两点，“随着紧张局势上升到白热化的程度，我们都把紧急行李箱放在大厅里，随时准备乘飞机离开。”凯塞林打电话给沃尔夫，对他继续执行自己的计划，而且是“无条件投降”发泄了愤怒和失望。沃尔夫解释了他实施投降计划的原因，并恳求凯塞林借助他的权威地位授权同意。这次充满激情的争论，在“连接异常糟糕的电话线上”进行，而纳粹党卫队指挥部大楼里的“每一部电话都在偷听”，来来往往持续了两个小时。

“这不仅是为了避免进一步的破坏和流血而采取的军事上的投降，”沃尔夫劝慰凯塞林说，“在这个时刻停火还有可能让英美部队阻止苏联人进入德国西部，防止铁托①的部队攻占的里雅斯特②的威胁，还能阻止共产主义起义并寻求在意大利北部建立苏维埃共和国的企图。”凯塞林没有反对，但他最担心的是数十万德国士兵将会“觉得自己被无情的命运抛弃和背叛”。时间每挨一个小时，就能为他们逃脱苏联红军的复仇并向英军和美军投降争取时间。沃尔夫解释说，元首已经离世，凯塞林不必继续效忠。“您有职责拒绝将您对元首的效忠转移到别人身上。无论如何，个人的忠诚是不能转移的。”但是对于凯塞林来说，现在已经不是对元首的忠诚问题，他担心的主要是他的战士们，要求他们“决战到底”。

凌晨四点，凯塞林结束通话，告诉沃尔夫他会考虑半个小时，然后打电话回来。凯塞林信守承诺，打电话给舒尔茨将军，让他致电沃尔夫，转告沃尔夫他已经同意支持投降，并遵守下午两点的停火期限。现在距离停火的最后期限仅有九个多小时。所有逮捕命令一律收回。在拉恩大使的劝说下，凯塞林不顾众多将官的反对和对菲廷霍夫的厌恶，恢复了菲廷霍夫的职务，以维护投降过程的完整性。在接下来的几个小时里，战场的广播上充斥着命令德国部队放下武器的声音，意大利的战争已经结束。

---

① 约瑟普·布罗兹·铁托（1892—1980），南斯拉夫革命家、政治家。为了争取成为反法西斯同盟公认成员，对德国、意大利进行武装作战。

② 的里雅斯特是意大利东北部靠近斯洛文尼亚边境的一个港口城市。

第二十六章
竞 赛

1945年5月2日至5月18日

5月2日，德国投降之际，驻意大利的盟军部队从波河河谷推进到阿尔卑斯山，从利古里亚海边的港口城市热那亚挺进到亚得里亚海边的威尼斯。通信的障碍还限制了胜利消息的传播。美国第五军的某些部队直到前线的德国部队举着白旗前来投降才得知停火的消息。其他人则通过伦敦的英国广播公司得到了消息："今晚，驻意大利的前线部队无比欢乐，为一场漫长而残酷的战争结束而庆祝。"但实际真相却远非如此。一位步兵中尉说："你感到多少有些失望，仿佛突然一切都没了着落。"

经过十一天令人身心俱疲的视察，迪恩·凯勒那天晚上开车返回同盟国军政府第五军位于摩德纳的大本营时听到了这一消息。春天或许已经降临佛罗伦萨，但是对于在帆布顶篷包裹的吉普车里、置身在意大利北部的凯勒而言，冬天只是稍稍退却。从4月21日开始，他和查利·伯恩霍尔兹开车经历寒冻、栉风沐雨、穿越泥泞，从北方的一座城市抵达另一座城市。他们从维罗纳开始，然后去了维琴察、曼图亚、布雷西亚和皮亚琴察，沿途还视察了无数座小镇。战争结束意味着还要视察更多的城市，递交更多的报告，花更多的时间思考他何时才能与家人团圆。

当阿尔卑斯山要塞虚构的谜底揭开之际，有些纳粹领导人依然在该区域避难。第五军将士们竞相北上，与从德国和奥地利南下封堵布伦纳山口的美国第七军部队会合。前线非常分散，部队只得在飞机上安装高音喇叭，广播投降的消息，命令德国军队在最近的村庄缴械。战略情报局和美军反间谍小组帮助清理纳粹最后的抵抗。其他人员则开始寻找战争的嫌犯，包括希姆莱、戈林和卡尔滕布伦纳。

5月4日，当凯勒准备前往米兰时，他收到英国第八军搭档诺曼·牛顿的报告，报告上说佛罗伦萨的艺术品能在坎波图雷斯和圣莱昂纳多找到。消息对于储藏库内的具体情况并未提及，令人焦急万分。凯勒立即将这一发现告诉沃德-帕金斯中校，并请他尽快北上。现在有大片新的解放区，还有数百件艺术品等待着他从储藏库转移出去，凯勒急需支援。凯勒还发了一则消息给弗雷德·哈特，命令他即刻离开佛罗伦萨。尽管两人性格不和，凯勒知道古迹保护官里没有人比他更了解佛罗伦萨的艺术品。

凯勒虽然很想直接开车前往这些储藏库，但他和查利不得不在米兰停留几天，协助新任命的伦巴第地区古迹保护官佩里·科特少校。幸运的话，他能完成米兰的工作，并赶往储藏库与沃德-帕金斯和哈特会合。但是到了米兰之后，凯勒惊讶地发现科特不在那里，而且一时半会儿都无法抵达。由于部队的混乱，他的命令还没有下发。科特至少还需要三四天才能到达米兰并展开工作。凯勒必须顶替他。

与南部阳光充足、游客充盈的城市相比，米兰经常相形见绌。城市及其丰富的文化遗产在1943年盟军考虑保护文化遗产之前遭到盟军燃烧弹的猛烈破坏。1944年4月15日，哈特撰写的炸弹损坏评估报告对城市著名古迹和教堂受到的损害进行了详细分析，特别提到列奥纳多·达·芬奇的代表作《最后的晚餐》附近的破坏场景。但是他的视角仅限于航拍照片。凯勒现在终于有机会在地面上亲眼见证这些破坏。

与他一贯的做法相同，凯勒在米兰的工作从拜访当地官员开始。然后，他开始在城中四处查看，评估损害的程度。他的初步报告里有三页令人心碎的细节，主要是关于宏伟的教堂、博物馆和其他历史建筑受到燃烧弹的侵袭遭受的损失。历史可以追溯至公元387年的米兰最古老教堂圣安布罗焦，直接遭到炸弹袭击。最后一位伟大的早期绘画大师乔瓦尼·巴蒂斯塔·提埃坡罗①的天顶壁画被毁。伯拉孟特②的文艺复兴早期修道院“即将毁灭”。凯勒的损伤清单包括了米兰城内的众多地标建筑：包括斯福尔扎古堡、布雷拉和安布罗西亚画廊以及斯卡拉歌剧院。但是感恩圣母教堂遭受毁坏的场景，以及教堂内出现的奇迹，令凯勒大为惊讶。

“1943年8月，修道院遭受的炸弹袭击摧毁了正对列奥纳多《最后的晚餐》的餐厅右［东］墙，”凯勒在他第一次视察的报告中写道，“屋顶被击中，墙壁倾倒，屋顶坍塌。壁画已经被沙袋、木板和钢铁脚手架保护起来……屋顶接近完工，［东］墙已经重建。要等到天气的威胁不复存在、拱顶剩下的很小的残余部分不再构成威胁时，壁画才会打开……现在它的命运还不得而知。”凯勒5月11日写信给凯西时心里还挂念着壁画，他写道：“列奥纳多的《最后的晚餐》还处在危险之中，一时半会儿还无法知道情况如何。”在第二天写的另一封信中，他又写道：“列奥纳多的《最后的晚餐》有可能已经沦为废墟。”

1943年的空袭之后，米兰人付出了巨大努力清理城市，并开启重建

---

① 乔瓦尼·巴蒂斯塔·提埃坡罗（1696—1770），意大利著名画家。

② 多纳托·伯拉孟特（约1444—1514），意大利文艺复兴时期著名建筑师。

的进程。但是由于缺乏资金、材料和珍惜的运输资源，当地官员的能力被削弱，他们只能进行最紧急的修复。墨索里尼政府不仅不支持，反而处处设置障碍。正如米兰督导所说的，“有些官员甚至寄回我们请求支持的信件。然而，我们并未丧失责任感，既是为了保护受损的古迹，也是在更大的范围内保护我们这座城市的历史遗产”。

凯勒认为如果隐藏在脚手架后面的列奥纳多的《最后的晚餐》真能保存完好的话，那它幸免于难真是个奇迹。无论如何，摧毁东墙和餐厅屋顶的高爆炸药肯定能轻易摧毁北墙——和这位创作天才的杰作。当地官员建造的保护支柱为北墙提供了额外的结构支撑。如果没有这些支柱的话，列奥纳多的代表作定然会化为一堆石膏和碎片。然而，1943 年 8 月 16 日凌晨还发生了各种各样的奇迹。如果燃烧弹投进院子的话，木制脚手架及其背后的沙袋可能就会被点燃。列奥纳多 · 达 · 芬奇的壁画就可能遭到烘烤脱落——与比萨公墓内壁画的下场相同。

1943 年 8 月空袭那晚，阿切尔比神父和他的多明我会兄弟们从地下防空洞钻出来，采取紧急措施保护北墙和列奥纳多的壁画。在惊慌和混乱之中，阿切尔比将损害的消息报告给了当地艺术官员。之后，他借了一辆汽车，一天之内驱车三百六十英里，召集其他城镇上年轻力壮的多明我会修道士志愿者们帮忙进行清理和保护工作。到第二天，很多人都抛弃了穿防护服的习惯。

《最后的晚餐》的未来取决于北墙的稳定性。瓦砾清除完毕之后，阿切尔比意识到还有一个威胁：雨水。几天之内，他就从皮亚琴察的土木工程师手中得到一块防水油布。到 9 月 8 日，阿切尔比注视着工人们建成一个临时屋顶，与凯勒后来保护比萨公墓的临时屋顶很像。阿切尔比的敏捷思维，加上他的多明我会兄弟和一群军事工程师（Pontieri del Genio）的行动，使得杰作暂时免遭威胁。重建餐厅东墙，安装新屋顶，稳定绘有壁画的墙壁北边，移除脚手架和沙袋对壁画进行彻底的检查会带来未知的风险。

5 月 8 日，凯勒停止对米兰的视察，写信告诉凯西最大的新闻：“最亲爱的：欧洲的战争似乎彻底结束了。”前一天，艾森豪威尔已经告知参谋长联席会议德国投降的消息，措辞简洁、毫不炫耀：“盟军部队的任务于1945年5月7日两点四十一分完成。”纽约城内，两百万人涌进时代广场庆祝胜利，但是凯勒告诉凯西，“这里没有庆祝。士兵们也没怎么显示出激动的情绪。”

亚历山德罗·卡贾蒂的战略情报局特工彼得罗·费拉罗在挽救脆弱的威尼斯在最后时刻免遭德国驻军摧毁的过程中发挥了重要作用。费拉罗的任务代码是“玛戈特”，他现在正努力寻找着前往上阿迪杰地区的路径。

几天前，费拉罗在著名的达涅利酒店的一个房间工作时，安装了一台电话交换机，使得意大利东北部城市的游击队领导人之间能够相互沟通，并与推进的盟军部队协调行动。4月27日，德国驻威尼斯守军威胁说必须允许他们安全撤退，否则要摧毁城市的港口、设施和船只。被指定为中间人的费拉罗做出回应，向德军指挥官做出承诺，如果他们胆敢如此威胁的话，他和战略情报局通过二十三次空投的武器和弹药武装起来的四千五百名游击队员将会一举歼灭这四千一百名德国和法西斯部队。经过短暂的考虑之后，德国驻军投降。威尼斯躲过一劫。费拉罗不仅成功地威慑住了德国驻军的指挥官，还得到了他们的地图，地图上标明了港口和运河中安放的地雷的位置，因此，避免了城市遭到难以想象的破坏。

4月末威尼斯解放之后，费拉罗将他的注意力转移到坎波图雷斯和圣莱昂纳多的艺术品储藏库上。消息灵通但缺乏交通的费拉罗向另外一位战略情报局官员、战略情报局海运部门负责人理查德·凯利中尉寻求帮助。在凯利的安排下，威尼斯督导费迪南多·福拉蒂和他的艺术专家组、车辆、司机和武装警卫获准进入上阿迪杰地区。费拉罗随后要求卡贾蒂协调暂停对储藏库附近进行的航拍活动，安排现场保护，并尽一切可能派先遣人员在福拉蒂的队伍到达之前赶到那里。费拉罗的电报充满了感激：“整个艺术和文化界都会对你们做出的努力表示感激。”[1]

费拉罗还向卡贾蒂发了一则秘密消息，是他从与良心未泯的“艺术品保护部门”驻威尼斯成员的对话中得到的消息：著名的赫尔茨安南图书馆、艺术史研究所中的藏品和其他文件藏在德国海尔布隆[2]附近科什多夫的盐矿中。

5 月 3 日，也就是星期四的下午，福拉蒂一行离开威尼斯前往圣莱昂纳多的储藏库。他们在特伦托市解放之际随第五军部队一同进入该城，但是时间太晚，天色太黑，无法继续前行。第二天，他们开车前往圣莱昂纳多。根据福拉蒂的说法，“艺术品保护部门”的代表——利奥波德·赖德迈斯特和莱奥·布鲁恩斯教授——在现场并“误以为我们是美国侦察队……依然住在那里的几位意大利人则庆祝我们的到来”。他们欣慰地发现圣莱昂纳多的文物原封未动，于是前往坎波图雷斯，并于 5 月 6 日星期天下午到达。第 85 师（“卡斯特[3]”师）339 步兵团 3 营上尉迈克尔·莫尔和他的部下已经于当天上午九点将纽梅兰斯城堡及邻近的车库保护起来。[4]这些文物看起来很完整。两处储藏库都安全无虞，福拉蒂和其他人返回威尼斯，他们的任务已经完成。现在，所有人都等待着古迹保护官以及关键的文物清单的到来。

---

① 至于盟军是否是通过这封电报找到这些储藏库的——电报内容同样通过电话向在维罗纳北部作战的盟军部队做了汇报——至今仍不清楚。第二种可能就是，唐·阿内利征募的巴尔扎诺牧师经过这一地区的时候将消息传递了过来。第三种可能源自一份备忘录，日期是 5 月 2 日，由沃尔夫通过莱姆尼策将军转交给马克·克拉克中将的司令部，里面包含了有关储藏库的信息。——原注

② 海尔布隆是德国巴登 - 符腾堡州北部的城市。

③ 乔治·阿姆斯特朗·卡斯特（1839—1876），美国军官，曾任第七骑兵团团长，以骁勇闻名。

④ 5 月 4 日，3 营官兵们还发现了一处德国战俘营，里面关押着五十六名美国人和三百五十名盟军士兵，“多数人都身患疾病”。他们很可能就是沃尔夫承诺杜勒斯他会尽力保护的战俘。第 339 步兵团的特遣队还发现了一处关押人质的营地，里面是纳粹党卫军掌控的著名政治犯，包括很多 1944 年 7 月 20 日刺杀希特勒行动的参与人员。安放炸弹并被处决的史陶芬柏格上校的妻子和孩子也在其中。——原注

5月9日，艾伦·杜勒斯的得力助手格罗·冯·盖维尔尼茨和杜勒斯的另一位战略情报局官员特德·瑞安接受沃尔夫的邀请，抵达沃尔夫在波尔查诺的指挥部，与他见面。沃尔夫借此机会履行了他的承诺，正式将佛罗伦萨的珍宝移交给西线盟军的代表掌管，而没有交给珍宝的主人意大利人。盖维尔尼茨和瑞安的停留时间只够参观一处储藏库，于是沃尔夫安排他的座驾和司机带两人去了圣莱昂纳多。

但是盖维尔尼茨与纳粹党卫军将军的见面不是单纯的礼节性拜访。他六天之后写道："大部分时间都花在了私人谈话上。"他有关沃尔夫和菲廷霍夫的情况汇报最终变成了长达五十六页的报告《第一位投降的德国人》。报告由盖维尔尼茨和杜勒斯在两周之内完成。盖维尔尼茨还有一件紧要的事要处理：亲口告知沃尔夫他很快就会被捕。纵容职务像沃尔夫这么高的纳粹官员逍遥法外对盟军来说是难以接受的。对沃尔夫来说，他明白这是他通过马克斯·胡斯曼和马克斯·魏贝尔与杜勒斯达成的协议的一部分。5月12日，盖维尔尼茨和瑞安不想亲眼见证逮捕一位信守诺言"将意大利双手奉送"的人，于是提前离开。

接到命令之后，兴奋的弗雷德·哈特在司机佛朗哥·鲁杰尼尼和佛罗伦萨美术馆馆长菲利波·罗西教授的陪同下，于5月10日离开托斯卡纳前往坎波图雷斯和圣莱昂纳多。哈特还不知道他几个月前发给卡贾蒂的消息是否已经促成一系列事件的发生，并最终发现失踪的艺术品。"13幸运13"上的乘客一路向北，穿过饱受战争创伤的地区。"几百平方英里的区域到处布满弹坑，山坡上弹坑比杂草还要密集，"哈特写道，"树木被飞行的弹片削成木桩，农舍被炸成瓦砾，道路被大炮和地雷炸得面目全非，村庄被炸得支离破碎、摇摇欲坠，春日上午温暖的空气中弥漫着尸体的恶臭。"

5月12日上午，一行三人抵达圣莱昂纳多山村，"穿过嘎嘎叫的鹅群和尖叫的孩子们"，"13幸运13"停在老监狱前面。只有一楼窗户上的钢筋显示出这幢建筑之前的用途。向第 88 师（“蓝魔师”）第 349 步兵团的警卫部队亮明身份之后，他们等待着“执勤的美国士兵摸了半天钥匙开门让我们进入一楼黑暗的走廊……在这里，在潮湿逼仄的牢房中，蒙塔尼亚纳［博西－普奇别墅］的绘画堆在一起”。

仅第一间牢房就让哈特目瞪口呆。他立即认出卡拉瓦乔的画作《酒神巴克斯》，还有鲁本斯、提香和多索·多西[①]等人的绘画，就像从他的艺术史书上进入现实生活中的犯人一样靠在墙上。不久之后，罗西“高兴的尖叫”令哈特吃惊不小。摆在他们前面的是克拉纳赫的两幅画作——《夏娃》站在《亚当》的前面——这可是朗斯多夫上校九个月前在怡东饭店的房间里藏匿的画作。下一间牢房里收藏着波提切利的《弥涅耳瓦和半人马》、西尼奥雷利的《耶稣被钉在十字架上》、洛伦佐·莫纳科的《贤士来朝》和几幅其他杰作。对于如此重要的画作，博物馆通常会安排一整面墙壁进行展出，但是在圣莱昂纳多，它们被挤作一团，哈特和罗西根本无法移动一幅画看后面是否还有其他画作。

一间挨一间，一层又一层，整整三百幅画作，其中一些是世上最重要的绘画精品。这些画作被堆在敞篷的卡车上，除了几条毯子和几绺麦秸之外别无保护，经过数百英里布满弹坑的道路一路颠簸，幸运地保存下来。实际上，绘画抵达当天还下着雨。不可思议的是，除了弗兰斯·福劳里斯的绘画《亚当和夏娃》整个画板底部裂开之外，多数的损伤只是在搬运过程中的轻微刮伤。大家对这些绘画的幸运惊叹不已。

由于天时已晚，哈特和罗西等人已经来不及清点目录，于是他们开车前往波尔查诺过夜，并与刚刚抵达的沃德－帕金斯会合。5月 13 日，星期天上午，沃德－帕金斯赶到圣莱昂纳多，亲自视察头天晚上哈特对他不停念叨的珍宝。他还打算对“艺术品保护部门”官员做一番询问。“13 幸运 13”载着哈特和罗西来到坎波图雷斯。用哈特的话说，纽梅兰斯城堡

① 多索·多西（约 1490—1542），意大利文艺复兴时期画家。

“情况无比美好；这幢典型的16世纪蒂罗尔建筑，是具有四个塔楼的庄园，同时被德国人、游击队员和第85师的士兵们保护”。被派来迎接他们的人更是令大家吃惊：纳粹党卫队上校朗斯多夫，他于4月30日奉沃尔夫之命赶到这里。

“人类有记载历史以来最大规模的一次艺术品掠夺行动的执行者，焦急地迎接我们的到来，”哈特后来写道，“仿佛我们姗姗来迟不是真心想完成对艺术应尽的义务。”与坎波图雷斯潮湿的监狱不同，纽梅兰斯城堡的储藏设施完美无缺，城堡的客厅干燥，空气流通，而且净空很高。城堡的房间里存放着博物馆里失踪的绘画，还有孔蒂尼·博纳科西、兰达乌－菲纳里和阿克顿的私人收藏。邻近的房间里则装满小型铜器、陶瓷和挂毯。

但是与哈特和罗西在旁边的车库内发现的文物相比，纽梅兰斯城堡内的绘画显得黯然失色。“当车库的门被打开时，我们看到里面光线昏暗，巨大的佛罗伦萨箱子一直堆到了屋顶的高度。我们知道里面装着多那太罗的《圣乔治》、卡拉瓦乔的《酒神巴克斯》和拉斐尔的《披纱的夫人》——林格勒博士两个月前看到被放在雪地上拍照的两幅画作之一。”佛罗伦萨举世闻名的杰作现在处境安全。

停火并未给波尔查诺带来改变。甚至在停火九天之后，战败者依然是一副战胜者的姿态。德国士兵们表现得像是一切由他们控制，让凯勒和其他盟军士兵弄不清到底是哪一方赢得了战争。几天之后，哈特注意到“依然没有被解除武装的德国士兵无比傲慢，在大街上他们的人数是我们的十倍……同盟国军政府省级专员只得步行穿梭在城市中间，天气闷热、灰尘满地，他大汗淋漓。而举止傲慢、神采奕奕的纳粹党卫队军官则开着汽车载着金发美女疾驰而过……”其他德国士兵则排着队列从大街上穿过，齐声高唱“希特勒是我的元首”。

在这一点上，凯勒同意哈特的看法。在拥挤的饭店里跟两位德国上尉坐在一起吃饭是一回事，但是，当他们其中一人——几个星期之前还竭力要你的命的人——从桌子对面伸出手以示友好时，这种侮辱凯勒不知如何

敌对状态结束后，凯勒的职责包括审讯德国“艺术品保护部门”官员和德国军官。许多盟军士兵称德国人为“德国佬”。[迪恩·凯勒文件、手稿与档案，耶鲁大学]

形容。最令凯勒震惊的是，他听说德国第 1 师的伞兵想加入美军，与日本人作战。

德国投降的进度超过了盟军推进的速度。第五军指挥官们勉强接受，在部队抵达之前，必须容忍过渡时期的混乱局面。在意大利北部城市，德国军队的数量依然远远超过美国部队。根据凯勒提供的信息，“在这一区域有二十五万全副装备的德国精锐部队，还有沃尔夫将军［和］菲廷霍夫将军的指挥部……盟国军事总部传来命令……投降之际，德军部队将依然保持完整编制。这些命令还意味着他们必须继续待在自己的军营内，包括所有的酒店、兵营和室内其他适当场所”。

5月13日是沃尔夫将军的四十五岁生日。他跟第二任妻子和孩子们在一起，举行了盛大的庆生聚会，在波尔查诺米兰王宫内的指挥部，两千多人在美丽的庄园内参加了聚会。王宫内装有“成百上千袋的精制米面，一箱又一箱的珍藏香槟美酒，成行的鲜嫩牛肋，成捆的丝绸与亚麻，十数台打字机，数不清的精美相机，衣服和毯子不计其数。还有图书、印刷品、版画和绘画，二十二只金属包边、钢条捆扎并以铅密封的木箱，里面盛满［国王维托里奥·埃马努埃莱三世］的钱币收藏”。

新近任命的美国城镇指挥官詹姆斯·C·弗里上校被这一景象惊呆了，他命令一队士兵和车辆抵达那里，让沃尔夫和纳粹党卫队明白，从严格的意义上讲聚会已经结束。手持机关枪的军警急速跑过修剪整齐的草坪。弗里的部队包围并逮捕了沃尔夫和菲廷霍夫、沃尔夫太太、多尔曼，还有沃尔夫指挥部内和附近纳粹党卫队兵营里的多数人。第88师随后的一份报告上说:“沃尔夫太太对所谓的‘粗暴’行为极为愤怒，威胁弗里上校说要采取惩戒行动，她认为这‘违反了军方高层达成的协议’。”“蓝魔”部队稍后将部分“生日晚宴，包括鲜嫩的雏鸽和香槟”打包并带回指挥部道贺。多尔曼后来声明说美军士兵离开时射杀了沃尔夫的牧羊犬。

凯勒最终与哈特、罗西和沃德-帕金斯取得了联系，于5月14日第一次造访两处储藏库。他计划在米兰待一两天，结果却滞留了一个星期。他和查利头天晚上才抵达波尔查诺。他们先视察坎波图雷斯，第二天开车去圣莱昂纳多。哈特两天之前欣喜若狂的经历变成了凯勒的意志消沉。凯勒不停视察并询问德国官员，在路上颠簸一月有余，他变得“急躁而又易怒”。

两人的反应显示出两人对待这份工作的主要区别。哈特将参军视作拯救意大利艺术品、教堂和历史建筑的探险之旅，他必须竭尽全力不断学习。找到完整无缺、基本没有受损的托斯卡纳珍宝，他感到欢欣鼓舞。凯勒则以帮助别人为乐。拯救人人推崇的古迹（比如比萨公墓）只是他工作的一部分，让一所大学运作起来才是他最开心的事。

将佛罗伦萨的艺术品运回城里是第五军的职责，自然而然也就成了凯勒的职责。找到这些杰作的下落别人可以高兴，但是凯勒已经在考虑运输的问题：数百件绘画没有装箱，四处散放，一直缺乏包装材料，通往佛罗伦萨的道路被炸得面目全非，由于盟军的空袭，铁路也已被摧毁并停止运作。5月18日，沃尔夫将军被捕几天之后，凯勒用从沃尔夫桌上缴获的文具给家里写了封信。“对我来说，战争远未结束，”他写信告诉凯西，“炮弹的确偃旗息鼓了，但是工作却纷繁芜杂。等我们把他们窃取的所有物品安全运回城里，希望我的工作能真正结束。”

第二十七章
大转移

1945 年 5 月下旬至 7 月

纳粹和法西斯部队的溃败让大量新的区域获得了新生，这些地区有很多古迹需要视察。在战争结束的几个星期里，古迹保护官们视察了数百处新发现的储藏库。这些储藏库分散在德国和意大利的盐矿、洞穴和城堡之中，里面储藏着数十万件油画、绘画、图书、雕塑，还有金条和纸币。夏天和秋天还将有更多发现。虽然到处都需要古迹保护官们的专业知识，但是他们的人数却依然很少。

凯勒 3 月下旬考察那不勒斯时，听说美军计划将当前身处意大利的古迹保护官们转移到奥地利，应对这种需求。哈特已经接到命令前去报到，但是坎波图雷斯和圣莱昂纳多的发现会造成短暂的耽搁。已经服役六年的沃德－帕金斯中校打算退伍复员。他将于夏天结束时离开，前往罗马的一所英国学校任教员。保护官队伍要在转移之前结束视察并完成报告，因此他们所承受的压力更大，几乎没有人愿意离开。他们已经在意大利工作了近两年时间。很多人想留下来完成工作。

佩里·科特终于接到命令，于5月10日抵达米兰，比预计晚了五天。他前一年夏天驻扎在罗马时与罗马博物馆的官员们共过事。科特从梵蒂冈储藏的艺术品中——尽管只是暂时保管——挑选出杰出的藏品，举办了一系列非常成功的展出，让官兵们得见这些举世闻名的杰作。士兵们经历了恐怖的战争，不惜生命保卫这些艺术精品，为他们提供欣赏的机会再合适不过。

然而，与罗马不同的是，罗马遭受的损伤十分有限，而米兰则遭到了盟军的狂轰滥炸。德国部队占领这座城市更是长达二十个月之久。现在，从城市官员到别墅的主人、博物馆馆长和牧师，大家都需要他的主意。科特则需要更多帮助。

来到米兰的第一天，科特会见了费尔南达·维特根斯。此人由于从事反法西斯活动并向犹太人提供帮助被判入狱近一年，之后被恢复其在米兰布雷拉画廊的职位。维特根斯请求科特安排车辆让他的导师、布雷拉画廊馆长、一位德高望重的文化界人士埃托雷·莫迪利亚尼教授返回米兰。事实证明，批准车辆是个明智之举。因为维特根斯和莫迪利亚尼两人在接下来的几个月里都提供了宝贵的帮助。①

科特将首次访问的时间定在感恩教堂餐厅《最后的晚餐》保护沙袋被移除的日子。5月15日，新的东墙和餐厅屋顶接近完工。尽管受到爆炸的影响，北墙的整体结构似乎依然稳固。脚手架和钢架发挥了预期作用。不过，只有等到移除沙袋，专家才能检查壁画的情况。工人们小心移除每一只沙袋，工作缓慢推进。十天之后，著名修复专家马里奥·贝佐拉得到足够空间走近墙壁探查，他说："结果总体令人满意……只有在圣徒詹姆斯的罩衫位置（那里也是整幅壁画石膏底最厚实的地方），薄薄一层石膏

---

① 莫迪利亚尼具有犹太血统，并拒绝加入法西斯党，战争期间他藏身意大利乡村，避免被送往集中营。"经过十一年的政治和种族限制，1946年冬埃托雷·莫迪利亚尼再次成为布雷拉画廊的馆长和督导。"——原注

翘起，造成下面出现一些破损……有必要采取紧急措施，对局部进行修复，将有可能脱落的地方重新粘紧。很明显，下面的整块石膏本身含有一些风化因素，似乎不容易清除。”

急切想瞻仰《最后的晚餐》的并非只有米兰督导办公室的人员。工人们正在移除沙袋的消息吸引了大批士兵前来一睹列奥纳多壁画的尊容。科特对官兵们的浓厚兴趣非常重视，尤其是此前他在罗马为官兵们策划过临时艺术展览。然而，在当前这个紧张的时刻，他们的到访势必会影响修复工作。5月26日，他极不情愿地张贴出一张告示，禁止一切军事人员进入。

6月10日，《最后的晚餐》上的沙袋被移除，包括莫迪利亚尼在内的修复专家们开始进行第二次更加全面的检查。米兰美术馆督导做出了积极评价：

墙体和石膏的稳定性没有受到任何损伤。在1943年8月的爆炸中，少数细小的裂缝中出现了粉块印迹，这肯定是由于爆炸导致地面震动带来的气流造成的……小范围区域出现色彩脱落，主要出现在修复的地方和润色的地方……当务之急是将色彩[从表面脱落]的地方进行修补，尽管这种地方很少，面积也不大。

这位督导还注意到“整幅壁画表面蒙着一层薄纱”，这是因为在近两年的时间里，由于缺乏通风，潮湿的墙壁沾染了灰尘。鉴于《最后的晚餐》可能遭遇的厄运，专家们认为这只是小事一桩。“专业的清理”必不可少，但是除了一位专家之外，大家都认为“不必着急”，最好等到“干燥炎热的夏天”让墙壁“脱水”——自然风干。

五天之后，哈特和罗西从上阿迪杰的储藏库返回佛罗伦萨的途中，绕道抵达米兰，谎称要跟科特见个面。实际上，哈特是想参观《最后的晚餐》。第二天，科特自豪地通知欧内斯特·帝沃德说：“感恩圣母教堂现在已经对公众开放。我处已经打印并于教堂餐厅张贴英语解说。”前面任重而道远，但是列奥纳多的代表作在战争中幸存了下来。

在准备将艺术品运回佛罗伦萨的过程中，凯勒写信给胡默准将的参谋："除了军队对比萨公墓的壁画实施保护之外，这可能是这场战争中最大规模的行动。盟军的军事保护，对于这些文物安全运回佛罗伦萨具有无法估量的意义。"凯勒随即列举了完成此项任务所需的物资清单：包装材料、精通包装的人手和卡车——大量卡车，可能需要五十二辆，外加司机、燃料、水和三百英里路途中所需的其他供给。部队想避免因途中可能遭遇的事故而被媒体进行负面宣传，于是凯勒还额外安排了安保人员和所需物资的预算。这将是一次大规模行动。

凯勒需要得到乔瓦尼·波吉或者其他高级官员的书面同意，不仅要同意将意大利人的珍贵文物运回城里，而且要同意免除第五军在运输途中可能发生的任何事故责任。他还建议，文物抵达佛罗伦萨时，举行欢迎仪式，让佛罗伦萨人亲眼见证其艺术品安然归来。为了强调他的建议，凯勒在信的结尾不无讽刺地说："还记得米开朗琪罗的《大卫》像立起来时领主广场多么拥挤吗？你不记得，我也不记得，但就这么办。"

到6月中旬，整个计划万事俱备，只等待着卡车的消息。凯勒和伯恩霍尔兹到佛罗伦萨待了几天，这是他们一个多月以来第一次离开上阿迪杰地区。就像命中注定的一样，他们来到时正好赶上移除遮盖米开朗琪罗《大卫》像和邻近艺术品《奴隶》雕像的砖窖。"昨天令人高兴的是，我看到了米开朗琪罗的《大卫》像终于脱去防空保护层，"他写信告诉凯西，"雕像布满灰尘，但令人震撼。"

轻车熟路返回城里，眼前舒适的环境对疲惫的凯勒来说是一剂良药。跟查利在一起也激励了他的精神。查利为人灵活，多次挽救了性格严肃、近乎绝望的凯勒。"我们相处得很好，几乎无所不谈，"他告诉凯西，"我每个月一次得到威士忌时，就分给他一半。他有啤酒或者不管什么的话，也会分给我一半，或者随便我拿。我们的关系不像是上尉和士兵，而像是兄弟。"凯勒还说，"那些喜欢部队生活的人，比如说查利，说'食物免费，衣服免费，床铺免费，教育免费，汽油免费，社会保险还会照顾你的就医。我唯一担心的就是有一天我被解雇，丢了工作。’查利是个乐天派，真的喜欢这种生活。”

凯勒和查利几天后返回上阿迪杰，发现凯勒将珍宝运回佛罗伦萨的关键计划——实际上，也是唯一的计划——遭到了反对。不会有五十辆卡车，不会有三天的行程，也不会有欢迎仪式。他沮丧地写信给帝沃德：“重新部署部队赢得对日战争比我们的任务更加紧迫。我已经向有关方面无数次陈述这个问题。波吉明白很可能没有卡车，他不怎么高兴。哈特也很失落。”实际上，对日作战只是一方面的原因。部队还要养活米兰、都灵和北方其他城市饥饿的市民。凯勒需要的五十辆汽车正在执行更加迫切的任务。

卡车的替代品——铁路——考虑过，但不可行。在盟军进攻和德军撤退的过程中，多数桥梁，包括一座横跨汹涌的波河的桥梁，都被破坏甚至彻底摧毁。波河上新建桥梁必须等到6月到7月中旬才能完成，于是凯勒修订计划，定在7月16日开始回运行动。这次耽搁给所有人都带来压力，就像他对帝沃德说的一样：“等待令人焦急，令人难以忘怀……可怜的托斯卡纳孩子，他肯定一直处于紧张的状态，等待着北方的绘画。”但是凯勒和“托斯卡纳孩子”——弗雷德·哈特——在日复一日的沮丧之中也的确有自得其乐的时候。凯勒错过了哈特的一个电话，因为他“上了两分钟厕所。于是，各个国家的命运就决定了”。

7月16日，在哈特和罗西的指导下，工人们已经在圣莱昂纳多打造了一百零九只箱子，在坎波图雷斯打造了四十六只。所有绘画和雕塑都进行了编目，之前遭雨淋或者搬运过程中的受损情况都做了记录。圣莱昂纳多的目录显示，来自蒙塔尼亚纳的佛罗伦萨储藏库的十幅绘画并无记录，包括布龙齐诺、洛伦佐·迪·克雷蒂[①]和扬·范·惠桑[②]的代表作，以及

① 洛伦佐·迪·克雷蒂（1459—1537），意大利文艺复兴时期画家。

② 扬·范·惠桑（1682—1743），荷兰画家。

安东尼奥·德尔·波拉约洛[①]的两幅小型木板油画。几乎可以肯定是德国士兵在蒙塔尼亚纳装车的过程中或者运往圣莱昂纳多的途中将其偷走的。

凯勒监督了坎波图雷斯的装车过程。在这两处储藏库中，这里的装车情况更加复杂。抬起沉重的雕塑需要特殊的车载绞盘。这些文物被卡车运到附近的布鲁尼科[②]火车站。哈特负责圣莱昂纳多的装车。哈特陪伴着第一辆卡车开下山路，抵达梅拉诺车站。他说："当我意识到这些绘画的返回之旅与经历同一条道路的遭劫之旅相比的彻底不同时，我不仅有一种难以言表的个人满足感，更深深地为盟军的行动感到无比自豪。"

清空两处储藏库并将里面的全部文物转移到梅拉诺和布鲁尼科的火车站花了整整两天时间。7 月 19 日，一切准备就绪，只等开启返回佛罗伦萨的最后一段旅程。这趟列车包含了十三节满载文物的车厢。另外还有六节车厢载着警卫人员，包括六名军警和五位官员。还有一节餐车，一节旅客和办公车厢，一节载着凯勒的吉普车和霍尔姆格林中校的汽车的平板车厢。霍尔姆格林同意作为高级军官和列车长护送这次运输。凯勒还想装上五十个灭火器，这可不容易找。灭火器在里窝那，被装进第五军司令员卢西恩·特拉斯科特中将的私人飞机运抵现场。中将本人也有幸亲眼见证这些珍宝返回佛罗伦萨。

两处储藏库的所有车厢在波尔查诺连接之后，大转移将于第二天上午开始。哈特和他的新司机、佛罗伦萨人亚历山德罗·奥斯基将前往佛罗伦萨，最后确定接收细节。他们还要确定文物归还的欢迎仪式安排就绪。凯勒会随车护送艺术品。他同凯西分享了对这次转移行动的担心，以及对这些为了转移辛勤准备的人们的敬意，这些普通的士兵"甚至不知道提埃坡罗与打槌球的木槌有什么分别"。"一切正常，我希望一个星期后能写信告诉你，佛罗伦萨艺术品全部安全抵达……7 月 16 日启程是个好兆头，因

---

① 安东尼奥·德尔·波拉约洛（1429—1498），意大利文艺复兴时期画家。

② 布鲁尼科是意大利波尔查诺自治省的一个市镇。

为就在这一天，我做出了最重要同时也是最开心的决定。”7 月 16 日是凯勒结婚七周年纪念日。他再次记起来要送一束花，必须要有一枝是黄色的，再加上一张字条：“给我亲爱的妻子，在这些艰难的日子里，你自己已经成长为一位坚强的战士。”

1945 年 5 月中旬，小道消息开始流传，说失踪的卡西诺山珍宝已经在阿尔陶塞的盐矿中被发现，一起被发现的还有成千上万件艺术品。古迹保护官“特迪”·克罗夫特－默里和汉弗莱·布鲁克于 6 月 23 日抵达盐矿，发现古迹保护行动第一位策划者、古迹保护官乔治·斯托特中尉正在主持一项非凡的包装和运输项目。斯托特向他们证实，至少有部分那不勒斯的珍宝藏在这里，但他还没来得及编制目录。斯托特接到命令，将盐矿中的文物通通搬离，并尽快运抵慕尼黑的同盟国集中收藏点。

在接下来的几个星期里，战略情报局特别部门，也就是艺术品掠夺调查部——该部门由希望战争结束后成为古迹保护官的艺术学者们组成——开始对纳粹分子和其他关键人物进行长达数月的审讯。这些人的供述拼凑起那不勒斯珍宝的长途旅程：为期十七个月，行程一千六百英里，从卡西诺山开始，并最终抵达阿尔陶塞。最令人感到恐怖的发现是，埃格鲁伯尔省长已经在盐矿内安置炸弹。是几位机智而又勇敢的矿场领导阻止了埃格鲁伯尔的计划。

7 月 20 日，星期五上午，一台电力机车拉着二十二节满载的车厢，离开波尔查诺前往佛罗伦萨。佛罗伦萨美术馆馆长菲利波·罗西估计，在坎波图雷斯和圣莱昂纳多寻获的佛罗伦萨艺术珍宝价值高达五亿美元。这一数字吸引了所有人，尤其是负责回运的有关人员的注意。几天之前，凯勒填了一张货运单据，车辆编号 346544，货物内容“艺术珍宝”。在“备注”栏内，他简单地写着“万分小心”。

官僚作风导致特伦托出现了始料未及的耽搁，这让所有人的神经都紧绷了起来。凯勒将意大利火车检察员带到一边，警告他说：“如果继续废话，我们就会在工程师的身后派一名持自动手枪的军警，像纳粹党卫队那样处置他。”威胁起到了作用，正如凯勒后来写道的那样：“再也不准进行任何停留。”列车随后穿越波河上的新建桥梁，原来的桥梁在德军撤退时已经被毁。具有讽刺意味的是，用来建造新桥的木材是砍伐坎伯尔蒂森林得来的，而该森林则是弗雷德·哈特试图保护的另一处国宝。

星期六下午四点，天气异常炎热。出发二十二个小时之后，装载着价值连城的艺术品的列车驶进佛罗伦萨火车站。这个火车站在 1943 年 9 月盟军对佛罗伦萨的空袭中首当其冲。乔瓦尼·波吉戴着巴拿马草帽，其他博物馆官员则激动地看着哈特指导首批十二辆汽车倒车退到铁轨边，开始从列车上卸货，然后前往不远处的碧提宫。

第二天后半晌，一小队军车在火车站集结，结束这一旅程。一辆吉普车上载着引导车队的宪兵；哈特、波吉和罗西坐在奥斯基驾驶的“13 幸运 13”里紧随其后。伯恩霍尔兹开着第三辆吉普，载着凯勒和霍尔姆格林中校。六辆满载艺术品箱子的卡车跟在他们后面。当车队迤逦穿过城市中心时，佛罗伦萨人一片欢腾，让人回想起七年之前，两位独裁者穿过插满旗帜的街道时的场景。

车队抵达领主广场，除了第一辆卡车引擎罩上固定的两面国旗——一面美国国旗，一面意大利国旗——之外，车队朴实无华。这辆卡车一边侧翼绘有第五军徽章，并写有一句意大利语：“佛罗伦萨艺术品从上阿迪杰回家。”阿尔诺河上的桥梁已不复存在。城市众多的古塔现在只能在街头摊贩们叫卖的画作中得见。但是乌菲兹美术馆、碧提宫帕拉蒂纳画廊和巴杰罗美术馆的宏富珍藏已经返回。凯勒当晚写信给凯西描述了这一经历：

在街道中间穿梭，人们鼓掌落泪！圣弥额尔教堂的钟声响起，佛罗伦萨的号兵，两位将军站在讲台上，数千人聚集在领主广场。胡默准将用意大利语发表了精彩的演讲。市长做出了回应。就这样，然后中午有场宴会。我喝了三杯马提尼酒。太棒了！热辣辣的。准将将我拉到一边说：“我已经为你申请功勋勋章，并且会向美国最高司令写信，建议提拔你。”……今天晚上八点，最后一尊雕塑被美军的十二吨拖吊车起重机吊进巴杰罗美术馆。现在，一切都已运进乌菲兹美术馆、碧提宫和巴杰罗美术馆，任务完成。一切都是在我和查利两个月辛劳之后完成的。

两天之后的晚上，凯勒参加了一场晚宴，他以为是给那位准备退役回家的英国军官举行的饯别晚宴。在酒吧跟几位朋友喝了些酒之后，这一小群人在约定的时间走进餐厅，房间内突然爆发出掌声，在场的有二十位军官。凯勒以为掌声是献给英国官员的，但是弗雷德·哈特侧身告诉他："掌声是献给你的，迪恩。"这顿惊喜的晚宴是为了凯勒庆祝，更是为了佛罗伦萨艺术品顺利归来而庆祝。连胡默准将和霍尔姆格林中校也亲自来到了现场。

对于发生的一切，凯勒满心欢喜和激动，他与凯西分享了一些细节：

胡默准将走上前台，向佛罗伦萨介绍了艺术品保护工作人员，明确赞扬我的工作，并表示第五军参谋部和司令员非常高兴任务圆满完成。他说，我可能无法准确描述，但是他想说并且真的提到，在三千名市民目光的凝视下，当六辆具有象征意义的卡车和三辆吉普车开进领主广场，贵宾站在广场旁佣兵凉廊前搭起的台上，我还跟查利和霍尔姆格林中校一起待在吉普车里，并没有走上荣誉的舞台——这是事实，但我觉得不值得特别关注……霍尔姆格林中校准备让准将写信给［耶鲁大学校长］西摩汇报我的事迹，这对我很有帮助。中校人真的很好，我还没请求他他就这么做了。

胡默准将的确在一个星期后致信耶鲁大学校长查尔斯·西摩，指出佛罗伦萨艺术珍宝返回的重要性以及凯勒在其中发挥的关键作用。"他是同盟国军政府唯一从事这件工作的人……在敌人的炮火下工作，有时在交战状态下炮火异常猛烈……他两次被本指挥部推荐为获奖提名。我一直对他卑微的职位感到担忧，也在我的职责范围内尽力提拔他。"

胡默的副官拉尔夫·梅杰中尉也向耶鲁大学发了一封信，补充说：

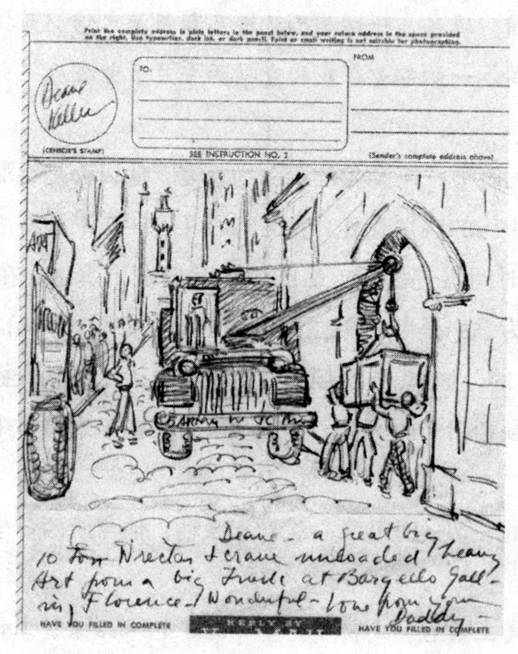

在这幅寄给迪诺的画上，凯勒描绘了1945年7月，他的团队将装有米开朗琪罗和多那太罗雕塑的箱子卸到佛罗伦萨巴杰罗美术馆的场景。[迪恩·凯勒文件、手稿与档案，耶鲁大学]

“在佛罗伦萨的欢迎仪式上，我们将军想让迪恩将火车上的文物正式转交给佛罗伦萨的市民，却根本找不到他。仪式结束之后，我们发现他躲在人群之中。这次创举全凭他一己之力，他却太过谦虚。”

胡默准将在晚宴上的致辞是对凯勒工作的极大认可。胡默写给西摩校长的信也缓解了他对回去之后失业的担心。但是，另外一件小事，实际上只是个巧合，却让迪恩·凯勒想到了自己自愿参军的真正目的。

佛罗伦萨的文物归还仪式之后几天，凯勒在去碧提宫的途中留意到一位老人目不转睛地打量着他。眼神交流之后，老人走到凯勒跟前问道：

“上尉先生，您去过塞泽罗马诺吗？”

实际上，凯勒去过。一年多之前，凯勒有次外出视察时，曾在罗马以南约四十英里的一座小城停留过。这座城市非常幸运，与战争擦肩而过。当凯勒完成视察任务时，好奇的市民围拢到他的吉普车旁，总共有五十余人。大家问他盟军是否会带来食物，并帮助他们。凯勒用意大利语向他们解释，他是同盟国军政府美国第五军先头部队，其他人很快就会赶到，满足他们的需求。

凯勒仔细打量这位老人，然后告诉他去年的确去过塞泽罗马诺。老人回答说：“是的，我记得您，记得很清楚。您向我们承诺说食物很快就会运到我们镇上，结果确实如此；您还说盟军官员会帮助我们，他们也的确帮了我们。然后我们就跟着您，一直到您上了汽车。我想再次感谢您。”

第四部

结局

古迹保护官迪恩·凯勒

在保护世界遗产的过程中有种东西支撑着我们。那是我们的一种信念。这种信念切实存在，能够证实——如果人生中有任何事情值得证实的话。

第二十八章

观 点

战争期间，在阿道夫·希特勒的授权下，罗森堡特别任务部队在占领区频繁行动，从欧洲大陆攫取了数百万件文物，包括博物馆、教堂、宫殿和私人收藏的艺术品。该组织和其他部门有组织地大肆掠夺世界上最杰出的艺术品，包括列奥纳多·达·芬奇的《抱银鼠的女子》（波兰克拉科夫[①]的恰尔托雷斯基博物馆）、《根特祭坛画》（比利时根特的圣巴夫大教堂）、琥珀宫中的木板油画（苏联普希金市的凯瑟琳宫）和扬·弗美尔的《天文学家》（巴黎的埃都阿德·罗斯柴尔德家族）。

德国转移佛罗伦萨绘画和雕塑的行径通常被视为盗窃行为，与纳粹在欧洲被占领国家有预谋的掠夺行动性质无异。这一事实已经被无数次重申，且在很多方面已经被普遍接受。德国对意大利的掠夺则有所不同。罗森堡特别任务部队只在占领区实施了行动，意大利作为盟友，一开始免遭

① 克拉科夫是小波兰省的首府，波兰的旧都。

惨无人道的掠夺。然而，各种盗窃行为依然层出不穷。赫尔曼·戈林师对卡西诺山修道院内存放的那不勒斯博物馆绘画和雕塑的窃取就是个典型的例子。墨索里尼违反意大利遗产法，放任希特勒和戈林购买价值连城的艺术品并运出国境则是“二战”期间政府部门与纳粹沆瀣一气掠夺自己国家的独特案例。德国士兵的个人偷盗行为也屡见不鲜。

毫无疑问，纳粹党卫队上校亚历山大·朗斯多夫签署收据接管克拉纳赫的绘画《亚当》和《夏娃》时，他也是一心想着将其带出意大利，敬献给元首。他两次欺骗佛罗伦萨督导乔瓦尼·波吉，说他在寻找这两幅绘画的下落。实际上，画作已经落入他的手中。1944 年 7 月 25 日，手中掌握着绘画的纳粹党卫队卡尔·沃尔夫将军发了一封电报给纳粹党卫队头目海因里希·希姆莱，询问是否将绘画带回德国。如果希姆莱表示首肯，这些绘画就会离开意大利，并且极有可能出现在阿尔陶塞盐矿内发现的众多艺术品中间。古迹保护官们想弄清楚为何德国“艺术品保护部门”负责人能做出这种龌龊行径，结果被“艺术品保护部门”的其他成员告知，朗斯多夫是个“精神分裂者，一半属于纳粹党卫队，另一半名副其实属于‘艺术品保护部门’”。无论如何，朗斯多夫的行为毫无疑问属于蓄意盗窃。沃尔夫支持朗斯多夫的行动则让他也沦为帮凶。

那么我们又该如何判断德国人，尤其是朗斯多夫发起的将佛罗伦萨珍宝从托斯卡纳乡下的储藏库转移到上阿迪杰地区的行为呢？沃尔夫到底是在无私地保护这些文物，还是自私地将他们置于巨大危险之中？毫无疑问，沃尔夫认为他挽救了这些艺术品。1956 年，他用意大利语给佛罗伦萨市长写了封信。在信中，他详细描述了自己在 1944 年夏天保护佛罗伦萨艺术品的细节。“如果我当时决定……不采取任何行动，将所有责任留给萨罗政府［卡洛·安蒂教授和其他人］的话，”沃尔夫写道，“今天，从道德上，我会愧对意大利和整个文明世界，因为乌菲兹美术馆［的珍宝］必定会丧失殆尽。”

但是，沃尔夫的说辞听起来很不诚恳。在波吉挑选的储藏库内，佛罗伦萨的艺术品非常安全。而且，朗斯多夫已经向波吉、卡洛·安蒂和意大利其他官员承诺过，除非面临即将被摧毁的危险，不得转移托斯卡纳储藏库内的艺术品。即便如此，这些艺术品到了非转移不可的地步——也只能转移回佛罗伦萨。陆军最高统帅部也支持这个意见。统帅部 1944 年 7 月 14 日的命令——朗斯多夫和沃尔夫决定拒不服从——也明确表示，艺术品应当在被发现的原地保管，不得转移。计划非常合理。凯勒写道："在攻占佛罗伦萨的艰难战斗中，只有一处储藏库（波皮亚诺，圭恰迪尼别墅遭受了炮弹袭击……）内的文物受到损坏。"沃尔夫声称是他的行动避免了托斯卡纳珍宝"丧失殆尽"，但凯勒的评估驳倒了他的说辞。

沃尔夫 1956 年的信上还说，他提供了卡车和汽油，否则的话转移无法进行，这个决定是基于从朗斯多夫那里收到的信息做出的。沃尔夫写道："随着前线的逼近，这些城堡将会陷入敌军的火力范围……守护艺术珍宝的看护人多半都逃跑了，价值连城的藏品［依然］毫无保护。"我们今天知道，乌菲兹图书馆馆员切萨雷·法索拉穿梭在战场区域——而不是逃避——保护储藏库的安全。

意大利官员得知德国部队已经将佛罗伦萨的珍宝运到意大利北部之后，卡洛·安蒂立即恳请朗斯多夫将其移交给社会共和国政府。他从此开始艰难的努力，在众人——甚至包括墨索里尼——的帮助下试图重新掌控这些文物。但是沃尔夫能够批准他们请求的时间只剩下几天。希姆莱 7 月 26 日做出的有关克拉纳赫画作的回复，即使没有明确说明，也有所暗示，所有艺术品应当留在上阿迪杰地区，置于德军的保护之下，从法律上禁止沃尔夫将佛罗伦萨的艺术品交由意大利官员控制。利用 1944 年 8 月 3 日的命令将伯约明群岛作为储藏库的机会来迟了一周。

早在 1944 年 8 月 30 日，博洛尼亚古迹督导就曾表示过担忧，说："德国对意大利艺术品没有计划……人们不理解为什么它们被带到德国边境（这一地区已经不受［意大利］政府的控制），并且交到德国人的手中，而不是带到政府在意大利势力范围内建立、并由意大利官员保护的储藏库中……这种行为必然会引起有关合法性的质疑，特别是对于储藏这些艺术品的地点的合法性的质疑。"

安蒂意欲夺回佛罗伦萨艺术品管辖权的努力持续到1945年4月。他提供了无数处备选储藏库，而且都处于意大利的控制之下，包括威尼斯的总督宫和瑞士的圣莫里茨。所有建议都被回绝。社会共和国内有些官员，尤其是安蒂，为从德国人手中解救自己的艺术品做出了巨大的努力，这是毫无疑问的。

对于沃尔夫1944年12月至1945年5月2日之间的行为，到底是受到求生的驱使，还是大公无私，我们必须积极看待。我们知道的事实是：1944年12月，沃尔夫拒绝服从希姆莱的命令，没有将佛罗伦萨的艺术品转移到阿尔陶塞的盐矿。沃尔夫认为纳粹德国大势已去，开始制订计划结束意大利的战争。佛罗伦萨的艺术品被视为重要的筹码。

意大利的战争结束之后，欧内斯特·帝沃德和曾在英国情报局有过三年审讯经验的英国皇家空军中校道格拉斯·库珀调查了意大利的艺术品保护行动。1945年6月30日，帝沃德和库珀将他们的发现发布在一份长达二十四页的报告中。关键嫌疑人中，只有希姆莱和霍弗省长未能接受他们的审讯。希姆莱于5月23日在英国关押期间自杀，霍弗在因斯布鲁克被捕。

他们的报告描述了“一个光怪陆离而又具有德国特征的故事。如果从一开始不是故意欺骗的话，实实在在的意图和投机主义的侥幸一并渗透进关键人物的脑子里，形成一场惊天阴谋，要将意大利的遗产据为德国所有”。两位报告人总结说，“艺术品保护部门”多数官员的工作都令人尊敬。帝沃德和库珀的确将责任——在“有罪的过失”的基础上——归咎于朗斯多夫的前任汉斯·格哈德·埃弗斯博士，他未能确定卡西诺山的珍宝1943年12月至1944年1月之间被赫尔曼·戈林师转移到罗马的过程中是否有任何遗失。他们将窃取克拉纳赫的两幅杰作视为“朗斯多夫和德国部队蓄意掠夺的典型例证”。

帝沃德－库珀报告对一系列事件进行了准确的评价。尤其值得一提的是，递交报告之前，他们只有七周的时间寻找主要参与者并进行讯问。但是，与沃尔夫将军的接触很有限，而对沃尔夫在驻意大利德军进行投降谈判中扮演的全部角色也缺乏了解，他们的调查受到了影响。他们列举了多个例证，证明沃尔夫不愿解释某些行动。例如，他们无法理解为何沃尔夫下令为希特勒的生日准备相册，又为何波旁－帕尔玛的私人收藏在沃尔夫的私人宅邸多恩斯堡城堡中被发现。帝沃德和库珀并不知道，沃尔夫已经得到命令，不要谈及他与战略情报局的秘密协商。与凯勒和哈特一样，他们无法将最后的一些细节联系起来。不过，有个人了解整个过程，那就是艾伦·杜勒斯。

参与“日出行动”谈判的盟军所有主要参与者都以自己的方式表达了与英国少将特伦斯·艾雷——他是3月19日沃尔夫与杜勒斯第二次会面时介绍给沃尔夫的两位“军事顾问”中的一位——相同的观点。“德国驻意大利部队的投降是由卡尔·沃尔夫发起的，”艾雷写道，“在战争仍在进行的情况下，沃尔夫与盟军部队取得联系，并最终违反纳粹政府的意志和政策，他本人更是冒了巨大的危险。他的行动让德军放弃且战且退……进入奥地利的战略，必然拯救了大量德国士兵、奥地利人和意大利平民的生命，并且避免了无谓的破坏。”

沃尔夫多次冒着生命危险实施投降协议。无法确知驻意大利德国部队的提早投降，让多少生命免遭屠戮，让多少工业和基础设施免遭摧毁。然而，如果1943年秋天愤怒的德国士兵在那不勒斯城的报复行动可以被视为一个参照的话，那么沃尔夫的行动就具有重大意义。而且，1944年12月以后，他确保了托斯卡纳的珍宝没有被转移出意大利并被运往阿尔陶塞的盐矿。在他的命令下，“艺术品保护部门”代表前往两处储藏库，将艺术品移交给美国部队——古迹保护官。

然而，卡尔·沃尔夫自1944年12月到1945年5月13日在波尔查诺被捕期间的善行，必须与他在大屠杀中发挥的积极作用，以及前后近十四年效忠纳粹党卫队，包括六年任纳粹党卫队头目海因里希·希姆莱的参谋长这些背景综合评价。毫不奇怪，盟国官员将沃尔夫的名字列在主要战犯名单上（“第7名单”第346号）。希姆莱的自杀让沃尔夫成为在战争中幸存的两位纳粹党卫队的最高领导人之一——另一位是卡尔滕布伦纳。

纽伦堡国际军事法庭于1945年11月20日第一次公开开庭。在诉讼的第二天，美国首席检察官、最高法院大法官罗伯特·杰克逊宣读了起诉书，这注定成为历史上规模最大、最骇人听闻的起诉。光是开场陈述就花了一整天时间。杰克逊着重强调了注定与现代历史上最残酷的野蛮行径永远相连的名单——其中包括沃尔夫的名字。

纳粹主要掠夺组织负责人阿尔弗雷德·卢森堡和帝国元帅赫尔曼·戈林在战犯席前排只隔了三个座位。戈林声称："我所谓的掠夺无一非法……我全部支付了价款，文物通过赫尔曼·戈林师运输，罗森堡委员会也向我提供艺术收藏。"杰克逊宣读开场词时，他们和另外十九名被告人面无表情地听着。曾经威胁说向希特勒告发沃尔夫跟杜勒斯和盟军交易的恩斯特·卡尔滕布伦纳坐在两人中间、卢森堡的右边。但是沃尔夫并未出现在这场审判中，也没有出现在随后的十二场战争审判中。沃尔夫没有被起诉。

纽伦堡国际军事法庭的判决于1946年10月1日做出。戈林、卡尔滕布伦纳、卢森堡和另外九名被告人被宣告有罪并实施绞刑。既然杰克逊大法官做了公开声明，卡尔·沃尔夫何以逃脱起诉呢？

艾伦·杜勒斯直到死去一直声称他没有做任何事保护沃尔夫免遭起诉。然而，沃尔夫被捕之后发生的一系列事件却否定了杜勒斯的断言。"人们无法确定，沃尔夫在某种程度上没有受到战略情报局特工的引诱，"英国军政府布赖恩·罗伯逊爵士将军后来评论说，"尽管我无从知晓到底是什么诱惑，但是以我在秘密情报部门的工作经验来看，最好承认有人诱导。"

战略情报局有足够的理由对此只字不提。杜勒斯急于看到这个战时情报部门成为常设机构，他立即强调战略情报局在促成驻意大利德国部队投降中扮演的重要作用。让沃尔夫在公开的法庭上做证，会将杜勒斯和情报机构同事与受战争罪指控的纳粹分子的交易曝光——这会让事情变得尴尬，并收到负面效果，尤其是杜勒斯已经声明没有提供任何庇护。披露与沃尔夫的秘密安排还将加剧美国与苏联之间的矛盾。瑞士积极帮助杜勒斯和盟国，其中立国的形象必将受到玷污。当局当然希望看到沃尔夫和他的亲信——文纳、多尔曼、哈斯特、齐默尔和劳夫——淡出公众的视野和谴责。[①]有证据表明，如果没有杜勒斯及其同事的持续努力，沃尔夫就有可能被定为战犯，甚至受到反人类罪的判决。

1948 年 3 月，经过纽伦堡的无数次审判，并在审判期间五六次出庭做证之后，沃尔夫被转移到一处拘留所，在德国政府反纳粹化的过程中，他的案卷被重新审阅。同年年底，法庭认定沃尔夫犯有“轻罪”。他被拘禁的时间抵消了他的四年的判决，沃尔夫被立即释放。

以色列情报机构摩萨德[②]的特工在阿根廷抓住并逮捕了纳粹逃亡分子阿道夫·艾希曼。艾希曼于 1961 年在耶路撒冷受审。这一行动再次将全世界的目光吸引到案牍杀人犯——一群声称并未牵涉实际屠杀的官员——的身上。审判期间，艾希曼将沃尔夫描述成“一位沙龙官员，他希望保持自己的清白，不想听到任何有关犹太人问题的解决办法”。实际上，沃尔夫后来声称，尽管他长期担任纳粹党卫头目希姆莱的参谋，并与元首十分亲近，但他直到 1945 年才听说大屠杀的情况。艾希曼的证言导致沃尔夫被捕并于慕尼黑的法院受审。1964 年，沃尔夫被认定为种族屠杀的共犯，被判十五年监禁。由于身患疾病，他于 1969 年被释放。

沃尔夫晚年通过演讲、出书和偶尔做客电视台来为自己的无辜辩护。他于 1984 年 7 月 15 日在德国基姆湖畔普林[③]离世。企图破坏沃尔夫的计

---

① 这些人都是纳粹党卫队官员。早在 1941 年 9 月，瓦尔特·劳夫就在大屠杀中助纣为虐，他发明了移动灭绝车，也就是“黑乌鸦毒气室”。这种车队装有改进的一氧化碳排气系统，很快取代死刑执行队，成为东线灭绝犹太人的利器。正如德国史学家克斯廷·冯·林根博士所写，“参与这些停火协商的纳粹党卫队高层领导人无一进入盟军的法庭”。——原注

② 摩萨德是以色列情报机构，全名为“情报及特殊使命局”，被誉为世界最有效率的情报机构之一。

③ 基姆湖畔普林是德国巴伐利亚州的一个市镇。

划和“日出行动”和谈的弗朗茨·霍弗省长则没有受到保护。霍弗1945年5月6日在因斯布鲁克附近被捕之后，被关押在达豪的拘留所中。三年后，他成功越狱并隐姓埋名在德国工作。1949年，一家奥地利法院在霍弗缺席的情况下认定他犯叛国重罪，判处死刑，但是官方最终放弃追查他的下落。霍弗1975年去世，被埋在德国鲁尔河畔米尔海姆[①]。直到生命最后一刻，他一直是阿道夫·希特勒忠实的追随者。

帝国元帅阿尔贝特·凯塞林1945年5月6日投降之后被捕并被转移到一处盟国拘留所。凯塞林认为“意大利的战争不仅是正当的，而且是必要的”。当他后来得知“日出行动”后期的系列事件导致了四十八小时“令双方难以容忍的尴尬时”，他认为自己做出了正确的决定，一直绝望地坚持到最后一刻，挽救了无数战士的生命。

凯塞林被判在阿尔迪廷洞穴大屠杀中犯有战争罪。第二项起诉则控告他煽动麾下部队“屠杀贫民实施报复”。审判于1947年2月10日在意大利威尼斯开始。为当事人准备辩词时，凯塞林的律师写信给佛罗伦萨大主教埃利亚·达拉·科斯塔，请求他“为被告人辩护”。他收到了简短的回复：“尊敬的律师……我必须声明，我说不出什么对陆军元帅凯塞林有利的话。相反，我能说出本教区发生的可怕的屠杀，凯塞林对这些屠杀可能难辞其咎。”

审理此案的英国军事法庭认定凯塞林在两项指控中都有罪，判决为死刑队对他执行枪决。英国政府诸多人士，包括温斯顿·丘吉尔和凯塞林在战场上的劲敌哈罗德·亚历山大都认为判决太重，请求重新判决。两个月后，地中海战区英国司令将凯塞林的死刑减为终身监禁。1952年10月，根据英国历史学家的记载，在约翰·弗雷德里克·查尔斯·富勒[②]少将等

---

① 鲁尔河畔米尔海姆是鲁尔区城市群的中心。

② 约翰·弗雷德里克·查尔斯·富勒（1878—1966），英国军事理论家、军事历史学家。主要著作有《1919计划》《战争科学基础》《装甲战》《西洋世界军事史》《亚历山大大帝的统帅艺术》和《战争指导》。

名将的进一步促成下，凯塞林被从监狱中释放，原因是健康不佳。1960年7月16日，七十四岁的阿尔贝特·凯塞林在德国巴德瑙海姆死于心脏病。他被埋葬在巴伐利亚的家乡巴德维塞[①]农村，至今他的部下们依然对他满怀崇敬。

到1945年9月，“日出行动”剩下的关键参与者、战略情报局间谍首脑艾伦·杜勒斯失去了工作。日本投降以及第二次世界大战结束之后，杜鲁门总统签署一项行政命令，解散战略情报局。二十二个月之后，杜鲁门签署《国家安全法》，正式建立中央情报局。1953年，战后重返私营法律业务的杜勒斯在德怀特·艾森豪威尔总统执政期间重返政坛，成为中央情报局第五任局长。在他的支持下，该局继续从事秘密行动。在战争中建立了强大关系网的杜勒斯是执掌这一任务的理想人选。他一直任职到1961年11月，约翰·肯尼迪总统在古巴猪湾行动惨败之后令他辞职。

杜勒斯战后写了好几本书，包括《秘密投降》，原书于1966年出版。他在书中声明，卡尔·沃尔夫没有受到免遭起诉的保护。在书中，他没有提到1950年6月他写给前瑞士情报局马克斯·魏贝尔的一封信，魏贝尔当时已经成为瑞士驻华盛顿的军事参赞。杜勒斯对于沃尔夫要求对“处理意大利投降过程中发生的”财产和经济损失进行赔偿愤怒不已，写信给魏贝尔说：“在你我之间，［沃尔夫］没有意识到他余生不用在监狱里度过是多么幸运，他知趣的话就应该对丢失几件内裤的琐事闭嘴。他本来要失去的远不止一件衬衫。”

---

① 巴德维塞是德国巴伐利亚州的一个市镇。

第二十九章

英雄与遗产

今天来到那不勒斯卡波迪蒙特博物馆的游客们会看到令人惊羡的绘画珍藏，包括提香的《达娜厄》、布吕赫尔的《盲人的寓言》和拉斐尔的《神圣家族》。没有任何迹象表明这些画作曾经被赫尔曼·戈林师拖曳一千六百多公里，运抵阿尔陶塞的盐矿之中。[①]迪恩·凯勒冒着枪林弹雨，在一处别墅的伤病员中间发现的杜乔的重要版画《宝座上的圣像》，安全返回锡耶纳大教堂歌剧博物馆。希特勒钟爱有加、以致他的部下强行窃取的卢卡斯·克拉纳赫的《亚当》和《夏娃》也回到了佛罗伦萨的乌菲兹美术馆，与德国画派的众多绘画放在一起。

但是意大利的战争印迹依然能够轻易寻获。卡西诺山修道院已经重建，但是，从重建的围墙上看去，最醒目的地标却是寺院下方的波兰和英联邦墓地，里面有数千墓碑，纪念在这场恐怖的战斗中牺牲的将士。在

① 国家博物馆的绘画藏品于1957年被转移到卡波迪蒙特博物馆。——原注

这场战斗中捐躯的美国士兵跟他们的兄弟们一起埋葬在七十英里外的安齐奥。

佛罗伦萨的桥梁已经重建，天主圣三桥跟摧毁之前几乎一样，这要归功于德国学者（“艺术品保护部门”成员）、佛罗伦萨艺术史研究所所长海登赖希教授指挥拍摄的该桥的大量档案照片。然而，桥梁的雕塑《四季》数千处破损和重新安装的碎片则向游客们昭示了七十年前发生的惨剧。还有阿尔诺河南岸紧邻维奇奥桥的极不协调的现代建筑，屹立在中世纪塔楼曾经占据的地方。

今天的维奇奥桥与 1944 年 8 月被损坏之前的维奇奥桥别无二致。但是战争的印迹的确存在。在南墙拱下方本韦努托・切利尼[①]的半身像下，挂着一小块匾额，表彰格哈德・沃尔夫博士。这块匾额是佛罗伦萨官员 2007 年挂上去的（尽管生卒年月并不准确），表彰他在拯救这座城市中的英勇事迹。格哈德・沃尔夫作为德国领事来到佛罗伦萨，由于他的功劳，他离开时成为佛罗伦萨领事。

执着的帕多瓦技师们继续拼装曼特尼亚在奥维塔利礼拜堂创作、受到战争破坏的壁画碎片。克拉拉・巴拉基尼博士花了十五年时间修缮比萨公墓；工作一直持续到今天。古迹保护官们留下的印迹可以在最令人惊讶的地方被发现，例如，伦巴第区伊夫雷亚镇[②]玛西诺城堡的墙壁上依然挂着“禁止进入”的标牌，还在近七十年前由古迹保护官罗德里克・E・恩托万上尉悬挂上去的地方。

盟军为了让意大利退出与纳粹德国的结盟，对米兰进行了狂轰滥炸。波尔蒂佩佐利美术馆必须彻底重建。斯卡拉歌剧院修缮之后于 1946 年 5 月 11 日重新开放，由阿图罗・托斯卡尼尼[③]指挥了一场演出。主教座堂

① 本韦努托・切利尼（1500—1571），意大利文艺复兴时期的金匠、画家、雕塑家、战士和音乐家。

② 伊夫雷亚是意大利都灵省的一个市镇。

③ 阿图罗・托斯卡尼尼（1867—1957），意大利指挥家。

立面仍然留有 1943 年夏天盟军炸弹袭击后留下的凹痕和污点。布雷拉美术馆和安布罗西亚美术馆内的绘画尽管几经辗转，还是幸存了下来。在这两家美术馆经过大规模重建之后，这些绘画回到了各自的博物馆中，里面还珍藏着世界上最举足轻重、美妙绝伦的画作。

《最后的晚餐》幸运地躲过了 1943 年 8 月的空袭。当支撑北墙的最后几口沙袋被移开时，古迹保护官佩里·科特评论说："《最后的晚餐》的情况或许还会恶化，而且不可能变得更好。但是，它能保存下来就是个奇迹。"教堂餐厅于 1945 年 6 月 19 日重新对公众开放。报纸上只报道了圣徒詹姆斯罩衫上一块四英寸见方的位置存在问题。然而，自从列奥纳多完成绘画之后北墙就被一个潜在的问题所困扰：潮湿。

1946 年 2 月 12 日，1945 年 5 月唯一对壁画的状况持有不同意见的费尔南达·维特根斯陪同埃托雷·莫迪利亚尼督导对壁画进行了细致检查。她的报告令人震惊："壁画表面受潮膨胀，变得跟橡胶一样，稍微触碰就会……露出第二层灰底。"除了墙壁和屋顶突然坍塌——还有重建——造成的环境变化之外，稳固北墙壁画的沙袋也受潮腐烂。沙袋和画壁之间的空间在壁画表面形成了一层厚厚的霉菌。

到 1946 年 12 月，壁画的状况变得异常糟糕。"耶稣的头部几乎消失，"《时代》杂志的一位记者写道，"腓力和雅各的面部似乎彻底腐蚀，被一层硝石灰覆盖，即将扩展到整面壁画［原文如此］。[①]从几英尺远的地方看，门徒个个表情模糊。原本清晰的背景风光也已经消失。"埃米利奥·拉瓦尼诺教授曾经在将意大利众多艺术杰作安全转移到梵蒂冈的过程中发挥过重要作用。他评论说，继续进行一次修复"可能会让壁画在未来三十年——不会更久——保持可以辨认的状态"。

今天，数量有限的游客能够穿过距离遭炸弹袭击的回廊五十英尺远、被玻璃密封的通道进入餐厅。进入环境受到严格控制的空间后，游客们会

① 《最后的晚餐》不是真正的壁画，因为它是画在干石膏而不是湿石膏上。

发现拉瓦尼诺的估计是错误的。《最后的晚餐》从战后的潮湿问题中幸存了下来。由于皮宁·布兰比拉·巴尔奇隆博士的不懈努力，二十年如一日站在脚手架上，一厘米一厘米地修复壁画，它已经恢复到了几百年来罕见的状态。她的工作将最先进的技术与过去的实验中汲取的教训结合在一起，为子孙后代们保存下了这件杰作。

实际上，这个餐厅不过是意大利战争的一个缩影：当地艺术官员和志愿者们想方设法保护他们的文化遗产；盟国的轰炸政策一开始没有考虑到夜间轰炸可能给文化之都带来的严重后果；人类创造天赋的伟大代表奇迹幸存；一个新的兵种，保护而不是破坏躺在部队前进路上的文物。这个餐厅作为实物，提醒人们人类的创造天赋必须与其破坏能力保持协调。

1945 年 9 月，古迹保护官约翰·布赖恩·沃德－帕金斯颇有预见地说："归还和修复工作有可能会持续很久。"属于那不勒斯博物馆的绘画和雕塑直到近两年才交到意大利指定的代表鲁道夫·西维耶罗手中。

古迹保护官们根据彼得罗·费拉罗的提示，在德国海尔布隆附近科什多夫的盐矿中发现了七百箱装满佛罗伦萨艺术史研究所图书和绘画藏品的箱子。古迹保护官们在三处不同的储藏地点找到的艺术史研究所和罗马赫尔茨安南图书馆的收藏，直到 1953 年才最终归还给意大利。

弗雷德·哈特 1945 年 5 月编制的关于上阿迪杰地区两处德国储藏库的目录显示，蒙塔尼亚纳博西－普奇别墅的十幅绘画不见了踪迹，可能被盗。要到十八年之后第一幅画才会现身。安东尼奥·波拉约洛的两幅木板油画，可能是古迹保护官们没有找到的最重要的意大利艺术品，于 1963 年被发现，为一位在加利福尼亚帕萨迪纳[①]工作的德国服务员约翰内斯·迈因德尔所有。迈因德尔是德国国防军第 362 步兵师退伍老兵。绘画在美国司法部长罗伯特·F·肯尼迪的介入和帮助下，被鲁道夫·西维耶罗和乌菲兹美术馆馆长路易莎·贝凯鲁奇归还给乌菲兹美术馆。

---

① 帕萨迪纳是美国加利福尼亚州南部洛杉矶县的一座城市。

故事逐渐浮出水面，揭示了这场掠夺的发生过程。1944 年 6 月底，迈因德尔和部队正从托斯卡纳的储藏库转移艺术品，他们突然发现一只箱子被打开了。看到文物——来自乌菲兹和碧提宫的绘画——之后，迈因德尔评论说："这可值钱了！" 他和另一名士兵偷走了一些绘画。

随后的调查中，检方在慕尼黑找到了迈因德尔的战友。他从同一口箱子中偷走了五幅绘画。那口箱子中剩下的三幅已经不见踪影。范·戴克画派（帕拉蒂纳美术馆目录第 282 号，《圣母、圣婴与圣徒》）和布龙齐诺画派（帕拉蒂纳美术馆目录第 263 号，《十字架上的基督》）这两幅绘画依然下落不明。三幅画中最重要的一幅，荷兰大师扬·范·惠桑的《鲜花与水果》（帕拉蒂纳美术馆目录第 462 号），在一位欧洲私人收藏家的手中。藏家拥有艺术品，却不具备资格，此类复杂案例屡见不鲜。

近七十年之后，寻找失踪艺术品的行动仍在继续。到 2012 年年中，意大利宪兵部的文化遗产部门仍然在寻找第二次世界大战期间遭窃或者失踪的两千多件艺术品。这一数字还不包括在战争的混乱之中，违反意大利出口法律被带出意大利并流入新藏家手中的艺术品。失踪艺术品和其他文物的命运也构成第二次世界大战历史的一部分，这一部分亟待书写。

战争结束之后，一个谜底困扰着古迹保护官们。当乔瓦尼·波吉得知上阿迪杰地区的两处储藏库的位置时，他为何没有将信息提供给哈特、凯勒或者任何一位古迹保护官呢？对于这个问题，帝沃德和库珀的调查并未涉及。

波吉忠实地履行了保护托斯卡纳珍宝的义务，甚至在面对德国军官的威胁时，拒不配合。古迹保护官们钦佩波吉的执着，但并非没有对他的方法提出批评。弗雷德·哈特明白佛罗伦萨对自己战后的职业生涯会多么重要，因而对波吉满怀尊敬："战争结束时，双方都意识到波吉'是意大利最有权力最有威望的督导'。" 哈特还说，"他博学多才，在修复方面具有无可争辩的品位和判断，对于艰难的工作则有无限的能量。"

迪恩·凯勒将波吉视为同人，对波吉的评价比激情四射的哈特的评价谨慎得多。他一方面承认波吉“执着、忠实、正直、机智”，另一方面又质疑波吉在两个重要事件上的判断。“一件是未经装箱和打包就将佛罗伦萨的珍宝送上漫漫旅途……的粗心，”他在 1945 年 6 月 7 日的报告中写道，“他应该对此有所解释。而另一件则是他明知 1944 年到 1945 年的冬天文物位于上阿迪杰地区，却闭口不提。”

从某种程度上讲，凯勒认为波吉早在 1944 年 12 月就知道德国人将佛罗伦萨的艺术品藏匿在坎波图雷斯和圣莱昂纳多的说法是错误的。我们现在知道，波吉在 1944 年 11 月 15 日就已经知道坎波图雷斯储藏库。他可能知道得更早。在波吉的文件中发现了一系列手写的笔记，记录了艺术品转移的详细细节。但是具体日期很难确定。波吉的第一篇笔记署的日期是“1944 年 7 月 14 日”，但是里面却包含了几个月之后的信息。其他笔记分别标有“7 月 20-30-31 日、8 月 11 日”“8 月 20 日”“8 月 22 日”“8 月 23 日和 26 日”，这些笔记记录了运往两处储藏库的具体细节。我们无法确定这些笔记是当时写下的，还是波吉事后才列出的时间表。

1946 年，波吉和他的团队将佛罗伦萨多数博物馆重新开放。他大部分时间都在美国与博物馆和其他机构一起推动文化事业，努力筹集资金进行修复工作。三年之后，先后经历两次世界大战、保护意大利艺术和文化近五十年的波吉光荣退休。尽管他的一生成就非凡，他却一直因为战争期间未能得到保护的艺术品而痛苦不已。乔瓦尼·波吉于 1961 年 3 月 27 日与世长辞。

另一位冒着生命危险寻找并保护这两处储藏库的人是“空中神父”唐·圭多·阿内利。他的经历揭示了盟军部队和意大利威尼斯艺术官员迅速抵达两处储藏库的情况。如果不是塞卢皮·克雷申齐侯爵后来坚持让阿内利将自己的经历写成报告递交给波吉还原事实的话，阿内利对意大利及其艺术的贡献将不为人知。他在写给波吉的短信结尾说：“我很感激能有机会向您表达崇敬之情。”

1945 年 5 月 11 日，为人谦逊的阿内利被授予奖状，奖状上有战略情报局局长威廉·多诺万将军的亲笔签名，代表官方感谢他“在意大利解放过程中向战略情报局及美国军队提供的无私帮助”。

作为战后意大利强硬的基督教社会主义党党员，阿内利明确反对共产主义。作为一名神父，他的立场越来越令罗马天主教领导层感到不安，也令他的同事和教区居民感到不快。阿内利厌倦了争吵，于1955年3月接受了委内瑞拉马拉凯[①]一个重要教区的工作。两年之后，“空中神父”得了中风，年仅五十六岁便离开了人世。1990年5月10日，他的遗骸被送还意大利，埋葬在奥尔扎勒·内维亚诺德利亚尔杜伊尼[②]他父母的墓地旁。

招募唐·阿内利和彼得罗·费拉罗的亚历山德罗·卡贾蒂在两个国家的表现都很英勇。他同时被美国和意大利授予勋章，在意大利被授予的是意大利大十字骑士勋章。回到入籍的美国，卡贾蒂为他的朋友和长辈“皮波”——菲利波·塞卢皮·克雷申齐侯爵——说情，侯爵作为外交官在战争期间的活动让他跟法西斯领导人频繁接触，并有过合作。为了澄清塞卢皮的嫌疑，卡贾蒂写信给意大利官员，声明说塞卢皮的行为“旨在保护盟军士兵和意大利人的生命，保护意大利人的财产不受纳粹法西斯分子的破坏……塞卢皮的成功表现……应该得到盟军和意大利人的无比感激”。

第一位驻意大利古迹保护官——梅森·哈蒙德——1944年春调到伦敦任职。在伦敦，他和罗伯茨委员会副主席弗朗西斯·亨利·泰勒一起，制定战后德国的文物归还政策。1945年8月，哈蒙德在柏林建立“古迹、艺术品和文献”部门办事处。在柏林，他身先士卒，努力应对纳粹盗窃的数万件艺术品和其他文物被发现后出现的人手短缺困难。他的努力为他赢得了佛罗伦萨（荣誉勋章）、荷兰和意大利的嘉奖。

---

① 马拉凯位于委内瑞拉中北部，是阿拉瓜州的首府。

② 内维亚诺德利亚尔杜伊尼是意大利帕尔马省的一个市镇。

哈蒙德1946年回到哈佛大学以后，继续他的教书职业，一干就是二十七年，其中有九年担任柯克兰教学大楼的主人。从1936年到1986年，除了战争年间和安息年[①]之外，哈蒙德的声音成了毕业生和出席毕业典礼的观众们熟悉的声音。然而，与另外一项更加惊人的纪录相比，这一纪录相形见绌：从1921年入读哈佛大学一年级起，他坚持每周六天出席晨祷。“我不是圣人，”哈蒙德曾经说过，“但我遵守习惯，晨祷就是个好习惯。”除了在哈佛的惊人职业生涯之外，哈蒙德还三次担任罗马美国学院古典学负责人，两次担任伯纳德·贝伦森的不朽遗产塔蒂别墅——哈佛大学意大利文艺复兴研究中心的代理主任。

2002年10月13日，距离他一百岁生日只有四个月（他的生日在情人节），梅森·哈蒙德离开了人世。他三个女儿中的一位总结说，她们的父亲是“道德的化身”，跟哈蒙德一起在意大利和北欧服役的战友们对此感同身受。

鼓励迪恩·凯勒申请加入古迹保护官队伍的“胖子”·赛泽，1944年由于病痛被迫离开欧洲战场之后，一直没有完全康复。1945年，由于他担任古迹保护官期间的出色表现，赛泽获意大利大十字骑士勋章提名。他重掌耶鲁大学美术馆馆长一职，直到1947年，并于1957年从教书职业退休。赛泽退休十年之后离世，享年七十五岁。

约翰·布赖恩·沃德-帕金斯在文化保护部门正式建立之前在北非从事古迹保护工作。他的领导为意大利行动的成功奠定了坚实的基础，英国第八军古迹保护官诺曼·牛顿推荐美国向他授予勋章。“‘古迹、艺术品和文献’部门两位保护官在整场战争中在部队的工作都直接得到这位军官的帮助，”牛顿写道，“有了［他的］多次干预，美国、英国和意大利民众的感伤才未能影响战场的实际行动。”“古迹、艺术品和文献”部门1944年

① 安息年是七年耕作周期的第七年。在安息年期间，土地需要休养，所有农业活动都被禁止。现代的犹太教仍然遵守这一规定。

3 月发起的意大利行动副主任沃德－帕金斯后来荣获美国自由勋章。他还被授予大英帝国司令勋章（CBE）。

1945 年，沃德－帕金斯离开“古迹、艺术品和文献”部门，担任罗马一家英国学校的校长，一待就是二十九年。在此期间，他收藏了超过五万张照片和底片，这些都是在他多年的考古和建筑研究过程中，尤其是在罗马时征集的，其中还包括他和别人在战争期间拍摄的意大利古迹受损的照片。他对于艺术的这份贡献在他死后被保留下来。1981 年，沃德－帕金斯的家人将这份无价档案资料慷慨捐献给英国学校，直到今天，无论是学者还是学生，都能从中受益。

沃德－帕金斯离开之后，诺曼·牛顿接任“古迹、艺术品和文献”部门主任。他 1946 年返回哈佛大学，继续他的景观建筑教授生涯。1967 年退休时，他接受了他无比热爱的罗马美国学院为期一年的常驻景观建筑师的职位。然而，牛顿留下的永恒遗产应该还是自由女神像基座周围的景观，在那里，由他设计的人行横道和草坪每年吸引着成千上万的游客。诺曼·牛顿 1992 年离世，享年九十四岁。

最先抵达西西里岛的古迹保护官之一佩里·科特——也是第一位见到《最后的晚餐》上的沙袋被移除的人，1945 年 8 月离开米兰，接受奥地利的新任命。只有他、“特迪”·克罗夫特－默里和诺曼·牛顿横穿意大利半岛，紧随梅森·哈蒙德的脚步进入西西里岛，然后一路北上抵达米兰和上阿迪杰地区。

科特 1946 年重新回到沃切斯特艺术博物馆副馆长的岗位，直到 1949 年成为华盛顿国家美术馆总策展助理，并很快成为总策展人。在他的努力下，国家美术馆 1967 年展出了《班琪的画像》，这是唯一为欧洲之外收藏的列奥纳多真迹①，也是科特在国家美术馆二十年职业生涯中的辉煌业绩。

---

① 就在此书交付出版社之际，一幅新发现的列奥纳多绘画——《救世主》——正在美国由艺术商人拍卖。

佩里·科特1988年卒于瑞士沃韦[①]。

科特跟沃德-帕金斯、克罗夫特-默里和选他当古迹保护官的欧内斯特·帝沃德都结下了毕生的友谊。帝沃德继续他在奥地利的领导职务，指挥着和他一起在意大利服役的古迹卫士们。1946年回国之后，帝沃德成为普林斯顿大学艺术博物馆馆长，直到1960年退休。退休之后，他还继续为意大利效力。1966年佛罗伦萨遭遇罕见洪灾，帝沃德担任意大利艺术抢救委员会顾问。两年之后，七十七岁高龄的帝沃德在观看完每年一度的普林斯顿大学对阵哥伦比亚大学的橄榄球赛之后病逝。帝沃德的领导得到了意大利（团结之星勋章）、英国（大英帝国勋章）和美国（功绩勋章）的表彰。

收到由乔瓦尼·波吉、菲利波·罗西、乌戈·普罗卡奇和其他博物馆官员亲笔签名、感人泪下的告别信之后，悲伤过度的弗雷德·哈特于1945年8月下旬离开佛罗伦萨，前往奥地利。此刻，他为子孙后代拯救无可替代的艺术品而获得的铜星勋章也无法抚慰离开这座城市的伤痛。"现在我在[萨尔茨堡]这浸透的水坑里，"他写信给他的偶像伯纳德·贝伦森说，"雨下个不停。经历这一切之后，离开佛罗伦萨令人痛苦不已。昨晚城市和河流上空的月色还无比美丽，今早汽车却无情地载着我踏上漫漫征程。当我回望那飘忽而又阴沉的光亮时，实在控制不住泪如雨下。"

哈特认为奥地利的工作"无聊透顶——对我们多数人来说简直是浪费时间"。他花时间构思，准备写一本有关战争经历的书。"我觉得我必须将它写下来，宣泄心情，"他告诉贝伦森，"意大利数目众多的遗产跟我这几个月的工作密不可分。"要等到冬天过去，哈特才会知道，经过在意大利和奥地利超过两年半的服役，他终于可以踏上返乡之路了。

还有一条令人意外的消息。佛罗伦萨市已经决定将哈特评为荣誉市

---

① 沃韦是瑞士沃州的一个城市。

民，表彰他“在战争期间和战后不辞辛劳、严谨热情、不惧牺牲，拯救、寻找、修复佛罗伦萨及其周边地区不计其数的艺术品和历史遗迹”。回国之后，哈特写信给贝伦森，告诉他这一荣誉对他来说“意义非凡，因为我对佛罗伦萨的爱难以言表”。他还告诉贝伦森，归国之前，离开部队时经历了“难以形容的混乱、痛苦和拖延”。弗雷德·哈特这么说只是轻描淡写。

哈特在佛罗里达州迈阿密市办理退役手续时，跟一位男性低级军官发生了性关系。这位军官后来将这件事报告给上司。根据美国第“605-275”条军规，军官发生“二类”同性恋行为的，“为了军队的稳定，无须移交军事法庭”，可以让当事人选择退役。哈特没有意识到——或者是故意忽略这些风险——他在意大利的乱交行为在战争期间无人理会，但在美国却将面临严厉判决。在这种情况下，他违反美军军规，让他原本成绩非凡，甚至是功勋卓著的军队生涯画上了尴尬而又含糊的句号。

哈特被开除之后，回到纽约的妻子佩吉身边，并写信报告贝伦森说：“夫妻团聚无比幸福。”起初，即使对于铜星勋章获得者、持有完美的专业证书的人，找工作也十分艰难。1946 年，他在艺术博物馆担任代理馆长，并在史密斯学院任讲师，之后回到纽约大学，在那里完成了他的博士研究，同时完成了他有关古迹保护官经历的著述。《战火中的佛罗伦萨艺术品》一书于 1949 年出版，同年，哈特在密苏里州圣路易斯市华盛顿大学接受了第一份全职教员工作。学生们对这位使用粉色便携式打字机的老师印象深刻。“我不知道我的天性中是什么自恋的性情让我总是揽下我难以完成的工作量，”他写信告诉贝伦森，“但是，我似乎总是在这样做。”

1960 年，哈特接受了新的职位，担任宾夕法尼亚大学艺术史教授。但是由于性取向问题，加上要常年往返于曼哈顿与佩吉相聚，他的婚姻终于出现了危机。结婚十八年之后，哈特和佩吉离了婚。在哈特的职业生涯中，他在 1967 年至 1984 年间又换了两次工作：先是宾夕法尼亚大学艺术系主任、教授，然后到了弗吉尼亚大学，并在这所大学荣誉退休。

1966 年 11 月，当上涨的河水威胁到佛罗伦萨时，他借休假的机会再次前往佛罗伦萨帮忙。洪水退却之后，哈特作为拯救意大利艺术品委员会理事，毅然跑遍美国，筹资修复受损的艺术品。意大利政府再次嘉奖他的努力，授予他意大利共和国骑士功绩勋章。

哈特一生共出版十八本著述，其中四本是关于他钟爱的艺术家米开朗琪罗。《意大利文艺复兴艺术史》初版于1969年，至今依然是其最成功、最不朽的著作，并作为这一领域的教科书广泛使用。但是他职业生涯最大的遗憾是未能得到他梦寐以求的职位：哈佛大学塔蒂别墅研究中心主任。他考虑过移民到佛罗伦萨，但佛罗伦萨的朋友们劝阻了他。"你将永远是个局外人，"有朋友警告他说。

佩吉没有再婚，1989年12月7日离世。她和哈特终生保持朋友关系，这当然也是哈特跟女人之间最稳定、最亲昵的关系。在很多年里，他一直坚持每个月都回到纽约看望她。每一次，他都会给她带张支票作为生活费；但每一次，她都会将支票撕毁。

佩吉去世后两年，七十七岁的弗雷德·哈特由于心脏三搭桥手术后并发症离开人世。他的朋友和三十三年的伴侣、哈特在华盛顿大学的学生、哈佛大学塔蒂别墅项目第一位常驻会员尤金·马尔科夫斯基后来说："弗雷德是个复杂的人，他具有惊人的天赋，他远大的抱负在任何一个人的生命中都难以实现。"

弗雷德·哈特生前无法得到的，死后终于如愿以偿。马尔科夫斯基冲破政府部门的无数艰难险阻，终于实现弗雷德的临终愿望。1993年3月5日，一个寒冷的星期五，佛罗伦萨城迎接弗雷德·哈特中尉归来——"Tenente"，这个意大利语称呼已经众所周知。尤金来到11世纪的圣米尼亚托教堂，怀抱骨灰坛，里面装着他朋友的骨灰。等待迎接他的有哈特在战争期间的两位司机，佛朗哥·鲁杰尼尼和亚历山德罗·奥斯基；哈特在佛罗伦萨驻扎时的房东科尔西尼一家；佛罗伦萨市长吉安·卡洛·佐利以及佛罗伦萨艺术督导安东尼奥·保卢奇。

哈特一直钟爱圣米尼亚托，从这处教堂能饱览佛罗伦萨的盛景。他甚至为教堂的一处礼拜堂写了一本专著。哈特的整个生命都与佛罗伦萨的创造大师们——艺术家、雕刻家和建筑师——紧密相连，除了佛罗伦萨，再也没有一处安息之所更适合他。

经过一场特别弥撒之后，哈特的朋友们跟着尤金前往附近的墓地，埋葬了弗雷德的骨灰。途中还经过了洛伦齐尼家族的墓地，《木偶奇遇记》的作者卡洛·科洛迪[①]是这个家族最有名气的儿子。

迪恩·凯勒最大的优点——值得信赖、能力突出、对于意大利知识渊博——却让他遭了罪。埃德加·胡默准将想让这位耶鲁教授跟他的指挥部一起迁到奥地利，书写同盟国军政府美国第五军的战史。凯西想让他回家，而且在信中毫不掩饰地表达了这个想法。尽管凯勒很想回到她和迪诺的身边，但是他同时又感到一份沉重的责任，要完成工作，1945 年 8 月上旬听说他将被授予功绩勋章之后尤其如此。转眼几个月过去，工作却没有停止的迹象。凯勒对 1945 年回国的信念越来越灰心。“依我看，除非发生家人去世这样的事，否则不可能比正常渠道更快回家。”他的朋友和司机查利·伯恩霍尔兹 10 月下旬离开部队，令他更加郁闷。

截止到 1945 年 12 月 1 日，意大利境内已经没有古迹保护官。此时，古迹和艺术品的保护责任已经全部移交给意大利政府。“古迹、艺术品和文献”部门意大利分委员会——总共涉及二十三名美国官员、士兵和十七名英国官员——的正式工作宣告结束。到这个时候，凯勒才得到晋升。凯勒得知，埃德加·胡默准将早在十四个月之前，也就是凯勒在比萨公墓的无畏工作之后一个月左右就递交了推荐书，但后来却没有再关注后续的进展。于是，喜讯变得有些苦乐参半。

1946 年 5 月 24 日，迪恩·凯勒少校在海外服役两年半之后，终于踏上归国之路。他在德国港口不来梅写给凯西和迪诺的信热情洋溢：“亲爱的：你们收到信时我已经登船，而且离家很近了。一切准备就绪。他们说

---

① 卡洛·科洛迪（1826—1890），意大利作家，代表作为儿童文学经典《木偶奇遇记》。

这艘船很棒。……接下来就是打个电话，然后就是见到你和迪诺了！”他不是空手而归，除了意大利十字勋章和美国功绩勋章之外，凯勒还受到了英格兰［大英帝国员佐勋章］和梵蒂冈［圣约翰·拉特兰勋章］等的嘉奖。

凯勒继续在耶鲁教书，1948 年荣升终身全职教授。但是世界在改变。1950 年，耶鲁大学艺术学院领导推翻了他们认为陈旧的古典建筑风格传统教学方法，采用更富有表现力和实验性的艺术理论。抽象化、概念化地运用色彩和形状的现代艺术家俘获了收藏家和广大观众的想象。罗伯特·劳森伯格[①]和赛·托姆布雷[②]这些人将变得盛行。他们以前的教授约瑟夫·阿伯斯接管耶鲁大学设计系。凯勒继续在耶鲁大学其他学院指导研究生，但是他已经没有资格指导艺术系高年级研究生。

尽管这种调整很令人苦恼，但是凯勒依然保持良好的习惯和严格的自律。他教书时穿着他所谓的“制服”：黑裤子，白衬衫——袖子通常卷起来——和领带。他的一个学生，退伍战友伦纳德·费希尔同意凯勒的观点：“真正重要的是那些没有回来的将士们，他们都被埋在异国他乡。那你怎么还能谈论你在那儿的经历呢？”凯勒确实有个纪念品：他自豪地将军装挂在教室的角落里。费希尔留意到凯勒“想用粗暴来掩饰他的仁慈和激情，但我们跟他一起服役过的人都看得出，他其实是个和蔼可亲的人”。每天，他都在同一个时间出现在同一处地点，边吃午饭边读《纽约每日新闻》。大家都知道什么时候到哪里找他。他很多年都在礼拜堂街酒吧吃饭。那里的服务员根本不用拿菜单过来，因为他的午餐已成规矩：牛肉汤（他称之为“牛肉茶”），然后是咖啡香草冰淇淋。

20 世纪 50 年代，凯勒成为耶鲁大学非官方肖像画家，不仅为数不清的学校官员画过，还为众多名人，包括参议员罗伯特·A·塔夫脱画过，这幅画挂在华盛顿特区国会大厦参议院会客厅中。1959 年，他考虑与战

① 罗伯特·劳森伯格（1925—2008），战后美国波普艺术的代表人物。

② 赛·托姆布雷（1928—2011），美国著名抽象派艺术大师。

争期间的司机、一生的挚友查利·伯恩霍尔兹合作写一本书。他们选定的题目是——《查利与上尉》——并往来写了几封信，但再无下文。凯勒为查利画了一幅身着军装、佩戴奖章的肖像画。背景是意大利地图，安齐奥上面有个五角星，代表的是查利荣获铜星勋章的战役。

1950年，凯勒一家再添人丁，他们为这个儿子取名威廉（小名“比尔”）。此时，凯勒和十岁的迪诺——家人都叫他“小迪恩”——之间的关系变得异常亲近。凯勒在国外的日子里，画画成了他们沟通的媒介。凯勒一回到家，这一习惯立即坚持下来。迪诺对艺术越来越浓厚的兴趣让在耶鲁大学失意的凯勒寻找到了不小的慰藉。

1965年，当迪诺在佛罗伦萨学习艺术时，全家人第一次前往意大利。凯勒1944年11月已经答应过凯西。他们徜徉于那不勒斯的街道，凯勒曾经在这里从街头小贩的手中购买第五军的肩章并缝在军装上。他们在锡耶纳欣赏杜乔的《宝座上的圣像》，这幅作品是凯勒在临时战地医院的伤员中间发现的。他们在比萨和平的奇迹广场上漫步，凯勒向大家讲述比萨公墓屋顶被炸飞、壁画破败的悲惨景象。米兰之行的亮点则是当他们站在他一度担心“被毁”的那幅著名绘画前。

1976年，凯勒得了中风。尽管他的思维依然清晰，但身体右侧瘫痪，迫使他放弃素描。1992年去世之前，他一直活跃在家人、朋友和学生中间，与大家关系亲密。凯西和迪诺同意分配他的骨灰。凯西想将丈夫安葬在康涅狄格州新不列颠市的家族墓地，而迪诺则想到了另一处地方——一家人1965年去过的地方。

经过八年的不懈努力并且在埃内亚·福加尼奥洛的帮助下，2000年5月，迪诺、比尔和他们的妻子进入比萨公墓。来自意大利政府、美国军方、梵蒂冈、佛罗伦萨和比萨教堂的代表们迎接他的到来（凯西的身体已经无法承受这次旅程）。美国驻佛罗伦萨总领事伊拉里奥·马丁内斯也出席了仪式。大家在公墓北边、15世纪艺术家贝诺佐·戈佐利的壁画边聚齐之后，迪诺将一只用星条旗和花冠覆盖的小陶瓮放进了墓中。

迪恩·凯勒曾经说过，“我在部队的岁月是我一生中最有意义的时光。

我热爱意大利人民，对他们无比尊敬……我们只是在履行职责。我们并不高尚。”但是聚集在此、悼念凯勒的人们并不这么认为。“他有一双艺术家的手和一颗意大利的心。”其中一位后来写道。比萨市长保罗·丰塔内利致辞说：“比萨人民与这位英雄生死相依，因为身为军人的他拯救了大家共同的遗产。”在他最终安息的地方，白色大理石上的墓志铭结尾用拉丁语写道：“亲爱的朋友回到了朋友们的身边。”一家当地报纸宣告说：“永别凯勒上尉！”

迪诺回国后继续他作为艺术家和教师的工作，但他无比想念父亲。2005 年 1 月 4 日晚上，迪诺离开了人世。尽管官方声称死亡原因是严重心脏病，迪诺的妻子多萝西后来回忆说：“迪诺是由于伤心过度而死，这就像是无法治愈的伤口。那天，他的身体已经部分死亡。”

比尔也说：“我哥哥一直到死都沉浸在丧父之痛中，无法自拔。”

弗雷德·哈特和迪恩·凯勒之间的关系随着时间的推移日渐醇厚。尽管他们之间没有真正意义上的友谊，但是他们在共同经历之中相互尊重。哈特 1945 年 9 月提交的有关托斯卡纳最终报告的后面，附了一封写给凯勒的信。信中写道：“你的光辉形象频繁出现在报告中。如果你需要的话，我希望这能成为我们之间长久而富有成果的合作的纪念。”哈特能够感受到凯勒进入被摧毁的比萨城时经历的一切。“最艰巨的工作，也可以算是最悲惨的工作，落在了凯勒上尉的肩上，”哈特写道，“他有关比萨受损情况的报告……是‘古迹、艺术品和文献’部门在托斯卡纳地区工作历程中最令人震惊的文献。”十年之后，哈特还写信给凯勒说：“我想，任何一个没有亲身经历过你所经历的斗争、游说和运筹的人都不会明白它的意义。”

最终，哈特和凯勒安息的地方——佛罗伦萨的圣米尼亚托教堂和比萨公墓——相距不足五十英里。

意大利战争及盟军胜利攻占西欧的意义可以从很多方面衡量。西西里岛和意大利本土充当了“古迹、艺术品和文献”部门在欧洲展开行动的实验场。有些时候，古迹保护官们任务的重要性体现在文物侥幸脱险上（最明显的就是《最后的晚餐》）；另一些时候，体现在他们保护的历史遗迹上，例如比萨公墓。佛罗伦萨市中心的新圣母火车站遭受的精确轰炸显示了空袭的新思路。然而，古迹卫士们的主要成就体现在地面上，盟国赢得了市民的信任。他们亲眼目睹这些学者战士们努力修复他们受损的教堂，保护他们的艺术品。

当盟军准备进攻西欧时，在意大利取得的经验被介绍到英格兰的什里弗纳姆。艾森豪威尔有关保护意大利文化遗产的命令在进攻西西里岛之后差不多半年就已经颁布。诺曼底登陆前十一天，一项相似的命令被发布到指挥官们的手中。尽管美军未能满足新到来的古迹卫士们的所有需求，但的确为他们的工作提供了支持。这当然不是偶然为之。哈蒙德、凯勒、哈特以及克罗夫特－默里这些人尝试与失败的经历已经开辟了道路。

为了拯救一件艺术品而不惜生命到底是否值得？这个问题古迹卫士和战争期间保护文化珍宝的所有人都考虑过。凯勒对这一问题的回答与众不同：冒死拯救文物和冒死捍卫事业。无论是有条不紊、小心谨慎的凯勒，还是偶尔随心所欲、不计后果的哈特都不想丢掉性命，但两个人都甘愿冒险，因为他们坚信这项事业。

要总结古迹卫士们在意大利的工作，在意大利服役时间最长的迪恩·凯勒少校最有发言权。这些话不仅明确了一个国家尊重文化遗产的责任，而且反映了这些卫士们服役的崇高目标。

艺术品不能给饥饿的人果腹，不能让寒冷的人温暖，不能为黑暗中的人带来光亮，也不能为需要煮饭洗澡的人提供水源。那么，必须为战争年代保护它们找到一个超越人类基本需求的理由……凯勒上尉希望本部门［“古迹、艺术品和文献”部门］有助于在美国人和盟国人民的心目中保持对文明的尊重，对人类灵魂和心灵最伟大的创造的欣赏……作为一个伟大军队的一名军人，有幸接到保护意大利乃至全世界文化珍宝的任务，报效［我的］祖国，并且为文明贡献绵薄之力，对于一个人来说是无上的荣誉。

致 谢

走上温布尔登中心球场之前，选手们会穿过一条通道，通道上方写有鲁德亚德·吉卜林的诗《如果》，内容如下：“……如果，面对胜利和失败，你能泰然自若……”在本书的调查和写作过程中，我几乎每天都会想起吉卜林的诗句。这趟旅程中的遭遇，以各种各样的方式考验我的能力。这是光荣的挑战，有价值的工作，但也无比寂寥。

这样的成绩远不是凭一己之力就能达到的。很多人为这本书付出了辛勤劳动，给予了无私帮助。为了让这本书日臻完美，也为了成全作者的名声，大家共同努力。我对大家深表感激。

我的高级研究员伊丽莎白·赫德森与我一起合作了三本书，取得了出色的成就。她对细节的专注，加上出色的项目管理能力，让原本复杂的项目稳步推进并顺利完成。看着她在过去几年里不断成长，我深感欣慰。

克里斯蒂·福克斯几乎自始至终在古迹卫士项目的各个方面都给予了大力支持。在本书中，她协助进行主要档案研究，找到并采访了几位关键当事人，在各个阶段都做出了贡献。她对古迹卫士的崇敬让本项目和古迹卫士艺术品保护基金会——包括我的工作——能够度过一些艰难的时刻。

我的行政助理米凯莱·布朗从容不迫，每天面带微笑。如果没有她的陪伴，我根本无法面对如此繁重的工作压力。协助她的还有安妮·琼斯和管理基金会庞大电影和照片数据库及网站活动的詹姆斯·厄尔利。

多萝特·施奈德又一次阅读成千上万的德国文献和数十本德语著作，寻找最有价值的资料，然后翻译过来供我参考。通过她的关系，我们接触到从未面世的记录，这些记录对于解读这些复杂的事件起到了举足轻重的作用。我对她的判断的信任就说明了一切。我们研究小组最新的成员安娜·博蒂内利在罗马、米兰和她的家乡佛罗伦萨花了大量时间阅读档案资料。她甚至冒雨在别人的门廊里一边采访一边记笔记。面对我不断索取信息的要求，两人无比耐心。还要感谢纳塔莉·瓦尔德和朱莉娅·梅齐，他们为我的项目提供了帮助。

诺顿图书出版公司从一开始就对本书表现出浓厚的兴趣。该公司对于卓越品质的追求和坚持完美的出版策略非常适合这个重要项目，也适合本书。我的编辑汤姆·迈耶在两年的写作和编辑过程中提供了长期支持。我无法一一列举，但有很多次，他鼓励我进行修改，他对细节十分注意。他鼓励我写出经典。我对我们的合作感到由衷的自豪。简单地说，他的建议让本书更加完善。我还想感谢诺顿公司的其他工作人员，包括约翰·格拉斯曼、珍妮·卢西亚诺、比尔·鲁辛、伊丽莎白·赖利、南希·帕姆奎斯特，审稿凯瑟琳·布兰德斯，还有制作经理路易丝·玛塔雷利亚诺。尤其要感谢瑞安·哈林顿。

对于一项如此庞大的项目而言，背后的工作至关重要。我很感谢经验丰富的律师朋友迈克尔·弗里德曼的一贯指导，还要感谢方德利文学与媒体团队，尤其是彼得·麦圭根、斯特凡妮·阿布、基尔斯滕·诺伊豪斯和马特·怀斯。特别感谢我在创新艺人经纪公司的代理人米歇尔·韦纳。米歇尔自从2006年读了《拯救达·芬奇》一书之后就对古迹卫士们的故事深信不疑。她不懈努力，为我上一本书改编的电影寻找合适的制片厂，最终我们找到烟屋电影制作公司的乔治·克鲁尼和葛兰·海斯洛夫团队。

感谢古迹卫士艺术品保护基金会的理事和支持者们长期以来的鼓励。他们支持我的想法，《拯救意大利》和《古迹卫士》（又名《盟军夺宝队》）

这两本书能够彰显这些英雄的事迹，进而帮助他们实现使命。宣布即将拍摄电影已经证明这一路径确实可行。我要感谢那些精心呵护基金会的人——尤其是汤姆·施瓦茨和金·施瓦茨，鲍勃·海斯和帕蒂·海斯，卡罗尔·沃尔和特里·沃尔，伊迪斯·奥唐奈和彼得·奥唐奈，奥布里·麦克伦登和凯蒂·麦克伦登，吉姆·埃德塞和南希·埃德塞，阿尔弗雷德·格拉塞尔三世（他已故的父亲是位“二战”老兵），克莱尔·伍德科克和吉姆·伍德科克，艾伦·卡勒姆和玛格丽特·麦克德莫特女士。还要感谢基金会的两位老朋友，苏珊·艾森豪威尔和布鲁斯·科尔博士。

作者有时需要急切之间与有关专家取得联系，有时候打电话占用大量时间，有时候又需要对具体的细节的指导。卡洛·德斯特、基思·克里斯琴森、唐纳德·米勒和乔·珀西科四位不同领域的专家，同意阅读部分文稿并与我分享他们的见解。有了他们的慷慨帮助，这本书才达到现在的层次。对他们的帮助我深表感激。

在写作过程中参与不多但提供了重要帮助的还有约瑟夫·罗伯特·怀特博士、托马斯·拉普拉斯、京特·比朔夫博士和乔舒亚·魏克尔斯海姆。我要特别感谢知名学者和作家比吉特·施瓦茨博士慷慨分享其有关阿道夫·希特勒及其艺术收藏野心的研究成果。还要感谢美国国家二战博物馆的全体同人，尤其是博物馆的共同创始人兼主席尼克·米勒博士、副主席斯蒂芬·沃森和理事会全体理事，他们致力于实现博物馆另一位创始人斯蒂芬·安布罗斯博士的梦想。

如果没有书中一些关键人物的家人和朋友们分享信息、提供指导，本书无法完成。有些人接受了我的大量问题和邮件，投入的精力与他们对追忆亲人的投入不相上下。本书的成功他们功不可没。篇幅有限，无法在此一一列出，但是我不得不挑出比尔·凯勒、尤金·马尔科夫斯基、多萝西·凯勒、伦纳德·费希尔、洛拉·斯卡尔皮塔·克纳普、莉齐·博·卢埃林、安东尼·卡贾蒂、斯潘塞·西摩、玛格丽特·希尔顿斯、布赖恩·沃德-帕金斯、沃尔特·格利森、查尔斯·玻恩霍尔兹、马雷尔·朗斯多夫·克劳斯、路易吉娜·阿内利、塞吉奥·吉利奥蒂、安娜·马格里尼和我已故的好友亚历山德罗·奥斯基。特别要感谢肯·斯科特。

我和研究员们访问了几十家档案馆，每一家都提供了本书中的某些重要信息。感谢以下人员的热心帮助：国家档案馆的格雷格·布拉德舍；耶鲁大学手稿档案部的员工；艾森豪威尔总统图书馆的卡尔·魏森巴赫和他的员工，尤其是瓦卢瓦·阿姆斯特朗和埃莉诺·哈斯；美国国家二战博物馆的汤姆·捷坎斯基；大都会艺术博物馆的詹姆斯·莫斯克；国家美术馆的琼·亨利；米兰感恩圣母教堂的阿戈斯蒂诺·塞尔瓦神父；罗马西维罗档案馆的玛丽娅·利贝拉特里斯·维森蒂尼；佛罗伦萨鲁道尔夫·西维埃罗故居博物馆的阿蒂利奥·托里；比萨大教堂的朱塞佩·本蒂沃利奥和迭戈·圭迪；佛罗伦萨塔蒂别墅的阿里克谢·梅森和伊拉里亚·德拉·莫妮卡；米兰建筑与景观遗产监管局的伊万娜·诺万尼；佛罗伦萨艺术史遗产编目档案馆的西莫纳·帕斯奎努奇；佛罗伦萨历史档案馆的卢卡·布罗焦尼和弗兰切斯卡·加吉尼；罗马英国学院照片与历史档案馆的亚历山德拉·焦文科；罗马美国学院的安东尼奥·帕拉迪诺。还要感谢彼得罗·博纳尔迪和马尔科·梅斯基尼。

有两处地方，分别以不同的方法为我提供了大量的支持和鼓励，减轻了写作过程中的孤独。达拉斯阿尔·比尔纳特餐厅全体工作人员将饭店照明最好的位置留给了我，让我在熙攘的客人中间有一处安静的地方写作。感谢阿尔、布拉德、维克托、奥德拉、艾伦、尼科尔、迈克尔，还有雷切尔一家。

我很幸运几年来能在瑞士圣莫里茨的宫殿酒店居住。我在那里完成了书稿的大部分内容，与此同时，穿越阿尔卑斯山进入意大利北部，前往本书中的几处关键地方调研。在瑞士恩嘎丁河谷的时光令我备受启发。从我一到那里开始——带着十二箱研究论文和几十本参考书——上至高层管理人员下至普通季节性员工，都知道我去那里的目的。很多人都体谅我远离家乡所面临的挑战。我感谢大家，尤其是我的朋友朱塞佩·佩森蒂，在我长达数月寂寥的阅读、思考和写作过程中像家人一样陪伴着我。

在这个漫长的过程中，朋友们一直关心我，好几位朋友都在最关键的时候表达了关心。有些人是从阳台上为我鼓劲，有些人则更加积极。我的儿子、颇具天赋的音乐家迭戈不断鼓励我，甚至当工作需要我们不得不分开时他依然鼓励我。在无私方面，他是我的榜样。

我的母亲诺尔玛和阿姨玛丽莲·赖特是我最坚定的支持者。对她们——对我所有的朋友——我要表达我的感谢和爱，尤其是迈克尔·马迪根、琼·特里、卡恩·道、博伊德·莱尔斯、德鲁和苏珊·吉特林夫妇、布莱克和汤姆·史蒂文森、琳达和迈克·布坎南、肯和贝蒂·布姆、乔治和费恩·瓦赫特、然热和伊恩·吕塞尔、艾伦·克里斯托弗、罗德·拉弗、约翰和罗伯塔·麦克唐纳、马莎·斯奈德、马尔科·博尼尼、米歇尔·拉普金、布莱特·威特、迈克·比伦和博比·佐恩。还有西莫内塔·布兰多利尼，她领导“佛罗伦萨之友”简直让她变成了当代“古迹卫士”。还有埃林，和那跳水坑的记忆。

对于最近离世的几位好友，我深感悲痛。特德·皮尔斯伯里博士一定会为我完成本书感到自豪，还有他的妻子Mireille；还有玛丽·拉弗。从我出版第一本书至今，已经有五位古迹卫士相继离世。我将他们每个人都视作“朋友”：罗伯特·科克、詹姆斯·里兹、玛丽·里根·昆斯伯里、西摩·庞伦瑟和马克·斯波能伯格。

还有一位，我既尊敬又爱戴的朋友，应该得到特别的感谢：古迹卫士哈里·埃廷格。他和其他古迹卫士们——包括依然健在的和已经离世的——依然是鼓舞我不懈努力的动力源泉。

你见过这些艺术品吗

古迹卫士艺术品保护基金会仍在继续履行古迹保护官们的使命，寻找“二战”期间失踪的文物并帮助那些希望归还文物的人。如果您有古迹卫士的有关信息，或者拥有您认为是战争期间被盗或者“被解放”的艺术品、档案或者其他文物，请联系 www.monumentsmenfoundation.org.

以下画作只是战争期间意大利有记载的被盗文物中最杰出的几件：

1. 拉斐尔
《戴面纱的圣母马利亚》
佛罗伦萨乌菲兹素描与版画馆
于巴贝利诺迪穆杰罗的帝国别墅被盗

2. 桑德罗·波提切利
《无名男子的肖像》
那不勒斯菲兰杰里博物馆
于诺拉的圣保罗·迪·贝尔希托别墅被盗

3. 埃尔·格雷考

柯勒乔的《夜》临摹

孔蒂尼·博纳科西收藏品

于波焦阿卡伊阿诺的特雷菲亚诺别墅被盗

4. 彼得·保罗·鲁本斯

《神学三德》

罗马私人收藏品

于EGELI（财政部下属的财产管理与销售协会）

储藏库被盗

5. 汉斯·梅姆灵

《年轻男子的肖像》

佛罗伦萨乌菲兹美术馆藏品

于波皮城堡被盗

6. 贝尔纳多·贝洛托

《威尼斯大运河风光》

波旁帕尔马藏品

于卢卡的皮安诺拉别墅被盗

7. 贝尔纳迪诺・卢伊尼

《圣母、圣婴和亚历山德拉・本蒂沃利奥修女》

那不勒斯菲兰杰里博物馆

于诺拉的圣保罗・迪・贝尔希托别墅被盗

8. 扬・范・惠桑

《花瓶》

佛罗伦萨碧提宫帕拉蒂纳美术馆藏品

于蒙塔尼亚纳被盗

9. 彼得罗・罗塔里

《年轻姑娘的肖像》

孔蒂尼・博纳科西收藏品

于波焦阿卡伊阿诺的特雷菲亚诺别墅被盗

10. 萨尔茨堡无名金匠

《镀金银盘》

佛罗伦萨碧提宫银器博物馆藏品

于卡西诺山修道院被盗

地中海战区古迹卫士名单

保罗·贝利·雷诺兹少校［英国］

H·E·贝尔少校［英国］

查尔斯·伯恩霍尔兹，技术兵［美国］

保罗·O·布利克，一等兵［美国］

范妮·博纳尤托［意大利］

约翰·布罗米奇少校［英国］

T·汉弗莱·布鲁克上尉［英国］

斯坦利·卡森中校［英国］（运输途中牺牲）

J·M·库克少校［英国］

道格拉斯·库珀，空军少校［英国］

佩里·B·科特，美国海军预备队少校［美国］

爱德华·"特迪"·克罗夫特－默里上尉［英国］

尼古拉斯·L·德菲诺中士［美国］

欧内斯特·西奥多·帝沃德中校［美国］

D·L·多恩中士［英国］

格兰维尔·唐尼少尉［美国］

邓巴宾中校［英国］

罗杰·H·埃利斯上尉［英国］

罗德里克·E·恩托文上尉［英国］

托马斯·沃登·弗兰奇上尉［英国］

保罗·加德纳少校［美国］

梅森·哈蒙德中校［美国］

N·C·L·哈蒙德中校［美国］

弗雷德·哈特少尉［美国］

希拉里·詹金森爵士［英国］

R·J·詹宁斯，一等兵［美国］

迪恩·凯勒少校［美国］

班彻尔·拉法奇少校［美国］

肯尼斯·O·李普曼少尉［美国］

安杰洛·P·露西娅

巴兹尔·马里奥特上尉［英国］

弗雷德·H·J·迈克斯上尉［英国］

威廉·D·麦凯恩上尉［美国］

诺曼·T·牛顿中校［美国］

D·帕斯卡莱下士［美国］

伯纳德·曼·皮布尔斯中士［美国］

艾伯特·谢尔登·彭诺耶上尉［美国］

塞西尔·R·平森特上尉［英国］

萨尔瓦托雷·C·斯卡尔皮塔［美国］

L·A·谢泼德［英国］

弗雷德·W·希普曼［美国］

西奥多·“胖子”·赛泽中校［美国］

G·F·T·瓦格斯塔夫上尉［英国］

约翰·布赖恩·沃德－帕金斯中校［英国］

悉尼·布莱勒·沃上尉［美国］

莫蒂默·惠勒中校［英国］

爱德华·N·威拉德下士［美国］

伦纳德·伍利爵士中校［美国］